生态文明视角下矿业企业社会责任：评价、影响因素及经济后果

杨树旺　杨站君　唐鹏程　编著

国家软科学项目基金（编号 2013GXS4B067）
中国地质大学（武汉）资源环境经济研究中心　资助出版
国土资源部国土资源战略研究重点实验室

科学出版社

北　京

内 容 简 介

本书在生态文明建设的大背景下，立足于中国矿业企业的特殊性，运用利益相关者理论与资源依赖理论对矿业企业社会责任的对象进行识别与分类，这不仅为矿业企业社会责任评价系统的搭建奠定了基础，更为利益相关者理论更好地与不同行业进行有机结合做出了有益尝试，本书旨在通过构建一套利用财务指标进行操作的评价体系，为矿业企业社会责任的提升提供经验支撑并指导矿业经济发展实践。

本书适合高等院校相关专业的本科生、研究生和从事矿业经济管理的高级人才。本书既可作为教材使用，也可供矿业经济管理研究参考。

图书在版编目（CIP）数据

生态文明视角下矿业企业社会责任：评价、影响因素及经济后果/杨树旺，杨站君，唐鹏程编著. —北京：科学出版社，2017.6

ISBN 978-7-03-053599-3

Ⅰ. ①生…　Ⅱ. ①杨…　②杨…　③唐…　Ⅲ. ①矿山企业－企业责任－社会责任－研究－中国　Ⅳ. ①F426.1

中国版本图书馆 CIP 数据核字（2017）第 132572 号

责任编辑：邓　娴　陶　璇 / 责任校对：张凤琴

责任印制：吴兆东 / 封面设计：无极书装

科 学 出 版 社 出版

北京东黄城根北街 16 号

邮政编码：100717

http://www.sciencep.com

北京京华虎彩印刷有限公司 印刷

科学出版社发行　各地新华书店经销

*

2017 年 6 月第　一　版　开本：720 × 1000　B5

2017 年 6 月第一次印刷　印张：12

字数：230 000

定价：72.00 元

（如有印装质量问题，我社负责调换）

编　委　会

主　　编　杨树旺　杨站君　唐鹏程

参编人员　吴　超　彭欣源　江奇胜　吴　婷

彭甲超　李　培　唐代宁

前　言

从国际形势看，联合国2030年可持续发展议程于2015年正式发布，该议程为全球未来15年提出了经济、社会和环境可持续发展的17项目标，旨在全面推进可持续发展。从国内形势看，生态文明建设的大幕早已拉开，传统的经济发展方式正在向创新、协调、绿色、开放和共享的发展模式转变。在此背景下，企业传统的利润最大化目标也逐步向企业与利益相关者之间的共赢转变。由于承担企业社会责任（corporate social responsibility，CSR）是企业应对经济、社会和环境问题及实现可持续发展的有效方式，企业社会责任在此环境下得到了蓬勃发展。企业社会责任正逐步被越来越多的企业纳入战略高度，政府、行业机构、非政府组织及公众等利益相关者对企业社会责任的认识也逐步深化并对企业履责不断提出新要求。可以说，作为微观主体的企业，应当关心的问题不是履行社会责任与否，而是如何履行好社会责任。

在此背景下，矿业企业也难以独善其身。改革开放以来，中国已经初步形成了涵盖煤炭、石油、钢铁、有色金属、化学工业、非金属及建材在内的较为完善的矿业采掘及加工体系，矿产资源为保障国家经济建设做出了巨大的贡献。然而，由于中国经济进入新常态阶段，加之全球经济复苏缓慢及部分矿产资源供给达到峰值等原因，矿业企业在2011年后进入衰退期。同时矿业过分强调经济属性，形成“晕轮效应”，缺乏可持续发展的远景规划，加之相应监督机制的缺失，引致了包括山西襄汾“9·8”特别重大尾矿库溃坝事故、紫金山金铜矿重大环境污染事故及神华鄂尔多斯煤制油项目生态破坏等一系列不和谐问题。因此，需要在新的历史时期适时调整矿业企业发展战略，协调好矿产资源开发与经济、社会和环境之间的关系。通过企业社会责任的履行，不断提升矿业企业发展质量，从而为推进生态文明建设提供坚实的微观基础。

现有的理论研究主要集中于独立探讨生态文明或一般性企业社会责任，不仅缺乏有关生态文明建设微观力量支撑的研究，更缺乏对于矿业企业社会责任的系统研究。可以说，关于生态文明与矿业企业社会责任的研究尚未建立起统一的理论框架。作为矿业经济的重要组成部分，有必要在生态文明建设的背景下依托利益相关者、资源依赖及制度环境等相关理论建立起涵盖矿业企业社会责任评价、影响因素与经济后果的分析框架，从而指导矿业企业在生态文明的背景下实现可持续发展。

本书采用包括文献综述与实地调查相结合、案例分析法与对比研究相结合、规范分析与实证分析相结合等研究方法，系统地对矿业企业社会责任的对象进行识别与分类，并对其影响因素进行探究；以多元回归对其影响因素进行探究，以改进的模糊综合评价法对其履行现状进行评价。同时，考虑到矿业企业社会责任价值效应过程中的多维性与动态性，对其经济后果进行全面综合分析。进而从外部环境的优化、公司治理的完善与矿业企业自身社会责任目标模式的选择三个维度提出中国矿业企业社会责任的提升路径。

目　录

第1章　绪　　论

1.1　本书的背景及意义

1.1.1　研究背景

1. 理论的挑战

传统理论对社会实践的滞后解释力使新的理论得以发展，这在企业研究中表现得尤为明显。古典经济学家对企业的传统界定与描述越来越难以适应现实发展的需要，从而引发了学界对于企业本质及边界的重新探讨。Coase（1937）曾在20世纪30年代认为经济理论存在严格的假设而未能对现实经济发展提供很好的解释力，经济学家通常会忽视经济理论的现实基础。同时，Coase也指出“企业”这个词在经济学中的使用方式与一般人的使用方式就有所不同。由于经济理论中存在一种从私人企业而不是从产业开始分析的倾向，因此就更有必要不仅对“企业”这个词给出明确的定义，而且要弄清它与现实世界中的企业的不同之处。杨瑞龙和杨其静（2005）认为由于对古典经济学企业理论的质疑，Coase在对传统的古典经济学理论提出批判的同时开创了新的企业理论。随着社会实践的发展，企业理论自Coase提出之后，逐渐发展成了三个分支，即企业契约理论、企业家理论以及企业管理者理论，并最终成为目前学术界研究企业的主流理论。但是，就目前的相关企业理论而言，这些理论仍然难以满足现实对于企业的认识，最根源的原因是相关解释仍然无法跳脱出古典经济学的既定框架。博尔丁在1968年指出，企业不仅仅是简单的利润最大化的产物，现实中更应该是涵盖政治、社会等诸多方面的产物。因而，企业理论必须对这些方面进行补充。相类似的观点还包括富永健一于1970年指出的，想在现代复杂的环境下对企业多样性的行为进行解释是极其困难的，无论是规范性表达或是实证性分析均显得无能为力。基于此，朱国宏和桂勇（2005）指出现今较为合适的方式应该是依据现实发展的情况对传统的企业理论进行改造，建立新的分析体系。

不难发现，传统关于企业本质属性、边界问题等相关解释正在遭受经济学、法学等相关社会科学强有力的质疑，以期寻求到适应当前企业发展实践的相关解答。正是在这一背景下，企业社会责任理论逐步形成。基于此，以 Coase（1937）为代表的企业社会责任理论从全新的视角重新审视企业，这为进一步深化企业的理论知识和理解企业相关行为提供帮助。自企业社会责任理论诞生以来，国外学术界对企业社会责任理论的观点从未有过统一。但是，针对企业社会责任理论的不同观点和争论，目前学者大致分为两派：一派学者反对任何形式的企业社会责任，以 Friedman（2007）为代表，基于古典经济学的假设，认为企业应该以股东利益最大化为目标，不存在其他任何形式的企业社会责任；另一派的学者则坚持认为企业在取得股东利益最大化的同时还存在其他形式的企业活动内容，该派别以 Carroll（1979）为代表，但是企业社会责任由于在定义、性质、范围及原因方面没有统一的逻辑分析框架，这些支持者仅仅是赞成企业在股东利益最大化行为以外还存在其他行为，最终未形成相关的系统研究。

随着企业社会责任理论引入国内，国内学者对企业社会责任的争论也逐渐分为两派。同国外学者对企业社会责任的争论一样，国内研究企业社会责任的学者一部分坚决反对企业社会责任，另一部分虽然赞成企业应承担部分社会责任，但缺乏系统的研究分析导致这部分支持者对企业社会责任的研究仅仅停留在一成不变的道德概念以及说教上。反对企业社会责任的学者，如吴晓波（2004）及张维迎（2010）基于这样的事实：现阶段中国大众对企业家公共责任的认识落后于社会发展，依旧停留在美国 20 世纪 20~70 年代的水平，中国独特的经济体制使得部分学者对企业家职业使命出现不实际的幻想，这些幻想在企业社会责任上表现为企业或公司不应该承担过多的公共责任。虽然另一部分学者诸如曹希绅和张国华（2004）及张兆国等（2013）赞成企业社会责任，但正如前文所述，缺乏系统的理论论证让“社会责任感”一度成为虚伪的代名词。时至今日，企业社会责任已经成为衡量企业的重要准则。尤其是对中国依赖成本比较优势的相关企业而言，能否践行好企业社会责任，已经成为事关其能否顺利进入国际市场的关键所在。它涉及的将不只是“境界”，而是“生存”。

由此可以看出，相较于依托于传统企业理论进行驳斥社会责任的相关观点，关于企业社会责任理论相关的规范性框架尚不完善，尤其是规范的理论表述与实证分析。本书尝试在结合利益相关者理论、资源依赖理论、企业治理理论等基础上，建立起涵盖企业社会责任是什么、为什么承担企业社会责任及企业社会责任的履行现状如何的分析框架。接着进一步运用企业社会责任理论框架，结合中国特殊国情研究分析中国矿业企业社会责任的特殊性，以期在一般企业社会责任的基础上得出不同的结论。

2. 实践的反思

1）企业是生态文明建设的主力军

作为继原始文明、农业文明、工业文明之后的人类“第四文明”，生态文明是党中央将马克思列宁主义成功运用到中国实践的又一创新性见解。关于生态文明的正式表述源于党的十七大，并将其作为物质、政治、精神文明之后的一种新的文明方式，视作小康目标的全新要求。生态文明深刻体现出党对当代中国国情的正确判断及对人类社会运行规律的深刻把握，是党治国理论的新成果；在党的十八大报告中，生态文明建设的相关内容被单独罗列出来，对其进行了系统性的阐释，并将其视作小康社会建设的战略重心，将其融入中国特色社会主义的战略布局之中；此后，十八届三中全会进一步将生态文明落到实处，习近平在《中共中央关于全面深化改革若干重大问题的决定》中明确指出生态文明建设需要以完整的生态文明制度体系为依托，强调源头保护、损害赔偿及责任追求，将制度建设作为生态环境保护的基础。在此背景下，生态文明时代的大幕已拉开。李斌（2008）认为，对于所有企业而言，倘若忽视掉这样的大环境，可能生存都会难以保障，更别说发展了，即企业不应该执着于“是否践行生态文明”等相关问题，而应该将工作重心转向“如何践行好生态文明”，将其纳入企业的战略高度。

习近平在中共中央政治局于2015年3月24日召开的会议中，指出应加快发展绿色产业，形成经济社会发展新的增长点，而这之中企业正是产业发展的主力军。当前，企业必须立足于生态文明建设的时代背景，通过绿色环保项目的运营来提升自身核心竞争力，实现经济、社会、生态三者之间的协调可持续，而不是简单地以利润最大化为目标，将绿色理念融入设计、采购、生产、运输、销售及售后的全过程中。然而，不得不承认的是虽然当前中国企业在生态文明建设方面取得了一定程度的进步，包括经营理念和模式上的提升，但对比生态文明建设的目标还存在极大的上升空间，部分企业甚至并未理解到生态文明建设的紧迫性与必然性。

2）矿业可持续发展的必然选择

矿业是中国经济发展的重要支柱产业，虽然矿业能够以多类型的产品种类、宽范围的使用度以及高关联度的产业链为国民经济发展提供新的经济增长点，但是矿业也具备一次能源的不可再生性、耗竭性、高危性和影响的不可逆性等特点。1978年以来，中国已初步形成了较为完备的矿业采掘和加工体系，这些体系涉及煤炭、石油、钢铁、有色金属、化学工业、非金属和建材等产业。在中国，一次能源中有 90%、农业原料中有 70%、工业原料中有 80%及工业与居民用水中有 30%都依托于矿业提供的原料。

矿产资源为保障国家经济建设做出了巨大的贡献，但同时也应看到矿业行业引发的一系列生态破坏等问题。例如，李艳琴（2011）在《紫金矿业的罪与罚》中提到的山西襄汾“9·8”特别重大尾矿库溃坝事故、紫金山金铜矿重大环境污染事故及神华鄂尔多斯煤制油项目生态破坏等一系列矿业问题。这与矿业自身的经济属性紧密相关，正是由于矿业过分强调经济属性，形成的“晕轮效应”伴随着矿业企业缺乏可持续发展的远景规划，以及相应监督机制的缺失引发一系列严重的生态环境破坏问题。

Isa（2012）认为中国政府对生态环保的积极宣传，伴随着公民不断提升的社会责任感，企业社会责任的诉求与履行现状矛盾不断凸显，部分矿业企业开始转变经营思路，在股东利益最大化的同时主动履行社会责任。但 Groves 和 LaRocca（2012）及沈元平（2012）认为这一经营思路实践并不与股东利益相冲突，相反可以通过建立良好的企业运营环境而增加股东收益，因此，企业积极履行社会责任业已成为品牌的加分器、效益的提速器。

为此，矿业企业必须在生态文明建设的大背景下，积极应对生态环境方面的一系列问题，通过履行社会责任来协调统一好经济效益、社会效益与生态效益三者之间的关系。也正是基于这些问题的思考，本书以生态文明为背景，以社会责任为研究主题，以矿业企业为研究对象，探寻矿业企业社会责任的特殊性、履行现状及其影响因素，进而实现资源合理开发利用与生态环境保护、资源输出与区域经济社会发展的全面协调可持续。

1.1.2 研究意义

就其理论意义而言，矿业在社会和经济发展中扮演着重要的角色，能否践行好企业社会责任不仅事关矿业企业的自身运营，更关系到生态文明建设的大局。因而，要求矿业企业协调好经济、社会与生态之间的关系，从而助力于产业结构的转型升级及经济发展方式的转变。本书在生态文明的视角下对矿业企业社会责任问题进行探讨，不仅是对生态文明相关理论的深入阐述和科学延伸，更是对相关企业理论的有益补充：明确生态文明视角下矿业企业社会责任的相关概念；确立以利益相关者及资源依赖理论为基础的对象识别与分类；阐明外部环境、内部治理及公司特征相结合的矿业企业社会责任履行因素。

就其实践意义而言，本书致力于为矿业企业履行社会责任提供系统指导，有利于矿业企业充分认清自身的特殊性，进而更有效地开展社会责任工作；通过社会责任对象的识别，可以明确当前矿业企业社会责任的具体对象及相应层次，进而便宜各矿业企业解决“对谁负责”的问题；通过社会责任影响因素的探究，可为社会责任行为差异找出前因，进而便宜各矿业企业有针对性地找出自身症结；通过社会责任评价研究将长期远景战略目标分解为阶段性、具体可操作的战术目标，为企业提供一套有效的自我监督、约束、评价和纠偏工具，从而保证社会责任语境下企业获得长期可持续发展。同时，本书建立的系统评价体系，亦可便利于监督部门、研究机构等外部机构进行监督与测评，进而形成内外合力；通过社会责任履行路径与政策建议研究，可以便宜各矿业企业解决“怎么负责”的问题。

1.2 本书的思路及方法

1.2.1 研究思路

本书运用矛盾普遍性与特殊性的关系，遵循“提出问题—分析问题—解决问题”的基本思路，在生态文明建设的大背景下对矿业企业的社会责任进行研究，并进行合理布局（图 1-1）：以新古典厂商理论、新制度经济学企业理论和后现代企业理论为代表的企业理论由于没有超脱新古典经济学的固有范式，在现代企业的实践中，其解释力日渐式微。同时，生态文明建设成为经济社会发展新的方向，作为国民经济发展的重要物质保障行业，矿业企业的可持续发展关乎生态文明建设能否顺利实现。在明确生态文明建设、矿业企业社会责任等概念的基础上，指明需要以外部性理论、可持续发展理论、利益相关者理论、资源依赖理论及公司治理理论等为指导。以上述理论为指导，对矿业企业社会责任的对象进行识别与分类，并对其影响因素进行探究；以多元回归对其影响因素进行探究，以改进的模糊综合评价法对其履行现状进行评价。同时，考虑到矿业企业社会责任价值效应过程中的多维性与动态性，对其经济后果进行全面综合分析，进而从外部环境的优化、内部治理的提升与矿业企业社会责任目标模式的选择三个维度提出中国矿业企业社会责任的提升路径。

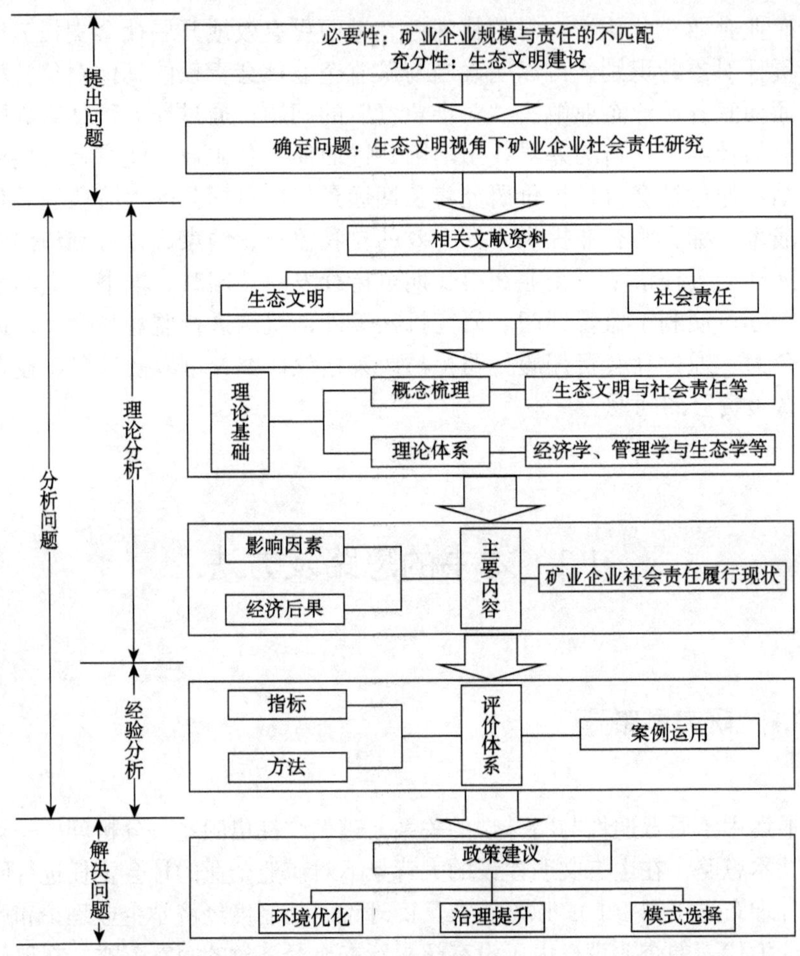

图 1-1　本书技术路线

1.2.2　研究方法

本书是基于现实背景的应用性研究，需要综合运用部分学科的研究方法，这些学科涉及生态经济学、环境与资源经济学、计量经济学、模糊数学及管理学等，体现跨学科研究的特性与优势。在广泛、持续收集整理各领域资料的基础上，综合运用文献研究法、案例研究法、专家咨询法和定量分析法等方法开展研究。具体包括如下方法。

1. 文献综述与实地调查相结合

文献综述是指在查阅大量与本书研究相关的国内外文献的基础上，对相关文献做进一步的整理和归纳，然后对文献进行分析与提炼，最终从所得文献中获取与本书研究相关的理论与知识点的过程；实地调查是针对案例区域进行实地走访、调查，发现问题，总结问题，获得原始数据、资料的调查活动。通过紧密结合文献综述和实地调查法，一方面在保证本书研究在大量前人的研究基础之上找出研究创新点，基于前人的研究进行深入分析；另一方面又能保证所做的研究能够从现实出发，为现实问题提供指导和解决思路，将理论与实践相结合，确保研究成果的前瞻性与科学性，是保证论文原创性的重要方法。

2. 案例分析与对比研究相结合

在文献研究和实地调查的过程中，注意选取经典案例进行深入解剖，以期获取可供借鉴的经验和政策。在案例研究中，从国内外两个方面进行对比分析阐明国内外矿业企业社会责任履行的经验与启示，从而在理清矿业企业社会责任的对象和影响因素的基础上，为政策建议打下坚实的基础。

3. 规范分析与实证分析相结合

规范分析从一定的价值判断出发，重在逻辑推理；而实证分析方法是在分析问题和建立理论时，对事实进行客观反映，重在利用数据、模型等进行研究。通常来讲，实证分析在包含必要的规范因素基础上，一般以某种规范分析作为前提，并同时为规范分析提供分析的基础。本书将二者相结合，在总结分析企业社会责任一般性理论的基础上，针对矿业企业的特殊性进行识别与分析，进而架构起对应的评价体系，并以改进的模糊综合评估法进行科学评价；针对矿业企业社会责任各影响因素，运用多元回归的方法对其进行验证。

1.3 本书的研究内容

本书以生态文明为背景，以社会责任为研究主题，以矿业企业为研究对象，围绕其对象识别、评价体系、影响因素、经济后果和优化路径展开；结合矿业企业社会责任的特殊性，以利益相关者理论和资源依赖理论为指导，对其进行识别与分类；通过案例分析和对比研究的方法，阐明国内外矿业企业社会责任履行的经验与启示；鉴于矿业企业社会责任的模糊性与层次性，引入改进的模糊综合评价法构建起涵盖关键利益相关者、重要利益相关者与一般利益相关者等在内的对应评价体系；通过文献分析的方法，初步明确矿业企业社会责任的影响因素，并运用计量模型对其影响因素进行确定性因素分析；从动态多维的视角探究矿业企业社会责任对企业价值的影响，进而探寻出实现矿业企业自身与利益相关者之间共赢的模式；基于矿业企业社会责任履行现状，提出当前矿业企业社会责任提升的途径。

本书的主要内容包括如下五个方面。

1. 生态文明视角下矿业企业社会责任的识别与分类

在合理界定矿业企业、社会责任等概念的基础上，结合生态文明的大背景对矿业企业提出的新要求，以利益相关者理论和资源依赖理论为指导，对矿业企业社会责任的对象进行识别，并进行对应分类，以突出其层次性和特殊性。

2. 矿业企业社会责任评价体系的构建及实证分析

鉴于社会责任本身就是涵盖政府、环境、员工和股东等在内的多维度和模糊概念，本书在数据可得及科学性的基础上对指标进行筛选和确认，并确立改进模糊综合评价法为评价方法，从而构建起涵盖关键利益相关者、重要利益相关者和一般利益相关者的对应评价体系。

以中国矿业企业为评估对象，进行模糊综合评价运用。对评价结果从总体和分层次（关键、重要和一般）两个维度进行解读，以提供更为一般性的运用。

3. 生态文明视角下矿业企业社会责任的影响因素

从外部治理环境、内部治理结构、公司内部特征等角度提出各因素对矿业企业社会责任的影响机制，并运用润灵公益事业咨询公司（Running&Loving Consulting for Common Welfare，RLCCW）的数据库进行实证分析，以理清矿业企业社会责任的主要影响因素，从而有针对性地提出相关政策建议。

4. 生态文明视角下矿业企业社会责任经济后果分析

企业社会责任与企业价值研究中存在如下不足：数据类型多为截面数据，从而无法以一种动态的视角对二者的关系进行考量；样本内包括多个行业类型，这是建立在各行业面临的社会责任是同类型的假设之上的，而这个假设由于忽视了行业间的异质性，显然很难得到满足；企业社会责任往往通过一个综合得分进行衡量，而忽略了社会责任不同维度之间的差异。本书采用多维动态视角对矿业企业社会责任的价值效应进行探究，以回答矿业企业社会责任与企业价值的关系如何，以及二者的关系在各个维度及各个期间存在什么差异等问题。

5. 提升矿业企业社会责任的政策建议

依托于生态文明的大背景，在理清矿业企业社会责任对象及分类的前提下，探寻矿业企业社会责任的影响因素，认清矿业企业社会责任的履行现状，从而从外部环境优化、内部治理的提升及模式选择等维度探讨矿业企业社会责任的优化提升。例如，在模式选择上，可根据不同矿业企业的规模、所有制形式等属性，因企制宜地采取相应措施。

第 2 章　何谓生态文明视角下矿业企业社会责任

2.1　矿业企业概述

2.1.1　矿业企业基本界定

明晰、合理的矿产资源型企业的定义对本书研究的主要内容有着至关重要的意义，矿产资源型企业的社会责任问题关乎矿产资源的明确定义，而其中的关键是理清关于矿业与矿业企业的界定。

联合国现行《国际标准产业分类》（ISIC-4.0 版）将矿业分为采矿和探矿，按照其代码归属，矿业独立为 B 类；而依据中国现行的《国民经济行业分类与代码（GB/T 4754—2011）》则将矿业划分为 B 类和 M 类。这主要是因为按照《国民经济行业分类与代码（GB/T 4754—2011）》标准，矿业分为采矿业和地质勘查业。中国的行业分类标准将划入 B 类的采矿业定义为对自然形成的固态、液态、气态矿物的采掘，其中包括地表开采和地下采掘，以及通常在矿区或矿区附近从事原材料加工的所有辅助性工作，如碾磨、选矿和处理等活动；还包括销售原材料所必需的准备工作，但是不包含水的蓄积、净化和分配，以及因此而开展的地质勘查和建筑工程活动。对于划入 M 类的矿产勘查业（属于广义的“技术服务业”，包括科学研究、技术服务和地质勘查业）则定义为对矿产资源、工程地质、科学研究进行的地质勘查、测试、监测、评估等活动。这种定义剔除了高风险的公益地质事业部分。

目前国内研究矿业的部分学者探索了矿业的定义，主要有：李仲学等（2011）提出矿业是具有经济价值的矿产品产业的观点，该产品是从地球（主要是指地壳）中提取的，矿业为人类社会发展提供重要的原材料；随后，其又从产业范畴和生产过程分析矿业所包含的主要内容以及矿业的生产过程包括哪些工艺环节。吴文盛（2011）认为矿业仅仅是矿产资源开发产业的代名词，从矿产资源开发角度出发，矿业的定义又可划分为广义和狭义矿业之分。狭义的矿业仅指矿产资源开采；广义的矿业则扩展到全部矿产资源生产和工业社会的再生产活动，不仅包括狭义的矿产资源勘查，还包括矿产资源的开发、利用及保护等一系列生产环节活动（包括开采前、开采中以及开采后一切与之有关的活动）。

王锋正和郭晓川（2007）认为矿业是基于自然资源的占有或独占而进行的以自然资源开采和初级加工为基本生产方式的产业，该产业在产品构成中以自然资源为主体地位，企业增长方式依靠资源消耗，核心竞争力则以资源占有为主。

综合上述观点，本书认为，矿业型企业是不同于制造业企业、技术服务型企业以及其他企业的一类企业，是基于自然资源的占有或独占并以自然资源开采和初级加工为基本生产方式的企业类型，该企业类型的最终产品为初级原料产品，产品构成中自然资源占主体地位，企业增长方式依靠资源消耗，核心竞争力则以资源占有为主。

矿产资源型企业可以根据不同的开采类型和阶段进行划分。具体来说，矿产型资源企业可以根据矿产资源类型划分为能源开采型企业、金属矿采选企业、非金属矿采选企业及其他采矿业企业，而能源开采型企业又可以以三大不可再生能源为核心划分为煤炭型企业、石油型企业以及天然气型企业，金属矿采选业企业可以简单地分为黑色金属矿业企业和有色金属矿业企业。根据矿产资源的开发阶段，上述矿产资源企业则可分为煤炭洗选业企业、石油加工炼焦及核燃料加工业企业、非金属矿物制品企业和黑色金属冶炼及压延加工业企业等。

2.1.2　矿业企业特殊性

矿产资源的特殊性导致矿业企业具有非矿业企业所不具有的一些特征。矿产资源是可耗竭的，其供给有限，且对环境有不可逆转的破坏，因此，矿业企业成本不仅包括劳动与资本成本，而且应该包括资源成本，以及资源开发所带来的外部性成本和安全成本。

1. 资源成本

矿业企业属于原料指向型工业，对矿产资源有着高度依赖性。矿产资源的稀缺性与不可再生性决定了矿产资源的供给有限，矿业企业存在资源成本，且在矿业企业生产中占有很大比例。资源成本主要是指如果现在开发矿产资源，未来就失去了开发该资源的机会所带来的成本，因此，资源开发必须兼顾眼前利益和长远利益，不能以牺牲子孙后代利益为代价来满足当代的需求。

矿业企业处于国民经济产业链的上游，关系着下游的运输业及机械制造业等的发展，是资源型城市的支柱产业。刘惠君等（2010）指出，矿业企业的前期投资大，一般一个大型矿山从勘探到开发的周期至少需要十年，存在大量的沉没成本，当资源耗竭或者市场供求关系发生波动时，前期的投资无法收回，矿业企业容易形成较高的产业风险，地区经济发展陷入困境，即所谓的“资源诅咒”。

2. 外部性成本

良好的生态环境可以为人类提供舒适的生活环境，是一种稀缺资源。矿产资源依附于土地，与地表、地下等动植物资源以及水资源紧密相连，矿业企业的外部性成本主要是指矿产资源勘探开发对自然资源与环境的直接破坏。矿产资源分布不均衡，对生态环境的破坏范围较广，加上之前开发造成的环境欠账，生态环境的恢复治理难度较大，需要投入大量资金。

3. 安全成本

矿产资源开发是一项高风险的生产活动，需要支付安全成本。安全成本是指矿业企业在生产过程中为保证一定的安全水平而支付的一切费用以及安全事故发生所造成的一切损失，主要包括安全防护装置、安全管理费用（矿业企业与相关部门的防范监管成本）、矿难发生后的赔偿和生产恢复建设等。以上各项费用构成了矿业企业的安全总成本，并最终形成矿业企业生产总成本的一部分。

从商品经济的角度来看，有投入就有产出，但安全投入并不会产生直接的收益，只是保障生产正常运行的一种手段。首先，在其他条件不变的情况下，安全有保障，生产就可以正常运行，从而获得较高的效益。反之，则会造成较高的成本，效益降低。其次，在安全的生产条件下，从业人员的安全、健康得到保障，企业认同感增强，有利于调动从业人员的生产积极性，产出增加，矿业企业的经济效益提高。因此，矿业企业的总收益中应包含安全成本创造的间接收益。

4. 矿业企业经济效益递减

矿业企业的生产依赖于矿产资源，根据矿业企业经济效益的变化，可以将其生命周期分为倒 U 形的三个阶段。

第一阶段是初步投产期。这一阶段，矿业企业刚刚完成矿山基本建设，处于试生产阶段，产量较低，前期的投资尚不能得到完全补偿，经济效益为负。随着矿业企业步入正轨，矿石产量不断提高，并达到预期指标，矿业企业经济效益上升为正，但上升速度较为缓慢。

第二阶段是高速发展期。这一阶段，矿业企业的各个环节衔接流畅，矿石产量大幅增加，矿业企业的经济效益增长迅速，达到顶峰。在这个阶段，矿业企业不仅要考虑之前的还贷问题，还需要考虑矿山枯竭之后的发展问题，要兼顾眼前利益与长远利益。

第三阶段是衰退期。这一阶段，矿业企业所在区域的资源储量减少，开采深度加大，生产成本增加，产量逐年降低，矿业企业的经济效益递减。这一阶段采取不同的产业战略会产生完全不同的发展结果。如果矿业企业能够在资源耗竭之前，及时调整产业结构，促进产业转型，企业会出现新的增长点，经济效益提高；如果矿业企业缺乏危机意识，等到资源开采完，企业将不得不选择关闭，会造成一系列的经济、社会、环境等问题，危及当地的发展。

矿业企业难以实现可持续发展的重要原因包括了矿业企业经济效益整体呈现递减性，这就要求国家提供相应的优惠及支持政策应对矿业企业在第一阶段和第三阶段发展中的经济效应递减趋势，进一步引导矿业企业实现可持续发展。

2.1.3　中国矿业企业发展状况

1. 企业数量

根据《中国统计年鉴》(2004~2016 年)，本部分列示了 2003~2015 年规模以上矿业企业总数及变动情况（图 2-1）[①]。其中，2008 年以前规模以上矿业企业呈现了高速增长态势，平均增速达到了 17.556 9%，并从 2003 年的 42 080 家达到了 2008 年的 93 712 家。这主要得益于中国经济迎来了高速发展，而经济发展的重要动力就是粗放式的资源消耗，从而带动了矿业企业的高速扩张。而 2008 年经济危机到来，中国经济呈现疲软状态，致使 2009~2011 年规模以上矿业企业增速放缓，而 2011 年更是同比降低了 24.311 3%。同时，值得注意的是国土资源部等十一部局《关于进一步推进矿产资源开发整合工作的通知》(国土资发〔2009〕141 号）及《国务院办公厅转发发展改革委关于加快推进煤矿企业兼并重组若干意见的通

① 之所以选择规模以上矿业企业主要是出于两个方面的原因：一是当前缺乏中小矿业企业数据的完整统计，出于科学可比性的考量，本部分选择了规模以上矿业企业进行探讨；二是“关停并转退”是矿业企业整合的方向所在，选取规模以上矿业企业更具有参考意义。

知》（国办发〔2010〕46 号）等一系列鼓励矿业企业兼并重组的政策在这一时期相继出台，从而推动了矿业企业一系列的兼并重组，在 2012 年增速达到 12.115 8%，而 2013~2015 年则相对稳定。

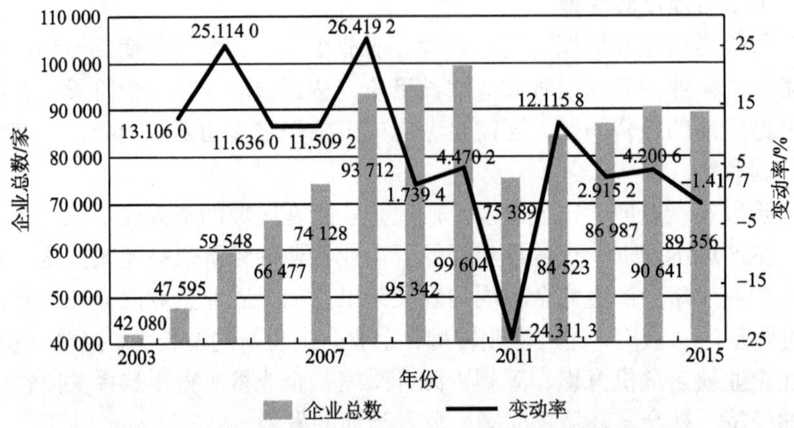

图 2-1　2003~2015 年规模以上矿业企业总数及变动情况

陈其慎等（2015）指出，总体而言，规模以上矿业企业在 2008 年之前由于中国经济的高速发展，进入了快速扩张期，大规模企业数量大幅度增加。此后，随着经济增速放缓导致对矿产品的需求量下降，且资源供给端的压力也开始显现，规模以上矿业企业增速放缓。但同时国家陆续出台了相关兼并重组政策，矿业领域兼并重组事件此起彼伏，带来了大规模企业的相继出现，并与前一种力量发生了抵消，导致增速相对较为平稳。中国矿业行业集中度不断攀升，但集中程度仍然不高。

2. 产量水平

根据《中国国土资源公报》（2005~2016 年），本部分列示了 2005~2015 年主要矿产品产量变动情况（图 2-2）。整体来看，2005~2015 年，中国主要矿产品产量均保持了一定的增幅。其中，原煤产量平均增长率 6.180 5%，原油产量平均增长率 1.908 5%，天然气产量平均增长率 11.603 4%，十种有色金属产量平均增长率 10.257 2%，粗钢产量平均增长率 12.522 8%。然而，根据陈其慎等（2015）的论证，2008 年除原煤与原油产量增长外，其他产品产量均大幅下降，其后随着“四万亿”刺激计划，矿产品产量逐步攀升，并在 2011 年再次出现转折。与此同时，2003~2011 年中国矿业年均增长率达到将近 30 个百分点，相较于早期矿业产值增长，矿业产值由 7 357 亿元增长到 58 600 亿元，增长了近 7 倍。很明显，2003~2011 年中国矿业发展速度实现历史的突破。此后，随着中国经济转入后工业化时代，传统的经济增长模式基本结束，由此导致了矿业产量逐步下降。

但粗钢产量在2015年达到17.709 6%，带来了大量的过剩，成为这一轮去产能的重点所在。

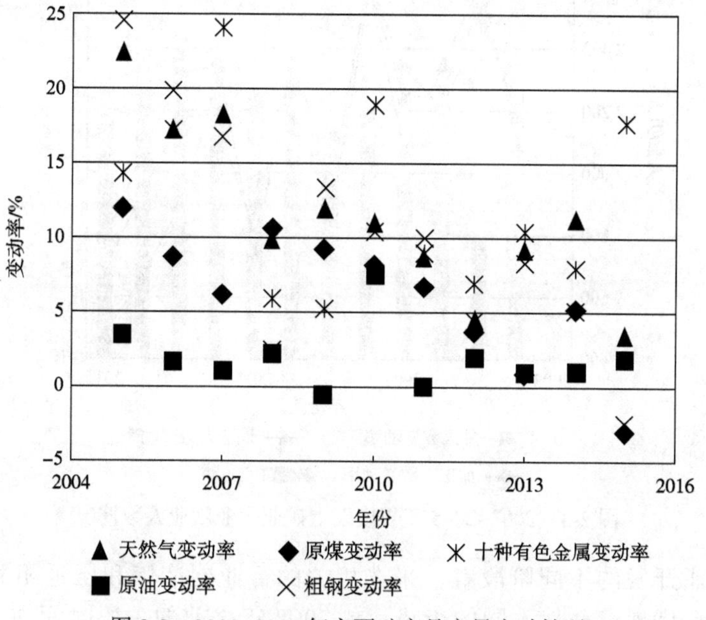

图2-2　2005~2015年主要矿产品产量变动情况

总体而言，中国矿业产量伴随着经济的高速增长而大幅攀升，但2008年经济危机的到来放缓了产量增长的速度。然而随着经济刺激计划的出台，对于矿产品的需求进一步攀升，并延续到2011年。此后，随着经济发展方式从粗放转向强调协调全面与可持续，矿业迎来了转折期。在这一过程中，对于矿产品的需求放缓，且部分矿产品开发已接近顶点区，如石油及部分有色矿产矿业行业也已接近顶点区。

3. 就业人数

根据《中国统计年鉴》(2004~2016年)，本部分列示了2003~2015年规模以上矿业企业就业人数情况(图2-3)。就规模以上矿业企业总人数而言，在2003~2015年得到了大幅提升，从2003年的1 555万人上升到2015年的2 313万人。其中，2003~2008年的年平均增长率达到7.182 5%，这离不开经济高速发展过程中对矿产品需求旺盛的大背景。然而，随着2008年经济危机的到来，2009年规模以上矿业企业员工人数第一次出现负增长，为−0.484 2%。此后，随着经济刺激计划的进行，2010~2013年企业员工数量出现了小幅回暖。但这种趋势进入2014年后出现反转，矿业行业的不景气带来了矿业员工数量的大幅减少。

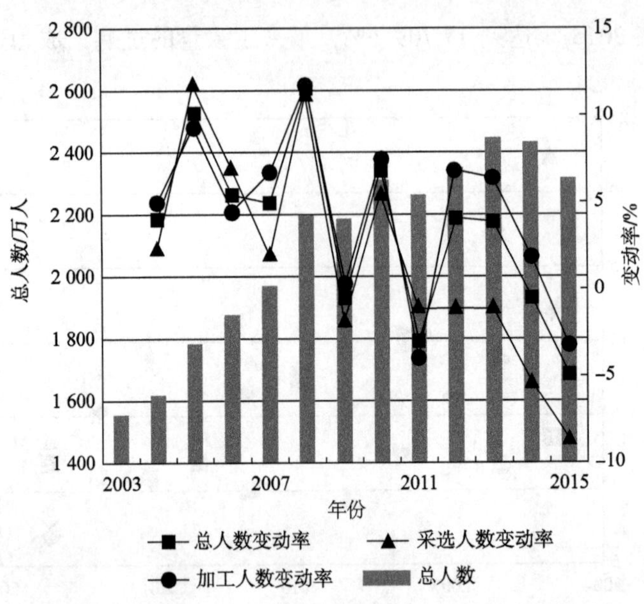

图 2-3　2003~2015 年规模以上矿业企业就业人数情况

从矿业开发的不同阶段看，采选相关的行业同冶炼和压延相关的行业就业人员数量呈现出截然不同的走势。在 2008 年之前的一段时间内，二者均受益于矿业高速腾飞，吸纳的员工数量增幅均较快。但是在经济危机之后的时期内，采选相关的行业就业人数出现了大幅度的下滑，而冶炼和压延相关的行业在进入 2014 年之前均保持了稳步的增长态势。这主要是由于采选环节机械替代的能力更强且抗市场风险能力更弱，因而二者受矿业寒冬的冲击力度不一致。

总体而言，矿业企业的就业人数从 2003 年开始出现大幅攀升，并同经济周期保持了较强的一致性，经济危机、经济刺激计划及新常态等不同阶段导致矿业企业人数出现较大变动。当前一个时间段可以预计到矿业企业就业人员还会进一步下降，且这种冲击对采选相关的行业影响更为深远。

4. 营利能力

根据《中国统计年鉴》（2004~2016 年），本部分列示了 2003~2015 年规模以上矿业企业总资产与利润情况（图 2-4 和图 2-5）。从总资产的角度看，规模以上矿业企业在 2003~2015 年均保持了增长态势。其中，2003~2011 年年平均增长率均在 15%以上，其后增长幅度不断下降，2015 年仅为 2.356 1%。从总利润的角度看，2008 年以前利润的年增幅达到 30%以上，2008~2011 年受经济危机及其后的经济刺激计划的影响则出现了震荡态势。2011 年以后，利润呈现负增长态势，到

2015 年达到了–30.432 9%。这也符合陈其慎等（2015）的论点，即中国矿业在 2011 年迎来顶点后，进入衰退期，并将在 2020 年成为夕阳产业。总资产利润率的走势也再一次支撑了这一观点，2008 年之前均保持稳步递增的态势，在 2008~2011 年进入震荡之势，其后总资产利润率逐步下滑，2015 年总产值利润率下滑 32.034 3%，为 3.800 5%。

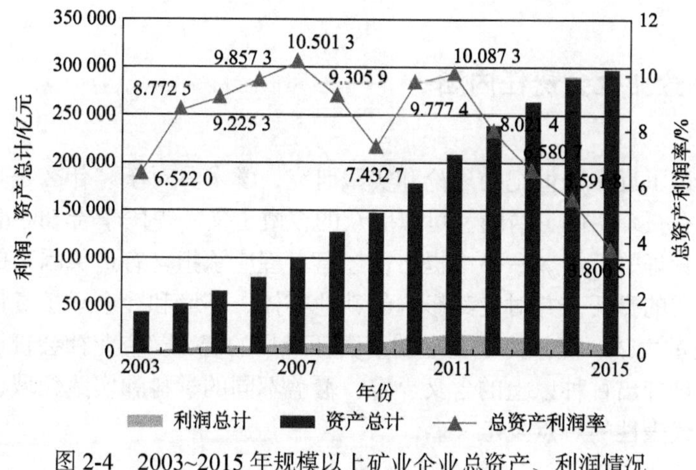

图 2-4　2003~2015 年规模以上矿业企业总资产、利润情况

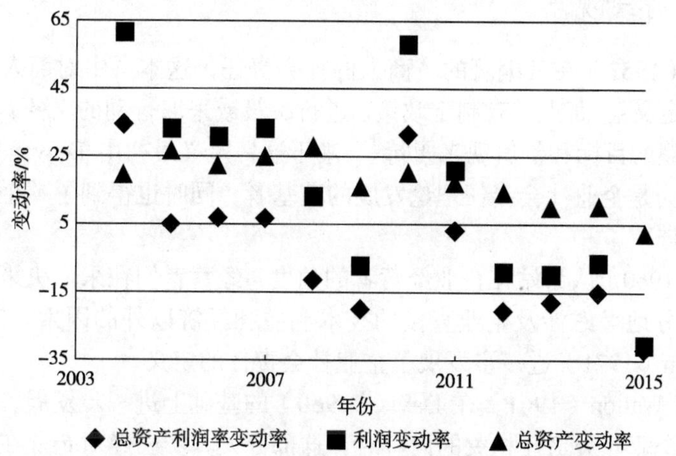

图 2-5　2003~2015 年规模以上矿业企业总资产、利润变动率情况

总体来看，矿业企业的平均利润率水平在 2011 年前后进入了一个新的阶段，从高盈利转入低盈利水平阶段。可以预见的是随着中国经济进入新常态阶段，加之全球经济复苏缓慢，矿业企业的利润率还会进一步走低。但随着中国矿业从做大向做强转变，这一趋势最终会被反转。当然，这一过程中会有更多的矿业企业被兼并重组，行业的集中度也会得到进一步提升。

2.2 矿业企业社会责任的定义

2.2.1 企业社会责任内涵

虽然经过了近一个世纪的理论和实践研究，学术界对于“什么是企业社会责任”依然没有一个明确、清晰、可以服众的权威定义。美国学者 Sheldon（1924）在其著作《管理的哲学》一书中提出，经营者理应承担含有道德因素的且满足产业外各种需要的责任，并对受其影响的其他实体、环境和社会承担责任，这个在 1924 年出现的表述，被认为是企业社会责任最早的定义。企业社会责任在长期的发展过程中延伸出百种以上的含义界定，覆盖不同的学科和实践领域，下文将呈现几种具有代表性的观点及定义。

1. 西方学者观点

Bowen（1953）在其编著的《商人的社会责任》这本书中对商人的社会责任给出明确的定义：“商人具有制定政策、进行决策或采取行动的义务，该义务通常按照社会期望的目标和价值观来履行。”基于这一定义最初由 Bowen 提出，因此 Bowen 被认为是企业社会责任理论发展的奠基者，同时也得到了“企业社会责任之父”的美誉。

Davis（1960）认为站在企业经营者的角度，经营者们在采取决策和行动之前至少应该部分地考虑涉及企业直接的技术利益和经济以外的因素。随后，Davis 和 Blomstrom（1971）进一步发展了企业社会责任的定义。

Eells 和 Walton（1961）在 Davis（1960）的基础上进一步发展，他们认为，当有人谈到企业社会责任相关的内容时，这部分人其实已经对企业在社会中应当遵守的道德准则和企业本身可能会对社会带来的负面效应有所考虑。

20 世纪后期，被称为管理学大师的 Robbins（1974）认为“企业的社会责任已经超过了法律和经济要求的范围，是企业为了达到对社会有利的长远目标所应承担的责任和义务”。

西方学者对于企业社会责任定义的观点经历了近一个世纪的发展变化，从最初的偏重伦理到准则，逐渐转向利益相关者理论。现今学者多将企业社会责任的定义与利益相关者理论结合起来，认为“企业社会责任是企业对于利益相关者的义务所在”。2.4.1 节将集中阐述利益相关者理论。

2. 中国学者的定义

企业社会责任理论在 20 世纪 90 年代被引入中国，经历了二十多年的发展，呈现出多样化的研究视角。

在中国，企业社会责任定义最早出现于 1990 年，学者袁家方在《企业社会责任》一书中提出了含义界定——企业的生存和发展过程需要面对各种社会问题以及满足社会需要，因而，企业社会责任是企业对维护国家和社会利益承担的责任与义务。由于他的观点更侧重于法律责任，因此袁家方对企业社会责任的理解略显狭隘。

1993 年，李占祥将企业的社会责任定义为企业应对社会履行的职责、奉献和义务，他认为企业必须为社会的健康发展负责。同时他对王齐和庄志毅于 1989 年提出的企业社会责任具有经济性、法律性、道德性等特征予以肯定。

卢代富在 2002 年于《企业社会责任的经济学与法学分析》一书中提出的企业社会责任的定义开始关注利益相关者概念。他将企业社会责任定义为“谋求股东利润最大化之外企业应该承担的维护和增进社会利益的义务”。他把企业社会责任看做一种积极的责任、一种法律和道德上的义务，并且履行义务的对象是非股东的利益相关者，从而对传统的股东利益最大化的观点进行了修正和补充。

常凯（2003）的观点立足于市场经济体制，在该背景下，他认为企业应该将利益相关群体的利益纳入企业考虑范围，其中员工利益是最重要和最直接的内容。依附于劳动和社会保障部劳动科学研究所的“企业社会责任运动应对策略研究”课题组在相关课题的论证过程中也表达了相似的观点。

周祖成在 2005 年提出企业社会责任是集合了经济、法律、道德三方面的综合责任，企业在进行经营决策时应全方位地考虑对所有利益相关者的影响。李洪彦在 2006 年对该理念予以肯定。

以上几种观点是作为比较有代表性的企业社会责任定义的呈现。国内众多学者对于企业社会责任定义的探讨和研究在此就不一一列举。自 20 世纪 90 年代企业社会责任理论被引入国内，经过二十多年对企业社会责任理论的不断探讨，国内学者对企业社会责任概念的理解一直在不断深入。从单一地考虑法律道德层面到融合经济、法律和道德责任的综合概念，国内对于该定义的把握在逐渐成熟。学术界越来越多的学者开始赞同“关注股东的利益，同时也要考虑股东之外的利益相关者”的观点和论断。

3. 企业社会责任定义总结

由于企业社会责任涉及多方面利益相关者因素，国内外学者对企业社会责任的定义经历了漫长的发展阶段。综合梳理这些观点发现，企业社会责任定义的改进主要表现在范围的界定及其责任对象变化上。

纵观企业社会责任定义的不同发展阶段，关于企业社会责任的定义和内容，比较具有代表性的主要有两大派别：首先是由美国新自由主义的经济学家 Friedman（2007）提出的企业社会责任的古典观（classic view），他认为企业责任就是尽可能使企业利润最大化，所以企业的经营管理者应按照股东的利益最大化要求来从事相关经营活动。在这种"股东利益至上""会计利润唯一"的经济责任为先的观点中，Friedman（2007）认为，企业关注股东之外利益相关者的福利使得原本投入再生产过程中的资源被消耗，进而导致经营成本的提高将会通过提高商品和服务价格，转移给消费者或者减少企业利润和股东收益两种方式转嫁。而后者是股东所不能接受的——在新自由主义者看来，股东不会关注财务方面回报外的一切事情。古典观认为企业社会责任仅仅局限于使股东利润的最大化；与之相反，一种被称为企业社会责任的社会经济学观点（social economic view）与古典观相对应。社会经济学观点着重强调"责任"，该观点将"责任"视为核心内容，即企业在为股东创造利润的同时，也应当履行其增进和保护社会福利的责任。该观点认为企业社会责任涵盖的对象并不局限于股东，其他利益相关的社会实体是其中重要的一部分。根据"社会契约"及"组织合法性"理论，企业的生产经营活动是建立在一定的社会环境基础之上的，并受到法律法规及各种制度的制约和保护。同时，企业需要社会实体通过购买商品和服务实现企业生产环节和资金的正常运转，因此，履行社会责任，同时增进利益相关者的社会福利就成为企业存续的义务。

综合分析以上观点，本书对于社会经济学的核心内容最为推崇。单纯履行经济责任、以股东利益最大化为企业经营活动目标，无论是在伦理道德层面还是现代企业战略角度，都是不合时宜的。在创造会计利润的同时，作为一个依赖社会环境得以生存的经济实体，企业只有将利益相关者纳入企业战略和社会福利考量，才能为自身发展积累更多的"合法性"，为从规模和实力上不断发展壮大奠定坚实的基础。在某种程度上，企业追求股东利益最大化与兼顾利益相关者的福利在长期目标上并不冲突，后者对前者的正向促进作用虽然未经过实证检验得到结论，但企业战略的研究者从理论上对此展开的充分论述已经得到绝大多数企业和理论界的赞同。从这个角度而言，企业社会责任属于一种综合性的责任，不仅包含基础的经济责任，同时又能兼顾法律和道德责任，是一种广义概念。

基于此，本书认为社会责任是企业在市场经济环境下，通过自愿或非自愿的经济行为、法律行为、伦理行为和慈善行为履行好"企业公民"的角色，在创造企业自身绩效的同时，维护好员工等其他利益相关者的利益，进而实现企业与社会、环境的永续发展（图 2-6）。从本质上看，其属于广义社会责任范畴，并具有如下特点：企业是其履行主体；其对象涵盖股东及其他利益相关者；其行动既包括强制的法律义务，也包括自愿的社会期望。

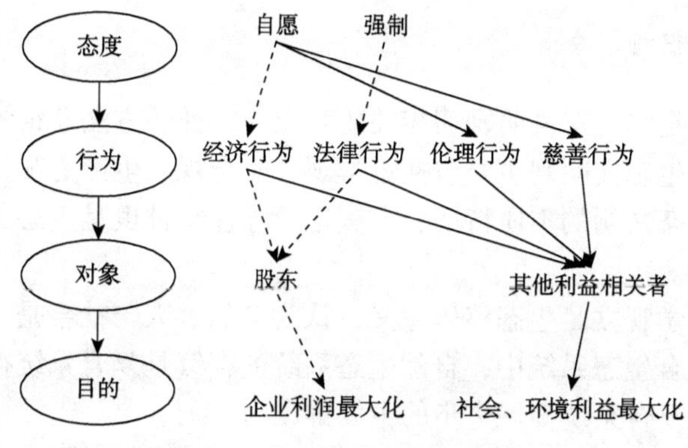

图2-6　企业社会责任概念分析

2.2.2　生态文明视角下矿业企业社会责任内涵

1. 生态文明的内涵

生态文明既是一个动态性的概念，也是一个时代性的概念，Peng 和 Heath（1996）认为自从20世纪80年代中期中国提出生态文明概念以来，国内学术界对生态文明内涵的界定，概括而言，可归纳为从横向的社会文明系统的组成要素和纵向的人类文明发展的现状与趋势两个视角，即从狭义和广义两个视角相结合。狭义的生态文明是指在同一个历史文明阶段中存在的，与物质文明、精神文明、政治文明等各类并列的文明表现形式；广义的生态文明是跟历史已有的文明形态不同的社会文明形态，是继原始（狩猎）文明、农业文明、工业文明之后新发展起来的社会文明形态。生态文明是人和自然关系进步的呈现，亦是新的社会文明。两者相互联系，求同存异——生态文明的重心是恢复和重建人类活动造成负面影响的生态环境，通过环境治理和保护相关措施，构建人与自然的和谐共存。杨桂芳（2010）指出新的社会文明是一种渐变过程，它在工业文明中萌芽，以人类的文明出现为起点，在人类社会的不断发展进步中，逐渐过渡到社会文明形态。两者由人类文明作为纽带相联系是工业文明和生态文明共存时期的中间阶段，在这之后，工业文明逐步让位于生态文明的发展，直至实现新社会形态下的生态文明。总之，生态文明是指人类在积极发挥其主观能动性的条件下，在认识自然，遵循自然、人及社会三者运行客观规律基础上，建立起的一种和谐共赢的良性运行态势。它是全面、协调、可持续的社会文明形态，亦是人类创造的物质、精神和制度财富的总和。

2. 生态文明观

生态文明观是与生态文明密切相关的观点、特征、方法及精神的总称。根据现有文献表述，生态文明观主要包括哲学观、安全观、生产力观、价值观、伦理观和消费观；生态文明的本质特征、方法论及绿色精神也是生态文明观的重要组成部分。

生态文明哲学观立足生态整体主义，认为自然、人与社会是一个有机联系的整体。在这个复合生态系统中，自然生态系统的存续是复合系统存在和得以发展的基石，人类是复合系统发展进步的主要推动力。

生态安全观则是整个生态文明观最为重要的观点。它呈现的是一种状态——维系人类社会生存、社会经济及文化发展的生态环境的自然存续，不受侵扰和破坏。

李远等（2014）指出生态文明生产力观是生态文明观念系统的重要内容，生态文明生产力（简称生态生产力）及其微观基础生态文明经济的发展和进步，是转变生产方式、从根本上改变工业文明的严重弊端、建设生态文明的重要抓手。

生态文明价值观根植于哲学观，是一种对自然生命价值、人类在自然界中所处地位和价值的评价，是生态文明哲学观的具体呈现。

生态文明伦理观承袭哲学观、价值观，其研究人与自然、人与人、人与社会三方面的复合生态系统关系，是生态文明哲学观和道德观在道德领域的延伸。

生态文明消费观的出现是对当前人类社会日益丰富却又存在资源能源极大浪费的消费观念和行为的反思，在实践中发展为具体和明确的消费观念，如“以人为本”消费观、资源节约和环境友好的“两型”消费观、和谐消费观等。

生态文明的本质特征是协调和可持续发展，简单地说，就是人与自然、人与人、人与社会关系的和谐共赢。

生态文明观的方法论主要用来指导生态文明的实践，廖福森等（2012）指出其主要内容有如下方面，即辩证唯物主义方法论、历史唯物主义方法论、循环与开放相结合的方法、整体性与层次性相结合等方法。

生态文明的绿色精神即是在生态文明建设中强调“绿色发展”，以生态环境质量总体改善为导向，时刻保持发展的平衡性、包容性和可持续性，通过绿色发展理念的渗透，坚定人们走生产发展、生活富裕、生态良好的文明发展道路的决心。

本书研究的是矿产资源型企业的社会责任问题，因此，一个明晰、合理的矿产资源型企业的定义是非常有必要的。王锋正和郭晓川（2007）认为：“资源型企业是相对于劳动密集、资金密集、技术和知识密集而言，有别于制造型企业、技术型企业、服务型企业的一类企业，是指基于自然资源（主要是地下的矿产资源和地上的动植物资源）的占有或独占（数量和成本），以自然资源的开采和初级加工为基本生产方式，初级原材料产品为最终产品，在产品成本结构中，自然资源占据主体地位的，依靠资源的消耗来实现企业的增长，以资源占有优势为核心竞争力的企业类型。”基于以上资源型企业的定义，本书认为矿产资源型企业是指基于地下的矿产资源的占有或独占（数量和成本），以矿产资源的开采和初级加工为基本生产方式，初级原材料产品为最终产品，在产品成本结构中，矿产资源占据主体地位的，依靠矿产资源的消耗来实现企业的增长，以矿产资源占有优势为核心竞争力的企业类型。

按照矿产资源类型的差异和开发阶段上的不同，矿产资源型企业可以划分为不同的行业。其中，按照开发资源类型来划分，主要包括以煤炭、石油、天然气为核心的能源资源开采业，以黑色金属矿、有色金属矿为代表的金属矿采选业，以及非金属矿采选业及其他采矿业；按照开发的不同阶段，则主要涵盖了煤炭洗选业、石油加工炼焦及核燃料加工业、黑色金属冶炼及压延加工业、非金属矿物制品业等。

作为社会责任的具体延拓，矿业企业社会责任本质亦是对利润最大化的修正，实现自身发展与社会、环境的良性互动，因而其含义与社会责任的含义具有一致性：矿业企业在市场经济环境下，通过自愿或非自愿的经济行为、法律行为、伦理行为和慈善行为履行好“企业公民”的角色，在创造企业自身绩效的同时，注重与利益相关者的和谐共处，以实现企业与社会、环境的可持续发展。

然而，吴荣庆和张燕如（2007）提出矿业行业的耗竭性、不可再生性、高危性、影响的不可逆性等属性及其在国民经济中的地位，决定其不仅具有道德性与强制性的有机结合等一般共性，更具有对象的优先级特性，即矿业企业应集中有限资源优先承担对环境、员工等利益相关者的社会责任。

2.2.3　生态文明与矿业企业社会责任的关系

矿业企业社会责任是对循环经济理念的具体实践，强调生态经济、循环经济等对人类经济发展的指导作用。简单来说，矿业企业社会责任是在可持续发展理念的指导下，在创造企业自身绩效的同时，注重与利益相关者的和谐共处，以实现企业与社会、环境的可持续发展。其对于走可持续发展之路，建设生态文明具有不可替代的意义。生态文明建设不仅与经济发展相关，更关系到社会体制的变革，关键是在可支持的生态承载力下，实现经济的健康发展。生态环境的保护与建设需与企业的发展相结合，即优势资源的开发和利用，将企业的转型升级作为可持续发展的重要方向。只有将生态文明融入矿业发展的全过程中，才能实现资源优势向现实生产力的转变。因而，矿业企业社会责任不仅是建设生态文明的题中之义，更是建设生态文明的必然选择。

1. 矿业企业社会责任是生态文明建设的题中之义

在矿产资源的开发利用过程中，会造成植被、土地、水系破坏，不可避免地影响大气、水体和土壤质量。在矿产资源开发过程中，采矿疏干排水是对生态环境造成负面影响最大的阶段，对地下水资源的抽取破坏了矿区水平衡系统，形成大面积的漏斗区，造成水资源浪费、地面沉降；同时，采矿需要开挖地面及边坡，由此导致的一系列问题，如地下采空、植被破坏，并极有可能引发崩塌、山体滑坡、地震等严重的次生灾害，极大地影响了矿区居民正常的生产生活。佩珀（2005）指出随着矿产资源开发规模的增大，且采用了粗放式开发和低效利用方式，矿业生产带来的环境污染呈现出逐步恶化的趋势。当前，废水排放量超过30亿吨，废气在5 000亿立方米以上，各类尾矿废弃物在180亿吨左右，每年还以超过10亿吨的速度上升，然而相关的利用率却低于10%。

生态文明建设指出生态环境的保护与建设需要从源头做起，矿业发展过程中，将环境影响控制在生态环境承载能力范围内，实现矿产资源开发最优化和生态环境影响最小化。同时，加强生态技术在矿业勘探和开采各个环节的利用，利用和保护好生态自身的修复功能，推广采剥和复垦一体化工程，大力推进矿山环境治理和生态恢复，实现矿山生态环境再造最优化。

2. 矿业企业社会责任是推进生态文明建设的必然选择

党的十八大报告指出，建设生态文明，是关系人民福祉、关乎民族未来的长远大计，是实现中华民族的伟大复兴的中国梦的重要内容。当前，社会经济发展对于资源能源的需求依然巨大，而传统的高能耗、高污染的生产方式已经不能适应生态文明及可持续发展的要求，因而要改变现有的资源利用方式，通过全过程资源管理制度、提高资源利用效率和效益的方式，以实现资源的集约利用和社会经济的可持续发展。习近平总书记强调：用生态文明的理念来看环境问题，其本质是经济结构、生产方式和消费模式问题。由此可见，强化矿产资源开采利用管理，统筹经济发展与环境保护，提高矿产资源综合利用率，转变矿业发展方式，实现绿色矿业模式的运用，能够较好地推动生态文明建设进程。

为改善矿业发展模式，提高矿产资源利用效率，实现矿业健康有序发展，推进矿业企业社会责任建设势在必行。以依法办矿、科学开采、规范管理、合理利用、安全生产、保护环境、社区和谐为基本要求，借鉴循环经济发展模式，改革完善矿产资源勘查开发利用的各环节，将责任矿业理念贯彻到全过程中。具体而言，矿业企业社会责任建设需要实现如下目标：从资源开发利用的阶段角度，在资源勘查阶段要做到科学采探，开发阶段要尽可能节约，减少资源浪费，利用阶段要对矿产品进行高效深加工，提高利用效率；从环境整治和补偿角度，则要树立节约意识，促进二次资源的再生利用，在矿区恢复阶段、土地复垦过程中，要控制污染，治理矿产资源开发过程所造成的生态破坏，从而实现矿产资源开发利用全过程的可持续发展。

2.3　矿业企业社会责任的特殊性

基于利益相关者的视角，每个企业在社会责任方面都具有相似性。尽管企业类型不一致，但企业对于投资者、消费者、员工、环境和社会等利益相关者的责任都是一致的。

对于矿业企业来说，资源禀赋是其进行市场竞争时的根本优势。相较其他种类的企业，矿业企业具有一定的特殊性。矿业企业的生产链完全围绕自然资源展开，其市场竞争资本也是基于对自然资源的拥有或使用程度而建立的。矿业企业通过地下矿产开发，将自然资源加工为国家机器运行必需的能源产品。需要强调的是，矿业企业的一线生产环境非常恶劣，工人承担的健康、安全等风险远超其他行业平均水平。同时，矿业企业的生产还附带着会对大气、水等自然环境产生严重破坏的污染物。据此，对于矿业企业社会责任的分析也应独辟蹊径，针对其独特属性加以归类和总结。

2.3.1　矿业企业对国家能源安全责任的特殊性

矿业企业承担着保障国家能源战略安全的重要使命。矿业企业将自然资源生产加工成为稀缺的、不可再生的能源产品，是国家经济、社会的发展急需的战略物资。那么，矿业企业为确保能源物资及时、足量提供，更好地服务国家经济社会发展，其生产必须服从国家战略层面的需求。

首先，不论对于国民经济生活，或是国家经济发展，矿业企业提供的能源产品都起到了重要的基础作用。刘国仁（2001）统计，发达国家九成左右的产业发展都是依赖于产值仅占国内生产总值中 5%的矿业。而在中国，矿业创造了 7%的国内生产总值贡献以及超过九成的能源消耗和工业原材料消耗。所以，矿产资源对于国家的发展、社会的进步都是至关重要的。

其次，能源物资由于其不可被忽视的重要经济、战略价值，已经逐渐成为国家政治不可或缺的物质基石。同时，由于能源物资基本都属于不可再生资源，这就产生了经济生产必需与资源储量日益减少的矛盾，也引发了各政治团体的高度关注。随着人类经济社会的不断发展，能源物资逐渐成为各大政治势力互相博弈的焦点，此时，其在经济属性之外更被附加了政治属性。谷树忠等（2013）以石油市场为例，指出石油价格波动不仅反映了能源物资供求关系的变化，更体现了国际政治势力的博弈以及国际军事形势的变化，是国际政治格局以及军事态势的缩影。

综合以上两点可以看出，提供能源物资的矿业企业对国家经济、社会发展战略的实施具有重要的价值。矿业企业应该立足于更好地服务国家战略的角度，担负起保障国家能源安全的责任。矿业企业在进行生产时应将资源保护和资源节约作为工作重点，以长远的可持续发展为目标，制订科学合理的资源开发计划并严格执行。另外，矿业企业还应加大环境保护和科技创新的相关投入，使资源保护和资源开发并重、资源节约和资源利用并重，通过科学的计划、完备的管理以及高新的技术促进企业乃至国家经济社会的可持续发展，为保障国家能源安全做出贡献。

2.3.2 矿业企业对自然环境责任的特殊性

矿产开发的一线工作主要在地下进行。矿业企业的生产活动基本都围绕自然资源开展，对自然资源进行勘察、开发、加工等。因此，自然资源对于矿业企业来说至关重要，对自然资源的占有及使用程度决定了企业的市场竞争优势强弱。然而，自然资源的开发过程决定了矿业企业在生产过程中必然会对资源和环境造成破坏。矿区及周边的土地、植被、水环境等会受到矿产资源的开采、挖掘等行为的破坏；而大气、水质、土壤等资源也会被矿产开发过程中附带的各类废弃物污染，造成水土流失、土壤侵蚀等环境破坏后果。这些环境破坏影响都会间接作用于人类的日常生活，通过水生、陆生食物链的传导最终对矿区及周边居住人群的身体健康产生危害。另外，矿产开发过程中存在的安全隐患、采矿引发的突发事故以及采矿造成的地质破坏和噪声污染都对矿区及周边人群的健康与安全构成了直接威胁。所以，矿业企业需要对环境保护方面的工作特别重视。

矿业企业的生产活动会对生态环境造成极大的影响和破坏，具体包括：水资源污染，矿产开发过程中产生的“三废”含有大量有害物质，通过地表径流、降雨等方式扩散开来对水体形成污染；植被破坏，对地表裸露的矿产资源进行开采、矿区建设占地、矿石及废弃物堆置等不仅占用了原有生态环境的地域和空间，更会对地表覆盖的植被造成破坏。根据 2004 年末的统计数据，当时已有超过 339.3 万公顷的土地因矿区建设、矿产开发等原因被占用甚至破坏，其中更有 53.2 万公顷被破坏的土地是林地。矿产开发占用土地、破坏林地直接或间接导致了 372.1 万~531.6 万公顷[①]森林和林地的退化。另外，矿区及周边发生的粮食作物减产、居民住房坍塌、交通道路开裂以及地形地貌发生变化等现象也是对矿产资源的开采破坏了原有地下稳定结构而造成的，这些危害的根本原因也是矿业企业的生产活动。

矿业企业的生产活动对原有的生态环境、地质结构、地形地貌等都造成了诸多影响和破坏，这些破坏而引发的事故在近些年也频繁发生。这些事故对矿区及周边的居民甚至整个社会都带来了极其巨大的损失和非常恶劣的影响。根除这些破坏带来的负面影响需要投入巨大的人力、物力、财力，这些成本投入可能早已远超矿业企业创造的经济利益和社会价值。甚至，按照现有科技水平，已经无法满足对被破坏的生态环境进行修复的需要。另外，矿产资源开发对生态环境的影响是潜移默化的，造成的一些破坏可能在短期内不会显现出来。矿业企业对环境造成破坏的原因在于目前矿业企业大多是受环境保护的相关法律法规所限，被动地进行污染治理。而由于法律法规颁布实施存在滞后性，最终仍造成先污染后治理而治理不完善的事实。也正是因为这个原因，中国目前存在非常多矿业企业为牟取私利而不顾环境污染破坏的案例，这给生态环境、经济社会等多方面带来了恶劣的影响和巨大的损失。因此，矿业企业应该将环境保护置于企业重要的战略地位。

2.3.3　矿业企业对员工责任的特殊性

矿业企业的一线工作环境差、风险高。部分可燃有机矿产在开采时有极高的安全风险。例如，煤炭、石油以及天然气等矿产资源具有易燃易爆的特点，容易造成爆炸、起火、泄漏等安全事故。近年，多数矿业企业在开采过程中始终存在安全隐患，也引发了许多安全事故。邓奇根等（2014）统计，2001~2013 年中国煤炭产业迅速发展。2013 年全国煤炭产量达到 37.0 亿吨，较 2001 年增加约 236.4%。

① 国家林业局. 全国矿区植被保护与生态恢复情况调研报告[EB/OL]. http://www.hjxf.net/mine/2010/1115/article_7.html，2016-11-15.

同时，12 年间发生的 30 487 起各类矿产开采安全事故共造成了 52 329 人死亡。其中重特大事故 498 起，死亡 11 723 人，平均每起死亡 23.54 人。除了矿产开采安全事故，矿业企业一线员工的健康安全还遭受职业病的困扰。矿业企业的一线开采基本都位于地下，工作环境差，更有粉尘、噪声等直接威胁。这使得矿业企业的一线员工中的大部分人都有职业病。苏潜（2006）和卫生部（现为国家卫生和计划生育委员会）有报告显示，目前全国矿业企业的一线员工中有超过 3 000 万工人常年受粉尘影响，同时在现有 150 万尘肺病人的基础上每年增加 10%~15%。其中 80%在矿山，职业病成为矿业企业员工生命健康的另一严重威胁。

另外，受矿业企业的一线工作要求影响，一线员工普遍文化素质不高，自身维权意识薄弱。这些特点也决定了矿业企业对员工责任的特殊性。在遇到工作环境恶劣、薪酬偏低、安全健康无保障等问题时，矿业企业一线员工中有部分人不知道如何去维护自身合法的权益，还有一部分员工由于自身经济负担重，急需收入，因此面对不公平也缺乏抗争的勇气。所以，矿业企业应该对生产过程中的安全隐患高度重视，将一线员工的安全保障问题落到实处。

2.3.4 矿业企业对政府责任的特殊性

李昱（2011）提出矿业企业首先是国有企业，受历史原因影响，中国国有企业一直是政府参与经济的重要手段，因此国有企业的社会责任明显异于非国有企业，其责任中更侧重于帮助政府调节收入分配、为社会提供就业岗位、协助政府维护市场秩序等宏观非经济目标的实现。

矿业企业承担着保障国家能源战略安全的重要使命。矿业企业将自然资源生产加工成为稀缺的、不可再生的能源产品，是国家经济、社会发展急需的战略物资。从这个角度讲，矿业企业对国家和政府承担着比一般国有企业更重要的责任。具体来说有两点：首先，矿业企业具有国有企业属性，需要对国家财政收入负责，为国家经济发展做出贡献。矿业企业不仅要通过税收手段将创造的部分经济利润上缴国家，同时还要创造就业岗位以服务社会。其次，矿业企业生产的能源物资产品具有不可被忽视的重要经济、战略价值，是国家经济社会协调发展不可或缺的物质基石。所以，矿业企业也担负着保障国家社会和谐、经济稳步发展的重要责任。作为国有企业，矿业企业对国家政府的责任比其他类型的企业更具积极意义。矿业企业不仅需要努力创造经济利润以保障国家足够的财政税收，更要将促进国家经济发展、维护社会和谐稳定纳入自身的责任范畴。

2.4　矿业企业社会责任识别

2.4.1　利益相关者理论

1. 理论阐释

20 世纪 70 年代，层出不穷的伦理问题、道德风险、欠缺社会责任考虑、环境管理难题等一系列问题使得在现实经济体中一直奉行以股东利润最大化为唯一目标的英美发达国家的企业陷入进退维谷的境地。它们迫切需要学术界和企业界分别从理论和现实战略操作上给出恰当的答案。与此相对应的是，奉行“为股东谋求利润最大化，同时兼顾利益相关者利益”经营管理理念的德国、日本等国家的企业正经历繁荣发展阶段。对这一现象的研究，部分学者认为产生此种差距的原因在于股东至上主义与“为股东谋求利润最大化，同时兼顾利益相关者利益”之间的调和，股东至上主义的公司治理模式由于缺乏长远规划发展，严重的短期目标压力之下公司将陷入失败的境地；Aoki（1984）指出德日等国家的部分公司实行“为股东谋求利润最大化，同时兼顾利益相关者利益”的内部监控型公司治理模式更加注重利益相关者的利益诉求，基于人本主义的管理思想更能促进企业的长远发展。

目前主要是西方学者在倡导利益相关者理论，这些学者研究的领域主要涉及社会学、政治学和管理学等。最早研究利益相关者理论的是 Ansoff（1965），Ansoff 认为公司最主要的任务是如何平衡各利益相关者的利益冲突；利益相关者理论最重要的倡导者 Freeman（1984）认为公司或企业的利益相关者主要是指能够影响一个组织目标的个体和群体，这些个体和群体依据相同利益诉求而结成一体。对于利益相关者的定义，Frederick（1988）则认为利益相关者是“对企业的政策和方针能够施加影响的所有集团”，而非简单的组织目标。Frederick 并没有满足于对利益相关者提出一个相对清晰的定义。为了进一步了解利益相关者在何种程度上影响企业，Frederick 按照与企业关系的紧密程度对利益相关者划分为直接和间接利益相关者。在 Frederick 的定义中，股东、企业员工、消费者，以及与企业生产经营活动有直接经济往来的投资商、原材料供应商、其产品下游的零售商，甚至与企业构成竞争关系的竞争者被划分为直接利益相关者；而诸如政府机构、媒体以及社会公众和非政府及非营利组织等社会活动团体等并不与企业直接在市场上交集的相关群体则称为间接利益相关者。不同于 Frederick 对利益相关者的划分，Clarkson（1995）将利益相关者分为主要利益相关者（primary stakeholder）和次要利益相关者（secondary stakeholder）。主要利益相关者是指能对公司或企业产生根本性影响的个体和群体，这既包括 Frederick 所说的直接利益相关者，如股东、雇员、顾客、供应商等，也包括一部分间接利益相关者，如提供基础设施和市场的政府与社会等，这些利益相关者都能够对公司或企业产生或大或小的影响。次要利益相关者诸如 Frederick 定义的间接利益相关者，这些个体和群体在市场上不参与企业交易，因而也就对公司或企业不会产生根本性的影响，这些次要利益相关者主要包括了环保主义者、特殊利益集团等。美国经济学家布莱尔在集成既有观点的基础上，于 20 世纪 90 年代中期提出了利益相关者定义的新观点——利益相关者是指那些向企业贡献了专用性资产，因而处于风险投资状况的个人或者集团。这个定义的学术味道很重，其实并不太容易理解。

2. 理论启示

利益相关者理论与企业社会责任的关系是包含与被包含，即利益相关者理论并非是企业社会责任履行的专用实现途径，该理论在五十多年的发展过程中，已经广泛应用于公共政策、环境责任、医疗等社会公共领域。毋庸置疑的是，利益相关者理论的引入使得企业社会责任的履行和实现更加系统和丰富，企业在追求自身利益最大化时除了考虑股东的利润问题，还要考虑股东的利益问题——利润和利益在此的区别就是是否包含除股东之外的其他利益相关者的利益。因为受利益相关者的制约，企业在其经营活动中就会重新考虑单一的股东利润至上的企业战略，如若不然，以组织合法性和社会契约为基础的、企业和社会之间“心照不宣”的约定条款就会撕裂，导致的后果是企业的生存危机，或破产重组，或退出市场。因此，明智的企业经营管理者大都不会置股东之外的利益相关者的利益不管不顾，为了其长远的发展，企业会将股东之外的利益相关者群体纳入企业战略考虑中，与其建立稳定、和谐的相互关系，努力提升公众形象，以实现企业对风险的相对有效控制。

综上，企业经营管理的目标是实现利益相关者共同利益的最大化，即关注股东利润最大化，同时为股东利益最大化而关注股东之外的其他利益相关者。另外，根据利益相关者是否与企业存在市场关系而划分的直接和间接利益相关者群体，在企业战略制定过程中要加以区分。企业有众多的利益相关者，企业要对利益相关者群体负责，并不代表企业要对所有的利益相关者承担同样的责任。利益相关者存在层级、远近关系，相应地，企业在社会责任履行过程中，对利益相关者利益的考量也应该区分主次和兼顾不同利益相关者群体要求的特殊性。这对于企业而言是一个巨大的挑战，企业需要通过各种财务及非财务指标的设计运用以实现企业利益相关者要求的有效实现和平衡。

2.4.2 利益相关者理论与企业社会责任的一般性研究

梳理前人关于企业社会责任的研究可以发现，学界关于这方面的探究主要集中在企业社会责任是什么、为什么、怎么做这三方面上。企业社会责任的对象和包含范畴是股东至上主义主要聚焦和质疑的部分。尽管目前企业社会责任已经得到越来越多的关注和认可，学者和相关研究人员逐渐认识到了企业社会责任的必要性。而为了使企业履行社会责任能够落到实处，使企业的实践活动更好地服务于企业社会责任的落实，学者们开始聚焦于企业社会责任履行的对象具体是谁这一问题上。对此，利益相关者理论应时而生并做出了回答。利益相关者理论补全了学术界对企业社会责任的理解，将企业社会责任的定义、对象等问题回答完整，使社会责任理论更加科学完备。

在利益相关者理论中，企业作为一个“契约联合体”，是由多个利益相关者共同组成的，包括企业员工、股东、消费者、原材料供应商和社区等。这些利益相关者都为企业提供了相应的人力或物力资源，同时也与企业运营状况、盈利情况紧密相关。所以，对于一个企业来说，利益相关者不仅是利益共享，更是风险共担。企业运营的风险不只是集中于股东一方，而是由利益相关者共同承担。从这个角度讲，企业的所有者并不仅仅局限于股东，而且所有的利益相关者都应该被视作企业的所有人；利益相关者群体共同拥有企业的所有权，他们之间的权利是独立的、平等的。

综上所述，利益相关者理论已经明晰了企业履行社会责任的动因、对象和内容，但优先履行何种社会责任，对哪些利益相关者优先履行责任等企业社会责任的优先性次序问题依然重要，本书为了更好地将利益相关者理论契合于企业社会责任研究，还需要对企业的利益相关者进行分类研究以解决上述问题。

上文已经对企业社会责任的相关研究进行了系统的梳理和总结，可以看出企业社会责任已经受到越来越多人的关注与认可。对于一个企业来说，利益相关者的支持与贡献是必不可少的，但各利益相关者只能从自身角度出发服务于企业发展。利益相关者有多个类型，他们对企业决策产生的影响、分享的利益和承担的风险也是不同的。因此对于不同的利益相关者就应该采用相应的划分标准进行区分和辨识。以下学者从不同的角度出发对利益相关者进行了分类研究。

美国经济学家 Freeman（1984）从所有权、经济依赖性和社会利益三个角度对利益相关者进行分类，将其分为对企业拥有所有权的利益相关者、与企业在经济上有依赖关系的利益相关者和与企业在社会利益上有关系的利益相关者。

Frederick（1988）通过判断利益相关者是否与企业发生市场关系对利益相关者进行分类，将利益相关者分为直接利益相关者和间接利益相关者。

Charkham（1992）从是否与企业存在合同关系的角度进行分类，将利益相关者分为契约型利益相关者和公众型利益相关者。

Clarkson（1995）从利益相关者承担的企业风险种类和紧密度对其进行分类，提出了两种具有代表性的分类方法：从利益相关者在企业经营活动中承担的风险种类划分，可以将利益相关者分为自愿的利益相关者和非自愿的利益相关者；从利益相关者与企业联系的紧密性划分，可以将利益相关者分为首要的利益相关者和次要的利益相关者。

Silinpaa 和 Wheeler（1998）从社会性维度进行研究，结合利益相关者优先次序，将其划分为四种类型，即首要的社会性利益相关者、次要的社会性利益相关者、首要的非社会性利益相关者、次要的非社会性利益相关者。

最有代表性的利益相关者分类方法当属 Mitchell 等在 1997 年提出的基于合理性、紧急性、权利性的利益相关者分类。企业的利益相关者可以基于上述标准被具体分成三种，即预期型利益相关者、确定型利益相关者和潜在型利益相关者。

国内学者也从不同的角度对利益相关者分类进行了研究，其中，万建华（1998）及李心合（2001）等学者从企业利益相关者合作性和威胁性两个维度对利益相关者进行分类，细分出四种类型的利益相关者，即支持型利益相关者、不支持型利益相关者、边缘型利益相关者、混合型利益相关者。

陈宏辉（2003）利用 Mitchell 等（1997）的评分法对中国企业利益相关者进行实证研究，将中国企业利益相关者划分为三种类型：关键利益相关者，包括管理人员、员工、股东；蛰伏的利益相关者，包括供应商、消费者、债权人、分销商和政府；边缘利益相关者，包括特殊团体、社区。

综合上述分析可见，上述分类研究都具有共同的局限性：①几乎所有文献的利益相关者分类研究都是针对"企业"或"中国企业"这一总体范畴进行的，是一种泛化研究，其更多地考虑到企业的共性特征，并试图将结论推广到所有类型的企业中，而忽视了不同企业的个性特征，没有考虑到不同类型企业的利益相关者分类的可能差异。实际上针对不同的企业类型，其利益相关者分类可能会有所差异，利益相关者分类可能会呈现出不同的特征。②几乎所有的利益相关者分类研究都是从公司治理角度进行的，因此其在进行分类研究时所关注的利益相关者特征更多地集中在紧急性和权利性等方面，这就容易使一些不具备紧急性和权利性的利益相关者的利益要求受到忽略，并且针对公司治理的利益相关者分类研究特征不一定是企业社会责任管理所关注的特征。

考虑到上述原因及矿业企业的特殊性，本书认为上述分类依据无法直接应用作为企业利益相关者分类的依据，因此本书基于中国矿业企业的特殊性，选择利益相关者理论进行矿业企业社会责任的识别，而通过资源依赖理论对矿业企业利益相关者进行分类研究。

2.4.3　矿业企业社会责任对象

早期，关于利益相关者的界定，贾生华和陈宏辉（2002）认为利益相关者就是与企业目标相互关联的一类群体，这类群体既影响企业目标的实现，同时也受到企业目标实现的影响。可以看出，这一观点有一定的局限性，在此基础上，我们将利益相关者这一群体界定为进行专用性投资的对象，换句话说，利益相关者就是影响企业目标实现及被其影响的进行专用性投资的群体。但是，这种界定忽视了社会契约下的专有投资，且受到经济契约下的专有投资的制约。在此背景下，基于对利益相关者概念的不同界定与理解方式，国内外有很多关于社会责任的标准，每种标准所涉及的利益相关者不尽相同，侧重点也各有差异，表 2-1 就是根据 Zhao 等（2012）对已有社会责任标准中涉及的利益相关者的统计表。

表2-1　已有社会责任标准中涉及利益相关者的出现频率统计

对象	GRI	SA8000	DJSJ	KLD	ISO16000	Chinese CSR Guidelines	UN Global Compact
员工	√	√	√	√	√	√	√
消费者	√			√	√	√	
投资者	√		√	√	√	√	
债权人	√				√	√	
供应商	√		√		√	√	
环境	√		√	√	√	√	√
社区	√			√	√	√	
政府	√				√	√	
竞争者			√		√		√
非政府组织	√				√	√	

从表 2-1 中可以看出，虽然利益相关者涵盖的对象在国内外均界定为涵盖员工、消费者、投资者、债权人等在内的一个集合体。但是，不同的标准出于不同的目的均会在这个集合中选取适用的子集。根据已有社会责任标准中涉及利益相关者的出现频率统计，在结合矿业企业的特殊性的基础上，本书将利益相关者视为以经济契约和社会契约的方式，对企业进行专用性投资，从而影响企业目标的实现，同时受企业目标实现过程影响的一类群体。因此，如表 2-2 所示，我们认

为矿业企业社会责任对象不仅涵盖政府、投资者、员工、债权人和合作伙伴①这些传统界定的对象，同时还涵盖了环境和社区等企业社会责任对象②。

表2-2 矿业企业社会责任对象

对象	契约类型	主要内容
政府	经济与社会契约	规范纳税，保障资源供应，积极促进社会可持续发展
投资者	经济契约	及时披露企业经营信息，保持信息透明，实现资产的保值增值
员工（管理层）[1)]	经济契约	保障员工的工作时间、薪酬待遇水平和健康安全等权益
债权人	经济契约	严格遵循借贷合同的相关规定，保证资金安全，按时还本付息
合作伙伴	经济契约	确保交易过程的公平、公正性和相关款项支付的及时、安全性
环境	社会契约	着力提高资源利用效率，加大环保投入和及时披露环保信息
社区	社会契约	公益捐赠款项反馈社会，过程公正透明，增加社会民生福利

1）有鉴于国有企业中存在极强的委托-代理矛盾，在本章研究中特此加入了管理层项，并在后续的评价指标体系中进行了突出

2.5 矿业企业社会责任分类

2.5.1 资源依赖理论

1. 理论阐释

早在20世纪40年代，资源依赖理论已经被运用在相关的组织关系中。在20世纪70年代，资源依赖理论进一步成为研究组织变迁的重要理论。从组织关系到组织变迁，资源依赖理论为其提供了重要的解释力。但是，资源依赖理论有其重要的假设条件：①组织以生存为根本目的；②组织不生产自身生存的资源，但以这些资源为条件而生存；③组织与其他组织之间存在互动，这些互动以环境为基础；④组织以控制其与其他组织关系的能力而生存。上述四条假设中，最核心的资源依赖理论假设是第二条假设，即组织不生产自身生存的资源，但以这些资源

① 由于矿业企业不直接与消费者发生实际交易，而是通过分销商进行，因此，在对象中并不包含消费者。并为了保证分析的方便，将供应商与分销商等合称为合作伙伴。

② 根据ISO16000对社会责任的划分，社区包括资源所在地的社区及针对整个社会的公益事业。而前者与环境及政府等项存在交叉，因此本书选择将社区定义为后者的广义社区。

为条件而生存。资源依赖理论与政治经济学中社会契约理论的概念在解释为何企业需要履行社会责任方面有相通之处。社会契约理论认为，企业与社会之间存在一个隐性的契约关系——企业从社会中获取资源、向环境排放废弃物，作为权利的实现，企业必须履行相应的义务以获得其存在的合法性，由此，企业社会责任就成为连接企业权利和义务的纽带。同理，在资源依赖理论中，企业作为一个经济组织，它的经营活动需要从其所处的环境中获取资源，如劳动力、投资资金、产品销售渠道等，相应地，它必须做出一些努力来作为对获取资源的回报，这些努力也许并不会对企业的生产经营活动产生正向和显性的影响，但并不否认它们对企业的确有较好的促进作用。另外，Hillman 等（2009）的资源依赖理论提出了三个重要的影响因素——关于一个组织何以对另一个组织或者环境产生依赖——一是该组织是否被给予了很重要的资源，二是组织内外的特定群体获得资源的难易程度，三是是否存在可替代资源。按照这种观点，如果组织所需要的资源是稀缺的、极端重要又不可替代的，那组织将会高度依赖资源的提供者。从这个角度而言，企业对社会环境的依赖性自然不言而喻。

Davis 和 Cobb（2010）认为由于组织环境的不确定性以及资源的稀缺性，资源依赖理论认为组织可能会谋求更多的资源以期获得自身利益最大化，从而减少环境的不确定性带来的风险。资源依赖理论认为组织应集中主要目标，依据要素资源的稀缺性确定主要目标应放在要素资源市场上。这主要是基于可持续竞争优势来源于理性管理、选择性资源的积累和配置以及要素市场的不完善这一事实，这就为资源依赖理论解释企业的可持续优势以及企业间的差异提供帮助。一般来说，由于信息不对称或有限信息以及认知的不确定性，企业对稀缺资源的有效利用和激励性识别导致其超额利润和企业相互间的差异。众所周知，资源具有稀缺性，因而市场上占据较多资源的组织可以影响到那些资源缺乏的组织。资源的选择与积累是公司或企业实现内部决策和选择外部战略因素的关键函数，要素市场的不完善性导致了企业间在资源选择、积累和配置方面的差异。这种要素市场上的不完善性主要是指关键优势资源的获取、模仿以及替代的障碍，正是这些障碍阻止了同类型的企业竞争者获得或复制关键要素资源的能力，进而导致了企业间营利能力的差异长期存在。

2. 理论启示

企业社会责任理论得以立足正是因为企业和社会环境之间存在的资源依赖关系。企业需要社会为其提供生产投入资金、组织劳动力、提供产品原材料、铺就产品销售渠道，而社会也需要企业通过投资生产解决劳动力剩余问题，并依赖企业的正常运转产生稳定的经济利润实现经济发展的目标。单纯从两者关系看，企业相对社会处于一个更加强势的地位，它获取的资源远比需要履行的义务多。但这种看似不平等的关系总有解决途径——资源是稀缺的，而企业数量众多。资源的有限性使得企业的生产经营活动从一开始就是一个“弱肉强食”“适者生存”的竞争试验品。企业要想获得长期发展中的竞争优势，得到更多的资源，它不得不从自身生存考虑，处理好与利益相关者之间的关系。这时，股东之外的利益相关者，包括企业雇用的员工、企业的债权人、货品供应商、产品消费群体、政府机构、企业所在社区等，都成为企业战略制定过程中的考虑因素。企业需要在这些关系的处理中游刃有余，以实现一种稳定的资源供给和长期生存。

同时需要明确的是，资源依赖理论可以辨明对企业发展起着决定性作用的相关资源，从而可以使企业在践行社会责任时突出重点，将有限的企业资源投入关键的利益相关者中，优先响应关键利益相关者的要求。以矿业企业为例，由于矿业企业涉及资源保障、环境保护及员工安全等若干优先问题，因而需要对利益相关者进行层级划分，确保企业社会责任的层次性。

2.5.2 资源依赖理论与利益相关者分类

资源依赖理论是由 Salancik 和 Pfeffer（1978）首先提出来的，其核心观点主要是组织的生存必须从它周围的环境中吸收各种资源，因此组织需要与周围环境相互依存、相互作用才能达到生存目的。资源依赖理论可以被概括为如下层次：一是生存是组织的根本需求；二是为保证组织自身的可持续生存，组织需要通过自身生产以及从外部环境中获取足够的各类资源；三是组织需要与外部环境的相应因素进行交流互动以获取资源。该理论的成立需满足基本假设——组织生存所需的资源量是其自身生产所不能满足的，组织还需要通过与外部环境的协调互动，才能从外部环境中获取足够的资源。

将资源依赖理论与利益相关者理论相结合，利益相关者就是企业发展所需资源的一部分，利益相关者支持企业的发展，同时企业应满足其利益诉求。然而，由于企业有限的支付能力，不能满足所有利益相关者的诉求；因此，为解决企业无法同时满足所有利益诉求这一问题，可根据资源依赖理论，将企业利益相关者对企业的重要程度进行排序。

此外，Jawahar 和 McLaughlin（2001）与刘利和于胜道（2009）等指出资源依赖理论的中心是对于企业各个利益相关者，企业为确保自身生存和发展，将优先关注和满足拥有关键资源的利益相关者的诉求。

针对资源依赖理论与利益相关者之间的关系，学者们从不同的角度对其进行了深入的研究。Blair（1998）从资产专用性、资源依赖理论的角度阐释了利益相关者的意义，这一观点最具有代表性。在其研究中，公司的员工、原材料供应商、债权人、消费者等都对公司进行了投资，而不仅仅是股东。这些投资包括人力、物力以及财力的投入。因此，既然所有利益相关者共同出资，就应该共享企业的利益，共同分享剩余控制权与剩余索取权。

综上所述，根据资源依赖理论的相关观点，企业的生存与发展需要考虑掌握关键资源的利益相关者的诉求，同时关键资源所有者也应对企业具备一定的权利与影响力，该观点在很大程度上符合利益相关者理论。同样地，对于企业来说，满足利益相关者的利益诉求应该主次有序。许翠娟（2007）按照各利益相关者对企业的重要程度、影响企业决策的程度、掌控企业关键和重要资源的程度等标准进行排序，首先满足重要利益相关者的诉求。但是，不同类型的企业需要具体分析。不同的利益相关者提供的资源是不同的，因此对不同企业的重要程度也有差异。员工和管理者等能为企业提供人力资源，所以针对服务型企业或高新技术企业来说，此类利益相关者就比较重要；矿产资源等原材料是矿业企业的物力资源，对于矿业企业来说矿产资源的重要程度远高于智力资本或人力资源投入。因此，结合资源依赖理论可以看出，企业应该首先满足那些拥有或控制企业关键资源的利益相关者的诉求，即服务型企业或高新技术企业应将员工和管理者的利益诉求放在首位，矿业企业应优先考虑资源与环境的诉求。

2.5.3　矿业企业社会责任分类

按照资源依赖理论，企业的生存和发展离不开利益相关者，而且需要依靠各利益相关者所提供的各种有形或者无形的资源，各利益相关者对于企业的重要性程度主要取决于以下几个因素。

1. 资源的重要性

任何一个组织或群体的生存与发展都离不开多种资源的支撑，而这些资源的重要性可能各不相同，其中某些资源的重要性要比其他资源大很多，是关键性资源或者是稀缺性资源。而对于不同类型的企业，企业的特点和实际情况各异，所以各利益相关者所提供的资源的重要性程度会根据企业的不同特点而表现出差异性。因此，可以根据利益相关者为企业提供某些资源的重要程度将利益相关者分类。其中，关键利益相关者是指向企业提供关键性资源或者是稀缺资源的利益相关者。企业在分配有限的财力时，应优先考虑关键利益相关者，将他们作为优先履行社会责任的对象。

2. 资源的可替代性

当企业在进行某种生产活动的阶段需要的某些资源被其他企业垄断，或者是可以利用的资源有限却没有其他可替代资源时，体现出该类资源的稀缺性，企业对这些资源及其拥有者的敏感程度大幅提升，从而表现出较高的依赖程度，反之，依赖程度就会降低。

基于上述分析，本书构建了如下关于矿业企业社会责任对象分类的判别模型，如图 2-7 所示。

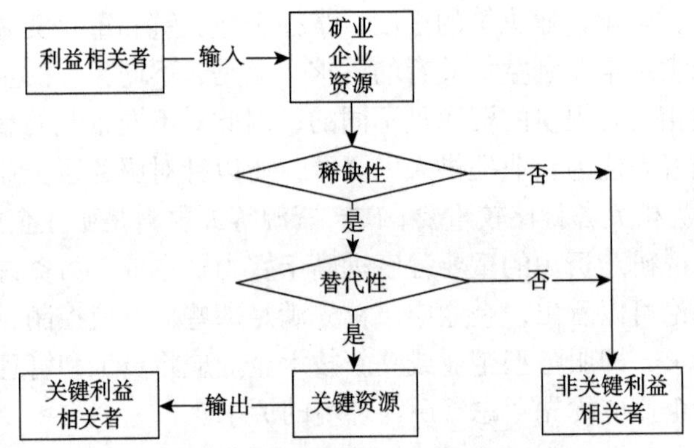

图 2-7　矿业企业利益相关者关键判别模型

总结矿业企业的生产活动可以归纳出以下主要特征：第一，矿业企业的一线工作主要围绕地下矿产资源展开，对矿产资源进行挖掘、开采、洗选及加工。和其他类型的企业比较来说，矿业企业需要的物力投入更少。第二，依照中国现有的矿产资源开采技术，开采工作基本依赖于人工完成，矿业企业对技术的需求远远小于对人力资源的需求程度。所以，矿产资源的开采方式决定了矿业企业必定是劳动密集型企业，人力资源是矿业企业的关键资源，相较于其他类型的资源来说更加重要。具体说来，矿业企业一线员工的体力投入是企业最主要的人力资源投入。

基于图 2-7 的判别模型，本书将环境、政府与员工作为矿业企业的关键利益相关者。首先，矿业企业周边环境中存在着自然资源，对于自然资源的把控和使用是矿业企业市场竞争优势的基础。并且对于矿业企业来说，自然资源是稀缺且不可再生的，因此矿业企业需将环境列为关键利益相关者。其次，虽然政府本身与矿业企业没有直接的经济联系，但政府对矿业企业的审批、政府制定的相关政策规划都会间接影响矿业企业的发展，甚至为矿业企业带来经济利润，同时政府资源也是稀缺且不可替代的，因此政府也是矿业企业的关键利益相关者。最后，人力资本是矿业企业未来发展的关键组成部分，是企业的核心组成部分，因此人力资源亦是矿业企业的关键资源，企业一线员工的人力投入直接关系到矿业企业的盈利状况，因此企业员工更是矿业企业的关键利益相关者。

基于上述的论证与分析，本书将矿业企业的利益相关者分为关键利益相关者，包括环境、政府与员工；重要利益相关者，包括投资者与债权人；一般利益相关者，包括合作伙伴与社区。具体分类结果，如图 2-8 所示。

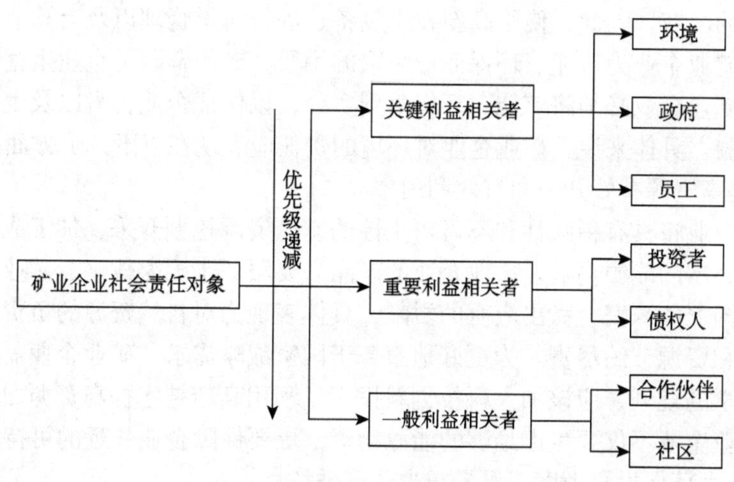

图 2-8　矿业企业社会责任对象分类

2.6　矿业企业社会责任的内容分析

2.6.1　对关键利益相关者的责任

1. 对环境的责任

21 世纪以来，人类经济社会迅猛发展。与之相应的，人类对资源的消耗和对环境的污染也迅速增加。一味追求经济增长导致的环境问题日益显现。各国专家学者以及社会人士逐渐开始关注水资源污染、土地荒漠化、物种灭绝等环境问题。企业的发展极大地推动了人类对环境的污染及破坏。所以，为缓解经济发展与环境污染之间的矛盾，企业应该恪守《中华人民共和国环境保护法》，在企业追求经济利益、获得发展的同时担负起保护环境、治理污染的重任。

根据上文的分析论述，矿业企业的生产活动特点客观决定了矿业企业履行的社会责任必须包括对生态环境的责任部分。矿业企业在生产过程中，除了资源开采会对自然资源的某些方面，如生物多样性、地表稳定性等造成破坏外，生产过程中一般也会排泄大量的废物（“三废”），产生噪声、震动、放射性污染等，这些不仅会对生态环境造成破坏，还会对人们的生命健康和安全造成严重影响。同时，矿业企业的生产加工活动均围绕不可再生能源开展，资源保护、资源节约成为其必须重视的内容。因此，使用高新技术设备、进行科学管理以及上马节能环保项目等都是矿业企业为节能、环保而应采取的手段。矿产资源是企业生存必需的关键资源，矿业企业必须将节能、环保落到实处，以保证企业自身以及生态环境的可持续发展。具体来说，矿业企业对环境的责任应表现在以下几个方面。

1）提高资源有效开采和有效利用率

矿业企业将具有稀缺性和不可再生性的矿产资源挖掘开采，加工成国家经济社会发展必需的能源物资。矿业企业的产品需要服务于国家战略，矿业企业也需要为保障国家能源安全做出应有的贡献，具体表现为对自然资源的负责，以及对资源保护和资源节约尽责。为更好地服务于国家战略需求，矿业企业需要对资源开采做科学的规划，应该加大科技创新投入，利用高新技术提高资源回采、利用效率。矿业企业不仅要生产足够的能源物资，更要保障企业长远的可持续发展。

2）加大环保投资力度，尽量减少环境破坏

矿业企业在对自然资源挖掘开采加工的过程中必然会对自然环境、资源等造成影响，甚至是破坏。矿区建设、资源开采会破坏地下地质结构、地表林地植被，同时生产附带的“三废”也会通过水循环、大气循环、食物链循环等最终对生态环境和人类健康产生恶劣的影响。所以，矿业企业应该加大科技创新投入，利用高新技术设备，上马环境保护项目来减少对自然资源、生态环境系统的破坏，缓和经济发展和自然环境之间的矛盾。

3）加强生产过程中污染物处理，提高污染物排放合格率

矿业企业在生产加工过程中会附带产出“三废”等大量对自然环境有害的废物。矿业企业应该妥善、科学地对这些废物进行处理，否则若放任废物进入生态环境系统会造成极其恶劣的生态破坏影响，带来巨大的损失。对此，矿业企业必须将污染治理、资源高效利用等纳入企业战略范畴，通过清洁生产、废物综合利用等手段实现矿业企业的循环经济及可持续发展。这不仅是由现代化经济发展的新要求所决定的，更是构成矿业企业社会责任的关键部分。

4）及时修复生产过程中对环境造成的损害

矿业企业从事的是不可再生性资源的开采，这种生产的性质势必会对环境造成巨大破坏，很多矿业企业所在的地区，由于资源开采导致地表塌陷，造成居民搬迁、房屋改建、市政维修等严重后果。此外，由于资源开采造成大量的采空区，许多山体开裂和滑坡，给整个社会造成了巨大的损失和严重危害。针对这一问题，

矿业企业应该从事前预防和事后治理两个层面对环境污染的问题进行整改。一方面加大环境保护投入，利用高新技术的治污设备，将生产中产生的污染降到最低；另一方面，矿业企业也应对已造成的污染进行治理，并对造成污染的生产行为进行整改。

5）及时公开环境信息

企业运营、生产活动中必定存在一些行为会对外部生态环境造成影响，另外企业也会进行一些环境行为。所有与上述行为有关的信息被企业按照相关规定进行记录、保存后形成企业的环境信息。部分国家早已有环境保护、污染治理等相关工作的先进经验，根据这些经验可以看出保护环境、减污治污可以通过公开环境信息、公众参与等形式来落实。公众可以通过企业公开的环境信息对企业进行监督，督促企业加大环保投入，改善工艺流程，减少生产过程中产生的污染及排放，推动企业加快清洁生产改革。中国目前在环境信息公开等方面还存在法律空白，矿业企业没有强制要求公开企业的环境信息。但矿业企业由于其污染高、能耗高的生产特点，其环境信息公开与否，很大程度上可以作为公众判定其社会责任履行情况优劣的标准。

2. 对政府的责任

普遍情况下，政府与企业是管理者和被管理者的关系。政府对企业的生产、运营等进行管理、控制、组织、协调，保证企业作为社会成员能够为国家经济社会的发展做出贡献，从而确保整个经济社会系统的正常运作。企业一方面通过纳税的途径将部分盈利上缴国家，充实国家财政收入；另一方面从国家获取安全保障和法律支持。

矿业企业作为国家重要的能源企业，对政府的责任还具有自身的特殊性，具体来说，矿业企业对政府的责任主要体现在以下几个方面。

1）协助政府保持社会经济稳定

矿业企业将具有稀缺性和不可再生性的矿产资源作为原材料，将其开采、加工成国家经济社会发展必需的能源物资。矿业企业的产品需要服务于国家战略，会对国家经济社会发展起到巨大的推动作用。因此，能源物资的价格波动会直接作用于国家基础物价，国家可以将其作为宏观调控物价的途径。所以，矿业企业的开采生产活动不仅要满足国家经济发展需求，更要通过制订科学的计划起到资源保护和节约的作用。

2）稳定市场秩序

矿业企业对政府履行社会责任还必须包括稳定市场秩序。由于矿业企业产品的特殊性，其产品价格和品质对国民经济有重大影响，稍有不慎就会对消费者和相关产业利益造成巨大损失。因此矿业企业应协助政府维持正常的市场秩序，包括提供优质产品，避免恶性竞争等。

3）为社会创造价值

矿业企业的资产和利润具有公共财富的性质，最终应由国家和全民共享。这与非国有企业的财富属性是完全不同的。国有矿业企业这种积累公共财富的职责，本身就是社会责任最深刻、最根本、最厚重的表现形式。矿业企业承担着为国家和社会创造财富的任务，而各级政府是社会财富的管理者，政府依靠企业的合法经营、照章纳税集中管理社会的总体财富，通过价格、税收和福利政策实施社会财富的公正分配。

4）帮助政府解决就业问题

矿业企业大多数是国有企业，帮助政府解决就业问题是企业对政府承担社会责任的一种表现，也是矿业企业最基本的社会责任。在计划经济时期，矿业企业事实上就承担了这一责任，但这一责任是国家赋予企业的，具有强制性，它与市场经济条件下企业社会责任意义上的就业责任完全不同，虽然其结果都表现为吸收劳动力就业。计划经济体制向社会主义市场经济体制转变，矿业企业吸收劳动力就业的责任并没有消失，只不过是责任形式有所变化而已。在市场经济条件下，政府虽然承担解决社会就业问题的责任，但政府只能通过制定合理的就业法律法规和政策，创造有利的就业环境来间接履行这一职责，而不可能直接为劳动者提供就业岗位，直接为劳动者提供就业岗位的主体只能是企业。吸收劳动力就业，既是国有企业履行其社会责任的需要，也是其自身运行和发展的需要。

3. 对员工的责任

矿业企业对员工责任的特殊性在于，矿业企业的员工从事的地下开采活动是一种高危行业，容易引发矿难事故，而且员工的工作环境都比较恶劣，容易引发职业病。因而保护员工的安全和健康是矿业企业社会责任的首要内容。

除此而外，矿业企业对员工的责任也具有与其他企业类似的特征，具体来讲，矿业企业对员工的责任主要体现在以下几点。

1）保障员工的生命安全

矿业企业的特征之一就是员工尤其是一线员工工作环境的高危性。因此为员工提供安全和健康的工作环境，是矿业企业的首要责任，也是矿业企业最基本的社会责任。为保证员工的生命安全，矿业企业首先要努力改善员工工作环境，按规定配备安全生产管理机构和安全生产管理人员，以尽量降低员工安全生产事故伤亡率。此外矿业企业应经常性地为员工提供安全培训，增强员工自身的安全意识和安全技能。

2）有效预防和治疗职业病

矿业企业员工尤其是一线员工的工作场所多处于地下，具有劳动强度高、劳动时间长、工作环境恶劣的特点，此外，其工作场所中粉尘、噪声、污水等也严重危害着员工的身体健康，这些原因导致长期以来矿业企业员工的职业病发病率居高不下。因此，矿业企业应加强员工职业病的预防和治疗工作，除努力改善员工工作场所的卫生条件外，保证员工劳动合同签约率和足额支付劳动保险费用也是保障员工健康安全的重要手段。

3）依法为员工缴纳劳动和社会保险

依法为员工缴纳劳动和社会保险是企业保障员工权益的重要途径，这也是员工在合法权益以及人身和健康安全受到侵害时用以维持自己权益的重要依据。

4）合理的工作时间和薪酬

矿业企业员工多从事地下开采工作，很多时候劳动时间无法得到保证，长时间高强度超负荷的劳动也严重危害工人的身体健康。因此，矿业企业应遵守法律及行业标准中有关工作时间的规定，保证员工合理的工作和休息时间。同时，矿业企业支付给员工的薪酬应不低于法律或行业的最低标准，保障员工的合法权益。

5）依法保证合同签约率

劳动合同是员工在自身权益受到损害时维权的重要依据。中国新劳动法已经对劳动合同签约情况有了明确的规定，但目前在中国很多企业，劳动合同签约率仍有许多不尽如人意的地方，各种形式的不合法用工问题仍然存在，这也是导致员工维权困难的原因之一。因此劳动合同签约率是矿业企业对员工责任的一个组成部分。

2.6.2　对重要利益相关者的责任

1. 对投资者的责任

对于国有矿业企业来说，其最大的投资者是国家，国家拥有对矿业企业的绝对控制权。矿业企业在保证国家利益的同时，也要保证其他中小投资者的利益。古典经济学理论认为，企业是投资者的代理人，它的首要职责是使投资者利益最大化。虽然利益相关者理论认为投资者利益最大化不应该是企业的唯一经营目的，企业在保证投资者利益最大化的同时还应该兼顾其他利益相关者的利益要求，但保证投资人的经济利益仍然是企业的重要社会责任。

矿业企业对投资者的责任主要表现在以下两个方面。

1）保证投资者的资金安全与收益

矿业企业要对投资者的资金安全和收益负责。投资人把自己的资金托付给企业，是希望通过企业的投资获得丰厚的回报，企业有责任满足投资人这个基本的期望。企业要尽力保证投资者的投资安全，并努力为投资者带来高的投资收益率。

2）及时向投资者披露企业真实的经营信息

矿业企业有责任向投资者提供真实的经营和投资方面的信息，矿业企业向投资者提供信息的渠道主要有财务报表、公司年会等。由此投资人可以了解到企业的经营业绩、资产收益率、资产负债率等情况。矿业企业必须保证公布的信息是真实的、可靠的，任何瞒报、谎报企业信息，欺骗投资者的行为都是对投资者不负责任的表现。

总之，矿业企业应为投资者提供较高的收益回报，确保投资者（尤其是中小投资者）的利益，企业有责任向投资者提供有吸引力的投资回报，并将其财务表现准确及时地报告给投资者。此外，企业还对投资者负有依法谨慎地从事经营活动并保证企业资产保值和增值的责任。

2. 对债权人的责任

债权人也是矿业企业的投资者之一，企业占用债权人的资金，就应该对债权人承担按照债务合同的要求到期还本付息，并为债权人提供借贷安全的责任。矿业企业对债权人的责任主要是保障债权人的资金安全，并按照合同要求，按时地向债权人支付贷款本息。

2.6.3 对一般利益相关者的责任

1. 对合作伙伴的责任

供应商主要为矿业企业提供的是资源开采的设备，其提供的设备质量好坏直接影响到资源开采的成本和质量。矿业企业对供应商和分销商的责任主要体现在与供应商和分销商发生交易的过程当中，要遵守公平交易原则，确保交易过程的公平性和款项支付的及时性。

2. 对社区的责任

矿业企业一般都坐落在比较偏僻的地方，其所在的社区一般是围绕着企业的成长逐步建立起来的，因此矿业企业通常与社区作为一个整体存在，有着密不可分的联系，在计划经济时代矿业企业一直承担着“企业办社会”的责任，国家经济体制改革后，矿业企业办社会的责任正在逐步剥离，但社区作为矿业企业的利益相关者，仍然和矿业企业有着千丝万缕的联系。

鉴于支持社会公益事业是企业社会责任的重要组成部分，企业在创造物质财富的过程中，也应关注整个社会的进步，关注弱势群体。但鉴于目前中国矿业企业的社会责任现状，企业目前阶段的责任目标更多应着眼于基本责任的实现，即首先实现对各利益相关者的责任，对公益事业的责任将作为企业更高层次的责任目标进行考核，因此本书没有将对公益事业的责任作为矿业企业社会责任评价的重要组成部分，而是将其纳入矿业企业社会对社区的责任评价中。矿业企业承担对公益事业的责任可以通过慈善捐赠、捐资办学、参加各种类型的公益活动或创办基金会等形式实现。

第3章　国内外矿业企业社会责任履行现状与经验

3.1　国际组织的社会责任规范

矿业公司需要遵循两方面的企业社会责任规范：一方面是所有行业都能适用的通行社会责任规范；另一方面是针对矿业企业所特别设定的社会责任规范。前者又可进一步分解为两类，第一类是美欧资本市场专门编制的社会责任指数或可持续发展指数，从而遴选出在企业社会责任方面表现优秀的公司，以便于投资者进行投资，进而形成推动社会责任的外部动力。第二类则是国际组织制定的适用所有企业的社会责任认证标准或行动指南，如社会责任国际（Social Accountability International，SAI）的社会责任 8000 标准（SA8000）和国际标准化组织的 ISO26000。

3.1.1　国际组织的重要社会责任规范

1976 年，经济合作与发展组织（Organization for Economic Co-operation and Development，OECD）通过《国际投资和跨国企业宣言》，随后制定作为该宣言附件的《OECD 跨国企业指导原则》。这些指导原则要求跨国公司应充分考虑经营活动所在国的既定政策，还要关注其他利益相关者，具体包括政策、企业所披露的信息、劳动者和消费者利益、税收等方面。这些原则是 OECD 各国政府共同向跨国企业提出的建议，但属于自愿而非强制性的，2000 年又重新予以修订，现在最新版本为 2011 年版。

1995 年，英国社会和伦理责任研究所成立了一家非营利性机构 AccountAbility，它通过制定 AA1000 系列标准，为各种机构提供有效的社会责任管理工具及标准。AA1000 系列标准由 AA1000 框架、AA1000 鉴证标准（AA1000AS）和 AA1000 利益相关者参与标准（AA1000SSE）组成。为了使企业更好地履行其企业社会责任，AccountAbility 在 1999 年通过构建 AA1000 框架来促使企业提高其审计、会计和报告质量。2003 年，AccountAbility 发布 AA1000 鉴证标准，通过使用一套原则和标准来评价报告主体的社会责任报告质量及报告主体支持其社会责任表现的制度、过程和能力，是全球第一个关于社会责任报告的鉴证标准。2005 年，AccountAbility 发布 AA1000 利益相关者参与标准。作为一款适用于利益相关方的标准，其既可以被独立采用，亦可以被纳入相关的框架或体系之中，以便于相关方从顶层战略设计开始，到具体的实施及最后的结果评估均有所依仗，从而提升利益相关者保护的质量。

1997 年，美国非政府组织"对环境负责的经济体联盟"（Coalition for Environmentally Responsible Economies，CERES）和联合国环境规划署（United Nations Environment Programme，UNEP）共同发起成立了全球报告倡议组织（Global Reporting Initiative，GRI），旨在制定、发布和推广有关经济、环境及社会绩效的《可持续性发展报告指南》，鼓励企业主动将涉及的相关社会责任议题向利益相关者方进行发布，以在全球范围内为可持续发展报告提供一个共同的框架。报告企业的经济、环境与社会方面的报告就是可持续发展报告，或称为三重底线报告。2000 年，第一版《可持续发展报告指南》发布；2002 年，第二版《可持续发展报告指南》发布；2006 年，第三版《可持续发展报告指南》发布。GRI 通过不断完善"可持续发展报告框架"（sustainability reporting framework）来推动企业社会责任在全球的蓬勃发展。而其中的关键在于如何以一种标准可比的方式便于利益相关者方获取相关信息，从而不仅为企业提供一种可供编制的指南，更为利益相关者进行回馈提供依据。根据第三版《可持续发展报告指南》的观念，表 3-1 列出了可持续发展报告框架涉及的相关标准可比指标。

表3-1　GRI《可持续发展报告指南》（2006年版）的绩效指标体系

指标类	指标项目	指标数量/个
经济绩效	经济业绩	4
	市场占有率	3
	间接经济影响	2
环境绩效	物料	2
	能源	5
	水	3

续表

指标类	指标项目	指标数量/个
环境绩效	生物多样性	5
	排放物、污水及废弃物	10
	产品及服务	2
	遵守法规	1
	交通运输	1
	整体情况	1
劳工实践及合理工作	雇用	3
	劳/资关系	2
	职业健康与安全	4
	培训与教育	3
	多元化与平等机会	2
人权绩效	投资及采购措施	3
	非歧视	1
	结社自由与集体议价权	1
	童工	1
	强迫与强制劳工	1
	安保措施	1
	本地雇员	1
社会绩效	社区	3
	贿赂	3
	公共政策	2
	反竞争行为	1
	遵守法规	1
产品责任绩效	客户健康与安全	2
	产品及服务标签	3
	市场推广传讯	2
	客户隐私权	1
	遵守法规	1

20世纪90年代，美国社会兴起反对“血汗工厂”运动。1997年，经济优先认可委员会（Council on Economic Priorities Agency，CEPAA）成立，它由长期研究社会责任和环境保护的非政府组织——经济优先权委员会（Council on Economic

Priorities，CEP）设立。1997年8月，该委员会制定SA8000。2001年，该委员会更名为社会责任国际，并公布SA8000修订版，以推动改善全球工人的工作条件，最终达到公平而体面的工作条件。罗志荣（2004）提到SA8000标准包含了国际劳工组织（International Labour Organization，ILO）章程及《联合国儿童权利公约》（United Nations Convention on the Rights of the Child，UNCRC）等相关全球性章程及公约中涉及劳工方面的有关条款，包括禁止企业雇用童工、禁止强迫性劳动、禁止性别和种族等歧视、严禁对员工进行惩戒性措施、必须为员工提供基本的医疗和健康福利以及安全的生产环境、保护结社自由及集体谈判权利、保障工人获得的报酬不低于所在国最低薪酬标准、工作时间不得超过所在国规定且超过部分必须按照要求予以补偿等八个方面的内容。2003年，部分欧美国家开始在某些行业强制推行SA8000，中国的纺织、服装、制鞋、玩具、家具、日用五金、化工原料等以产品出口为主的劳动密集型企业已经感受到来自SA8000的强大压力。

"全球契约"（The Global Compact）是由联合国发起的一项涉及人权、劳工及环境保护等数十个领域的计划。1999年，时任联合国秘书长的科菲·安南率先提出，并于2000年正式在联合国纽约总部成立对应的机构负责在全球范围内的运作。全球契约通过政策对话、学习、地方网络及合作项目等手段和途径来提供学习及参与的机会，全球契约领导人峰会、地方网络、地方网络年度论坛、全球契约理事会、全球契约办公室、机构间小组、捐资国集团七个实体负责承担全球契约的治理职能。全球契约领导人峰会第一次会议于2004年召开，在此次会议中，契约新加入了70个国家的1 500家企业；116个国家的4 000多家企业加入了2007年的第二届全球契约领导人峰会；135个国家的8 000多家企业加入了2010年的第三届峰会。2011年，全球契约计划正式在中国成立对应的负责机构，该机构由中国企业联合会和中国石油化工集团公司（简称中国石化）发起成立，并由时任中国石化的董事长傅成玉先生担任第一任主席。

作为全球最为权威的标准化机构，2010年国际标准化组织也发布了第一份社会责任指南，即ISO26000，此后逐步成为全球社会责任履行中最为重要的指南。孙继荣（2010）指出ISO26000认为需要履行社会责任的对象不仅包括各类企业，更包括各类公共部门和非政府组织。此外，必须引起注意的是ISO26000明确了诸多企业社会责任履行过程中的内容，这份标准也是中国企业编制社会责任报告时被借鉴最多的指南。社会责任对于组织而言，就是这些组织对其所进行的活动及决策所带来的影响而应履行的责任。值得注意的是，ISO26000是一种向组织提供社会责任的指南，所以它不是管理体系标准，也并不用于认证。尽管ISO26000对组织不具有强制性，但它就如何将企业社会责任纳入企业的经营管理中提供了诸多参考，并对如何践行社会责任提出了明确的规范要求。具体原则与相关议题见表3-2与表3-3。

表3-2 ISO26000履行社会责任的若干原则与内容

指导原则	具体内容
受托责任原则	对于组织运作过程中产生的诸如环境污染等负外部性问题，其必须担负起相应责任，如接受利益相关者方的监督并及时回应相关诉求
透明性原则	组织应该以一种透明的态度，及时有效地将其项目运作过程中对社会或环境产生的影响传递给利益相关者方，尤其是涉及潜在的影响方面。当然，这种方式也同样适用于组织在解决负外部性问题方面所做努力的披露
遵循道德规范原则	组织的行为方式不应仅符合法律的要求，更应该遵循整个社会的道德规范，从而以一种公正、包容、责任和诚信的理念对待利益相关者
尊重利益相关者原则	组织的运作过程中难以避免会受到利益相关者的影响，因而必须将他们的诉求纳入组织的目标函数中去。这之中不仅需要兼顾关键利益相关者的利益，更需要逐步延拓到次要利益相关者中
尊重法律法规原则	法律法规是组织运作的底线所在，组织也必须承认法律法规的权威性，并在此框架内推动相关项目的实施
尊重国际通行原则	在全球化的时代，组织运作的边界不断被扩大，因而更应该遵循国际通行原则
尊重人权原则	组织应该了解、承认并遵循相关人权条例的规定，不践踏人权

表3-3 ISO26000社会责任的核心主题和相关议题

核心主题	相关议题
组织治理	组织治理意味着应当将社会责任战略纳入顶层设计之中，从而将社会责任与组织目标实现有机结合，实现组织发展与社会责任履行的同步
人权	人权主题涉及如何保证人的基本权利得到实现，如关于女性、残疾人等弱势群体不被歧视，同时保障其享有正常的经济、社会和文化权利，以及如何应对人权投诉相关问题等
劳工实践	劳工实践包括雇员的平等雇用及职业规划、健康与安全的保障、职业技能提升及参与企业运营、享受组织发展成果等
环境	环境主题主要涉及组织如何应对其发展过程对环境产生的负外部性问题，包括减少污染物排放量、土地复垦和保护生物多样性等内容
公平经营	组织必须秉承公平的理念参与市场中，包括与同行间良性竞争，拒绝商业贿赂及腐败等
消费者	消费者议题对于直接同消费者接触的组织尤为重要。其中，保护消费者隐私不被泄露，诚实提供相关信息，保障产品安全，并提供相应的争端解决机制是重中之重
社区	社区参与主要涉及如何将组织周围环境纳入组织运作中去，如通过吸收就业、慈善捐赠及教育培训等方式回馈社区，从而建立其组织与社区之间的良性互动

3.1.2 矿业企业普遍接受的社会责任规范

1. 全球矿业倡议与“矿业、矿产和可持续性”计划

Mining（2002）指出，20世纪90年代，由于矿业活动带来的环境问题日益严重，反对矿业企业不负责任的开发得到整个社会的支持，矿业企业面临着严重的社会危机，即矿业开发需要获得社会许可证。为此，Rio Tinto、Anglo American及

BHP Billiton 等九家大型矿业企业于 1999 年在达沃斯提出了全球矿业倡议（global mining initiative，GMI）以应对此前由于各自在开发过程中所造成的环境和社会问题，减轻社会各界对此的持续批评。

根据全球矿业倡议，对应地启动了“矿业、矿产和可持续性”（Minerals，Mining and Sustainable Development，MMSD）计划，在理清当前矿业可持续水平的基础上，就如何提升矿业发展对经济社会可持续贡献度提出了具体的要求，从而实现国家、地区乃至全球层级上的矿业可持续。具体来看，该计划主要包括四个方面的内容：一是矿业各部门在当前的可持续方面表现如何，即评价矿业的可持续力；二是矿业当前的发展模式是否符合可持续发展的要求，并探寻对应的应对之策；三是理清影响矿业可持续发展的关键因素；四是搭建推动该项目实施的平台，以调动协调各方力量。

这些矿业公司先是与世界可持续发展事务委员会（World Business Council for Sustainable Development，WBCSD）共同工作，其后又委托国际环境与发展研究所（International Institute for Environment and Development，IIED）矿业和矿产工作组开展该项目，项目还成立了对应的检查机构，且成员来自各个部门和地区，保证了独立性。其中，中心小组位于伦敦，并在拉丁美洲、北美及澳大利亚等地区成立了对应的机构以推进项目实施。这种区域化形成了“真正的方法上的差异”，区域化方法的价值在于极大地丰富了矿业可持续发展的研究成果。

2002 年 5 月，项目组发布了名为《开创新纪元》的报告，该报告的若干子报告包罗了与矿业可持续相关的众多议题。该报告认为，矿业应该为了这样一个目标而努力，即在成本–收益的框架下，为当代人的生产生活提供矿产资源保障，但同时也不应该牺牲后代获取资源的能力，保证代际资源配置的公平。2003 年，国际采矿和金属理事会（International Council on Mining and Metals，ICMM）在多达十五家的矿业公司发起下成立，在矿业迎接可持续发展的挑战方面沿着“矿产、矿业与可持续性”计划的方向向前发展。

2. 可持续发展世界峰会的《可持续发展世界首脑会议实施计划》

新千年伊始，矿业领域的可持续就被上升到国际层面的高度。其中，可持续发展委员会做出了重要贡献，在其第八次会议上明确指出可持续发展的下一个优先领域应该是矿产资源。2002 年，可持续发展问题世界首脑会议通过了《可持续发展世界首脑会议实施计划》。Hamann 和 Kapelus（2004）明确指出矿业必须走可持续发展之路，而这种国家领导人级别会议的重点关注成为矿业可持续议题发展过程中的一个重要节点。该计划的第四章“保护和管理经济和社会发展的自然资源基础”明确提出，矿业的发展对于各国经济社会的发展起到了重要作用，但其中的环境和社会等问题也应该引起足够的重视。生命周期法应被用于全面度量矿业发展过程中的外部性，同时应对发展中国家实现矿业可持续给予足够的援助。

3. Blair 首相倡议的“采掘业（油气业和矿业）透明倡议”

2002 年，美国金融投资家 Soros 带领多个国际非政府组织发起了“付款公布”活动，鼓励大型油气公司公开其在相关项目的收支情况，同时敦促资源丰富国家披露对应的收入。

2002 年，在可持续发展世界峰会上，时任英国首相 Blair 发起“采掘业（油气业和矿业）透明倡议”（Extractive Industries Transparency Initiative，EITI），作为对“付款公布”活动的官方响应。EITI 想通过一个整体的框架来推进采掘业相关款项的开放透明。其中的关键在于如何调动政府及采掘业公司的能动性。2003 年，世界银行宣布采纳 EITI，并宣布先公布部分涉及采掘业项目中的收支情况，以期实现全面铺开。Fitzpatrick 等（2011）提到在提出 EITI 后，EITI 的对应组织由英国国际开发署牵头成立，同时逐步形成了如何披露采掘业公司的支付及政府相应所得的相关指导文件。

EITI 的核心在于保障采掘业相关款项的开放透明，包括采掘业公司的支付及政府相应的所得均应被明示，并保证问责渠道的畅通，从而保证国家和人民整体受益于矿产资源采掘。EITI 的基本框架包括基本原则、基本标准、利益相关者、示范指导和实施国家等。

EITI 涉及十二项原则：①科学合理地对矿产资源进行利用是经济社会发展的重要保障，进而推动矿业可持续发展，当然，若对矿产资源开发利用缺乏科学长远的规划，则会带来“资源诅咒”；②将自然资源转化为促进经济社会可持续发展的动力是每一个政府的职责所在；③采掘业受国际矿产品价格波动的影响极大；④开放透明地传递政府的收支情况有利于利益相关者强化对可持续发展必要性的认识及形成对应的道路选择；⑤对于采掘业及政府保持足够的开放透明，其必要性应当被突出，同时对应的公众参与也应当被明确；⑥商业诚信及法律法规的遵循是保证开放透明的关键所在；⑦开放透明的公共支出对于优化制度环境极为重要，同时也便于吸引更多外资流入；⑧政府应对公众关于收支方面的问责时应当给予足够的信任和支持；⑨高标准的开放透明及监督应当得到鼓励，尤其是在企业经营及政府工作等场景之中；⑩必须建立一个长效的披露机制，其中的关键在于便利性与一致性；⑪遵循 EITI 原则的公司应包括所有在东道国有项目的采掘业公司；⑫在 EITI 的运作中，包括政府、采掘业公司、非政府组织等各种相关方均应发挥自己的力量，从而形成合力。

EITI 涉及六条标准：①采矿业企业应当采用可理解的方式，及时全面向利益相关者披露其向政府部门缴纳的各项款项，同时政府也应对从采矿有关部门获取的各项收入进行公布；②应当对各项款项进行审计，在不具备审计条件时，应引入独立的国际审计机构进行逐项核查；③应当引入权威可靠的行政官对各项账目进行再次核对，并将审计的意见公布给相关方；④EITI 还应当被政府控股的企业采纳；⑤应当在 EITI 的全过程中留下公众参与的接口，保证足够的监督力度；⑥采矿业项目的所在国应该为了保证上述目标的实现制订对应的计划，并及时公布，对于过程中遇到的相关问题可以寻求国际机构的支持。

3.2 发达国家矿业企业社会责任履行的经验

随着企业规模的不断扩大，其对经济社会及环境的影响日益加深，关于企业扮演何种角色的讨论也随之增多。其中，跨国石油公司在实践中给出对应的答案，即企业社会责任。企业社会责任由于跨国公司实践的不断深化，其参与的力量也更为多元化，影响更是遍布全球。

张安平和李文（2010）认为作为全球最大的五家跨国石油公司，壳牌、埃克森美孚、英国石油公司、雪佛龙和道达尔不仅在业界久负盛名，更是凭借其强大的经济实力对全球经济的发展产生了深远影响。在企业社会责任领域，它们不仅走在前列，更是受到了广泛赞誉。例如，壳牌和道达尔曾经被著名的评估机构 M&E 誉为最具道德感的公司，同时英国石油公司和雪佛龙曾名列《财富》杂志关于企业社会责任及最受尊敬公司等相关排名的前茅，埃克森美孚彻底抛弃原先不承认全球变暖的强硬立场，积极承担应对气候变化的社会责任。在此，本部分以五大跨国石油公司作为典型，进行相关分析。

3.2.1 社会责任价值观与理念

通过长期的实践积累，五大跨国石油公司均形成了各自的社会责任理念，并将其纳入企业经营的过程之中。它们认为石油企业不仅应该以提供能源保障为主要任务，更应该提供清洁的能源以保护环境，同时保证资源在代际的公平配置。企业社会责任与可持续发展是不谋而合的，一定程度上来说企业社会责任是这五大跨国石油公司实现可持续发展的重要途径。它们各自的价值观与企业社会责任理念如表 3-4 所示。

表3-4　五大跨国石油公司的价值观和企业社会责任理念

企业名称	价值观	企业社会责任理念
壳牌	诚实、正直和尊重他人	创造利润的同时造福地球和人类
埃克森美孚	过程与结果并重	在保障能源供给的同时，兼顾不同项目所在地民族多样性及差异化的社区需求，建立良好的伙伴关系，并保护环境
英国石油公司	锐意进取、肩负责任、勇于创新和业绩优先	在保障人类发展对于能源需求的同时，做好环境保护
雪佛龙	正直、诚信、利益相关者保护、业绩优秀	在企业经营的全过程中纳入企业社会责任，并努力实现资源代际的公平配置
道达尔	责任感、诚实正直和以身作则，尊重员工，关注安全和环境保护，回馈东道国	在创造利润的同时，持续满足人类能源需求

壳牌在2006年把实现可持续发展作为经营过程中的重要原则，即实现企业自身发展与利益相关者之间的共赢，同时平衡短期与长期之间的利益分配。2007年，更是明确指出自身发展的关键在于以更为负责任的态度实现能源的供给。2009年，其进一步延拓了可持续发展的议题，认为不仅应该关注传统能源的开发及新能源的研发等，更应该关注全球变暖等议题。

英国石油公司将可持续性定义为英国石油公司的延续能力，交代了对包括投资者、雇员、供应商、客户及环境等众多利益相关者的责任。为了实现自身的可持续发展，英国石油公司强调通过提高传统能源的效率及开发新能源来改变能源的供给结构，同时以合理的价格实现产品的供应，并在此过程中找寻到实现企业发展与环境保护共赢的解决方案。

埃克森美孚把做优秀“企业公民”列为公司的愿景，强调在实现企业发展的过程中，平衡好能源价格、环境保护及雇员安全等多重任务。

雪佛龙公司在2003年首次发布的企业社会责任报告中就明确指出了如何实现资源开发与项目所在地社区的利益共享，如何保护环境及实现资源代际的分配等问题。这表明，在雪佛龙公司的发展过程中，企业需要结合利益相关者的诉求，并将其纳入自身的发展体系之中去，探寻可持续发展的解决方案。

道达尔特别指出环境保护是公司的重中之重，同时也强调了资源开发应该以不影响后代的需求为基本前提。

3.2.2　履行社会责任的基本内容

五大跨国石油公司由于各自公司的发展目标和战略安排不同，因此在履行社会责任的内容上各有侧重。然而五大跨国石油公司各自着力点及应对之策的区别并未阻碍其在社会责任本质上的趋同，即在实现企业利润最大化的同时，兼顾环境、社区及供应商等利益相关者的权益，从而实现彼此之间的互利共赢。

1. 为人类提供可持续的能源供应

全球多数国家均未完成工业化，对矿产资源保持了强劲的需求，从而对矿产资源的保障提出了更为严峻的挑战。加之环境污染问题的持续爆发，清洁能源的需求也日益被人关注。五大跨国石油公司在这一背景下均纷纷调整其战略布局。壳牌公司直接将这些挑战涵盖到其经营战略之中。英国石油公司等为实现未来能源的可持续发展，积极开发新能源。可以说，这些跨国石油公司对于寻求新的矿产资源解决方案做出了重要贡献，以期提升能源的利用效率，尤其是减轻能源的污染程度。例如，道达尔公司战略的重点就是寻求核能及风能等清洁能源的开发利用，为世界发展提供清洁能源。

2. 积极应对气候变化和保护环境

矿产资源行业发展过程中的环境污染及气候变化问题一直是公众关注的重点所在，五大跨国石油公司在这些方面也进行了诸多努力。壳牌为降低二氧化碳排放量，做出承诺并积极采取措施。英国石油公司为减少室温气体排放，投入大量人力物力参与相关政策议题中，并形成了多个研究项目，涉及众多情境下的清洁能源使用问题。道达尔公司则将重点致力于海洋领域，并成立了相应的机构专款专用。通过这些资金的使用，其在湿地保护、物种多样性及环境恢复领域取得了一系列成果。雪佛龙公司则从两个方面入手：一是加大对新能源项目的投入力度，积极寻找替代能源的解决方案；二是对传统能源项目使用新型环保技术降低对环境的污染，如开发碳捕获与埋存（carbon capture and storage，CCS）等环保技术。雪佛龙的高庚（Gorgon）项目是其中的典型代表，这个位于澳大利亚的最大天然气项目，投入超过 20 亿澳元以应对该项目可能带来的环境问题，赢得了公众对于该项目的支持。该项目将天然气液化过程中排放的二氧化碳进行捕获并埋存于地下的多孔岩石中，从而处理了超过 40%左右的二氧化碳，这大致相当于每年 2/3 的澳大利亚车辆的排放总量，产生了巨大的社会环境效益。

通过改善环境，跨国石油公司也取得了巨大的经济效益。英国石油公司在 2000 年引入“总量管制和交易”规则之后，在 2001 年就实现了 1997 年确定的温室气体减排目标——到 2010 年排放量比 1990 年减少 10%。同时，通过减少天然气排放和点火还节省了 6.5 亿美元。引入质量更好的材料和设备能够达到降低破坏环境的可能性，同时还可以通过延长维护周期，降低维护成本。

3. 以业务发展带动社区能力建设

五大跨国石油公司将实现自身成长与带动项目所在地社区发展之间的公益作为企业发展的重要理念，其中不仅包括为项目所在地纳税，也包括带动当地就业及社区建设等。埃克森美孚在 2008 年就为项目所在地政府、当地合同商及供应商提供了 1 160 亿美元的税收、使用费和 2 860 亿美元的业务。壳牌则缴纳了大量的税收及矿产资源使用费用，从而便于当地政府改造基础设施建设，进而实现回馈社会的目的。

五大跨国石油公司除了通过税收及矿产资源使用费等手段，更积极采用本土化的措施来回馈项目所在社区。壳牌和英国石油公司则是其中的佼佼者，它们将带动社区发展纳入项目的长期运营之中，采用“社会责任战略投资”的手段实现项目运营与社区发展之间的良性互动。仅在 2008 年，五大石油公司在社区回馈方面的总支出就达到了 6.6 亿美元。当然，这相较于其税收及对合作伙伴的回馈还远远不够。

五大跨国石油公司从人类可持续发展入手，凸显出自己的使命与责任感，关于解决人类共同挑战的问题尤为突出。雪佛龙公司通过结合非洲艾滋病流行状况开展相关业务，其能够获得企业社会责任卓越贡献奖，正是由于在艾滋病方面做出的贡献。随后，雪佛龙公司凭借非洲的艾滋病防治经验，积极与全球基金会合作，与政府联手，共同开展涉及区域涵盖非洲及东南亚等多个国家的艾滋病防治工作。由于极具特色的社会责任战略，雪佛龙公司在全球范围内积累了广泛声誉，并反过来促进了企业自身发展。

4. 尊重人权和促进员工全面发展

人权保障是五大石油公司的一项基本政策，它们在这方面开展了一系列工作。壳牌公司业务遍布全球，文化种族冲突就成了公司运营中绕不开的一个问题。其通过本土化战略、员工平等雇用与升迁及支持全球人权、安全与契约等措施进行全球性的努力。英国石油公司同样也为员工提供各种政策，根据员工的调节能力来调度他们去适应不同的工作，并为工作人员提供多元化的工作环境，可以让员工自行选择。关于性取向问题，英国石油公司鼓励成立亲和团体，让英国石油公司内的男同性恋者与女同性恋者、双性恋者以及跨性别者组成团体来开展交流与分享经验。壳牌的首要任务是安全，这是整个公司核心价值。壳牌的目标是不存在死亡事故，严禁对相关人员产生伤害，并提醒公司上下人员时刻保持警惕，在运营过程中时时处处注意安全。

因为英国石油公司是一家大的国际石油公司，全球范围内都有业务，所以英国石油公司很注重员工的成长机制与激励机制。员工成长机制要多层次差异化，并采取对应的奖惩措施，从而保证员工拥有公平的发展机会。英国石油公司培养员工发展时具有的重要特点，就是多元化和包容性。例如，注重技术能力与领导能力培养，以对企业贡献最大化与实现个人价值最大化为目标构成了对毕业生的挑战计划。相对更高层次的是事业加速计划，该计划是为那些有望成为公司领导、具有很大潜力的员工制订的。

3.2.3　履行社会责任的制度创新

作为全球五百强企业和石油行业的领军者，五大跨国石油公司能够代表全球商界的最新价值取向，进行管理制度的探索与深究。这不仅反映出了跨国石油公司的战略选择，更值得中国矿业企业借鉴。

1. 利益相关方参与机制

针对不同的利益相关方群体及其利益诉求，五大跨国石油公司都建立起较为完善的沟通机制。通过多种形式的宣传，如座谈、访谈、新闻发布会、路演等，让更多的利益相关方能够通过多种途径参与到公司的社会责任管理，同时也便于公司更快捷地了解到各方面建议与意见，并及时地给出回复与反馈，这样能够避免很多因沟通不到位而引起的隐患与矛盾。为了对利益相关者各方面进行全方位的分析，五大跨国石油公司结合各自的发展，通过分析自身经营过程中面临的利益相关者诉求，及时确定社会责任履行的方向，明确相关重大议题。这些关键议题确定了公司在社会层面所扮演的角色和需要履行的环境保护责任。

2. 社会投资基金会制度

随着社会责任的重要性在企业内外达成共识，企业社会责任在五大跨国石油公司的地位逐步攀升，并逐步形成了相关负责的机构。五大跨国石油公司均创建了体现各自品牌的公益基金会，基金会具有专业的管理能力，能对企业参与的公益事业进行专业的管理。基金会在帮助公司减免税收、获得优惠税率政策的同时，还给一些需要提供资金和资源的长期扶持项目给予帮助。设立基金会这一方案使社会公益投入具有透明、科学、突出重点、有规划和效果显著的特点。

社会投资不像是商业投资，虽然不能短期就带来相关的利润，但是其在长期内可以为企业发展提供重要助力。尤其是随着企业社会责任逐步成为一种共识，率先履行社会责任的企业可以积累足够的优势，从而在后期赢得红利。

3. 社会投资信息披露制度

信息披露是企业传递自身经营状况，向外界释放信号的一种重要途径。相较于过去企业根据自身情况有选择地进行披露与否的决策，当下其更多被纳入相应的法规之中，成为一种强制性行为。及时有效地传递信息可以起到强化利益相关者方对企业理解与信任的能力。对跨国石油企业层面来说，全方面信息披露同样重要，不仅仅局限于财务业绩信息方面，非财务业务信息的重要性已经变得尤为突出。这是投资者与资本市场维系的信心来源，成为有效防范社会风险与积极响应各利益相关方和社会诉求的重要工作内容。为了能够很好地传递公司业绩与社会责任的信息，对外部诉求及时做出响应，五大跨国石油公司都形成了自身的应对之策。主要的措施包括定时发布企业社会责任报告，通过信箱及网络等手段响应利益相关者投诉，不定期参与同企业社会责任相关的活动，对公司进行的相关社会责任工作及时宣传。可以说，企业社会责任已经成为五大跨国石油公司强化公司内部凝聚力、增强消费者满意度及降低运营风险的优先策略选择。

3.3 中国矿业企业社会责任履行的代表性案例

社会责任履行和披露的过程中，中国矿业企业的社会责任报告大多会按照GRI 3.0的要求，来考虑各方利益相关者在不同层面的责任要求，这些常被纳入考量的利益相关者维度主要包括员工、环境、客户与供应商、社会与政府、股东与债权人等。下面选取2008~2013年各行业中具有代表性的矿业企业社会责任报告来进行案例分析（表3-5）。

表3-5 案例企业基本特征

企业简称	武钢股份	兖州煤业	云南铜业	中国石油	西山煤电
成立年份	1997	1997	1998	1999	1999
企业性质	国有控股	国有控股	国有控股	国有控股	国有控股
主营行业	黑色金属冶炼和压延加工业	煤炭开采和洗选业	有色金属冶炼和压延加工业	石油和天然气开采业	煤炭开采和洗选业
所在城市	武汉	济宁	昆明	北京	太原
报告年份	2013	2012	2011	2009	2008
代表性企业社会责任项目	健康幸福·心计划	鲍店矿环保文明建设	“甘露资金”项目	赞助支持上海世博会举办	汶川地震抗震救灾、捐款

资料来源：各公司当年企业社会责任报告

3.3.1 武钢股份员工维度责任履行状况分析

1. 基本情况介绍

1997 年，武汉钢铁（集团）公司发起成立了武汉钢铁股份有限公司（简称武钢股份），并于 1999 年 8 月 3 日在上海证券交易所上市。作为一家主营业务为钢铁的企业，其涵盖了包括炼铁、炼钢和轧钢等全过程的钢生产流程，主要产品包括冷轧硅钢片、汽车板、高性能工程结构用钢和精品长材等。

在生态文明建设的大背景下，武钢股份形成了以质量、创新、绿色、科技和幸福为主要内容的企业文化。在此企业文化的引导下，武钢股份在产品质量、劳工关系及环境保护等方面取得了优异成绩。其先后被授予全国质量奖、全国实施用户满意工程先进单位、湖北省首届长江质量奖、武汉市首届市长质量奖、全国推行卓越绩效模式十周年卓越组织奖等荣誉称号，还先后获全国质量工作先进单位、中国上市企业“优秀董事会奖”、中国上市企业百强排行榜、中国国有上市企业社会责任榜百强企业、“武汉五一劳动奖状”等称号。目前，企业正在加快由单纯的生产经营型向质量效益型转变，努力在质量、创新、绿色、科技和幸福方面实现突破，以一流的业绩回报社会、回报股东、回报员工。

2. 员工责任履行状况分析

2013 年武钢股份在岗总人数接近四万人，这些员工被企业视为最宝贵的财富。企业牢固树立以人为本的管理理念，重视良好劳工关系的建立，切实维护每位职工的合法权益，并为员工勾画良好的成长蓝图，从而充分发挥和调动员工的积极性和主观能动性，进而为企业发展提供足够的人才支持。

员工聘用方面，武钢股份严格遵循任人唯贤，杜绝任人唯亲的原则，强调人才招聘过程中的平等和公正，注重选拔人员的德才兼备，进而挑选出最适合企业文化的员工。重视对高等院校毕业生的引进，尤其是对专业技术人才的招聘力度，从而保障企业发展的智力支撑。同时，制定差异化的人才招聘政策，以提升武钢股份在人才市场上的竞争力度。最后，武钢股份充分尊重员工在民族、宗教、性别及年龄等各方面的差异，不搞歧视，只要员工认同企业发展的理念，符合企业文化，遵循企业规章制度均有机会得到录用和晋升。

薪酬福利方面，严格执行绩效工资制度，共包括三个主要部分，即主体的岗位工资、辅助的年功工资和各种津补贴。其中，岗位工资进行分级审核后发放，即先由人力资源部门对职工所属单位的经营承包任务完成情况进行考核，然后将意见反馈给财务部进行发放。最后，职工所属单位根据各自部门的考核办法对职工进行考核，然后将岗位工资发放到职工个人的卡上。年功工资和各项津补贴由企业各单位根据文件规定直接发放到员工个人账户。企业根据年度整体经济效益情况，调整职工工资收入水平；坚持岗变薪变的原则，将职工工资的调整与岗位或编制的调整相挂钩。此外，对于加班过程中的相关补助也按照相关的法律法规的要求执行。

劳动关系管理方面，企业严格遵照《中华人民共和国劳动法》及《中华人民共和国劳动合同法》的相关国家法律法规的要求保障雇员权益。雇员关系管理的目标是调动其工作的积极性和能动性，为了实现这一目标，武钢股份不断创新劳动关系管理的制度和机制，优化管理的过程，创新管理的手段，将管理的任务逐层分解，确保各层任务均有对应的负责人，真正实现管理的规范化。同时，武钢股份严格坚持劳动合同聘用制，保障雇员在社保、公积金及加班补助等方面的合法权益，相关指标均达到 100%。

生产安全和疾病防范方面，企业通过深化安全生产标准化建设，强化“双基”，促进管理水平持续提升；通过实施全员安全教育培训和安全文化建设，营造严履责、能履责、履好责的安全管理氛围；在全过程中严格落实安全生产检查，并强化检查和考核，以确保安全生产的各项要求落到实处；通过开展“全覆盖、零容忍、严执法、重实效”的安全生产大检查，各项工作得到进一步加强，安全管理水平得到进一步提升。企业以零工亡事故为目标；安全文化建设成效明显，烧结厂、炼铁厂在冶金行业首批首家获国家级安全文化示范企业，全国安全文化建设现场会在武钢召开；荣获湖北省、武汉市安全生产红旗单位。企业严格落实建设项目职业安全卫生“三同时”，加强职工劳动保护工作，维护职工的健康权益。2013 年，进行职业病体检共 14 689 人，受检率 98.5%。组织开展粉尘、毒物等主要危害因素现场监测 1 142 点次。

员工培训方面，企业将重点放在强化员工的实践能力，主要包括执行、协作及技能等方面，围绕硅钢、汽车板、高性能工程用钢、精品长材四大基地建设，提供强有力的智力支持和人才保障。主要表现在：一是鼓励员工学习新技能新知识，建立了良性的激励机制，从而创造出有利于员工学习生活的良好环境，并依托社会教育力量和企业专业特长帮助员工学习成长，不断提升素质；二是建立其涵盖企业、部门及基层的多层次培训网络，在培训前明晰员工的需求所在、在培训中强化过程控制、在培训后重视绩效评估，同时综合运用包括继续教育及技能比武等多种手段提升员工素质；三是重视员工工作环境，采用健康、安全和环境三位一体的管理体系，为员工打造良好的工作环境；四是重视员工职业规划，保障岗位晋升渠道的通畅，同时优化劳资关系。2013 年，全企业共开办培训班 754 个，培训 41 707 人次，培训计划 100%落实。

员工关怀方面，2013 年，按照“幸福武钢”建设要求，企业启动了以“从心出发、关爱健康、共享幸福”为主题的“健康幸福·心计划”活动，引导职工树立科学健康的生活方式，提高职工的健康素养和生活质量；元旦、春节期间，组织开展外地单身大学生交流座谈会，看望慰问了困难青工和外地大学生 200 余人；开展了武钢钢城情缘“*N*+1”系列相亲联谊活动，为企业单身青年相识相知搭建平台，受到基层青年普遍欢迎；2013 年 9 月 13 日，武钢建成投产 55 周年纪念日当天，企业举办了 52 对新人参加的青年集体婚礼，组织 200 余名新入职员工现场观摩，提升了企业核心凝聚力和员工企业归属感。

3.3.2　兖州煤业环境维度责任履行状况分析

1. 基本情况介绍

成立于 1997 年 9 月 25 日的兖州煤业股份有限公司（简称兖州煤业），属于兖矿集团控股并在上海、香港和纽约三地上市的大型煤矿企业。企业总股本 49.184 亿元，其中，兖矿集团有限公司持股比例为 52.86%，保证企业的国有属性，而 39.82%的股权则在境外流通，境内的比例仅为 7.32%。2012 年企业煤炭产量 6 866 万吨，总资产 1 213 亿元，营业收入 597 亿元，全年实现利润总额 56 亿元。作为一家国际化矿业企业，兖州煤业虽然总部坐落于山东济宁，但是其业务涵盖区域极为广阔。其不仅在国内的诸如山西、陕西及内蒙古等煤炭大省（自治区）拥有自己的煤炭开采和加工项目，更是将范围拓展到资源同样丰富的澳大利亚和加拿大等国。例如，兖州煤业的加拿大公司在当地探明出相当于国内已知量两倍的钾矿资源。兖州煤业主要涉及煤炭、煤化工和煤电一体化及钾矿等业务，可以为电力、化工、造纸和建筑等行业提供矿产资源保障。

依靠着合规的经营和良好的绩效，兖州煤业收获了一系列荣誉，极大提升了企业的市场形象。2012 年，鉴于其在信息披露上的良好表现，被上海证券交易所授予“2012 年度上市企业信息披露奖”。同时，由于兖州煤业在产品质量、规模、市值、成长性和股东回报率及董事会方面表现优异，其分别被亚洲质量组织、《中国证券报》和《董事会》三个机构授予“亚洲质量卓越奖”、2011 年度中国上市企业金牛奖百强及 2012 年中国上市企业董事会“金圆桌奖”等。

2. 环境责任履行状况分析

兖州煤业在 2012 年的环保政策可以概括成以下这几点：以节能减排、清洁生产、建设资源节约型环境友好型企业为环保主题；以建设绿色企业，保护地球家园，提供洁净精煤，合理开采能源，实现综合持续发展为环保方针；以节能就是降成本，减排就是求生存，发展必须节约、节约才能发展为环保理念。其基本的工作思路是在牢固树立建设资源节约型环境友好型企业目标的前提下，把结构调整、产业优化与节能降耗及降本增效有机整合在一起。同时，把环境保护工作纳入企业规划、生产、流通及产品出售等全环节，变事后环境治理为事前预防监控等。其履行环境责任的具体措施如下。

环保减排。环境保护是企业生产过程中的重中之重，等价于安全生产在煤矿企业中的地位。在企业的各个项目中，均配置了处理三废及噪声等重点污染物的设施，实现了资源开发与环境保护的并举。多年来，企业一直严格遵守环境保护方面的各项规章制度，如完全执行项目的环境评价及“三同时”制度，对于所有项目的排污均通过了环保部门的验收。兖州煤业获得“中华环境友好企业”示范矿区称号；所属矿井南屯煤矿、兴隆庄煤矿、鲍店煤矿、东滩煤矿、济宁二号煤矿、济宁三号煤矿、北宿煤矿、杨村煤矿、华聚能源获得“中华环境友好单位”称号；济宁三号煤矿、兴隆庄煤矿荣获“国家级绿色矿山”试点单位称号。2012年东滩煤矿通过“国家级绿色矿山”试点单位现场抽查。

节能降耗。企业积极探讨优化节能降耗的空间；以能源审计为契机，强化能源利用管理；以综采放顶煤技术为依托，实现了煤炭洁净利用；加大清洁生产，关注洗选加工；综合资源化利用各种废弃物和伴生物；推广节能新技术、新工艺、新设备和新材料；保障节能环保设施稳定运行；提升环境风险预控能力。2012年，企业节能降耗工作取得了积极进展。原煤生产主要单项能耗指标有所下降，工业产值能耗从2011年的0.077吨标准煤/万元下降到当年的0.067吨标准煤/万元，进步突出。同时，企业全年共节约1.33万吨标准煤，极大地提高了资源利用的效率。

矸石山治理。企业以“绿色和谐发展”为根本，把矸石山绿化整治工程视作企业推进绿色矿山的代表性工程，持续形成对该工程的人财物投入，坚决做到环保工程不烂尾。企业现有矸石山4座和矸石排矸场1处，已经绿化治理的矸石山2座，正在治理的矸石山2座。2012年共排矸石454万吨左右，主要用于煤矸石制砖、道路基层、充填塌陷地、生产水泥建材等。新投产的赵楼煤矿建设有符合国家标准规定的排矸场，实现边排矸、边覆土、边绿化，不形成矸石山。截至目前，企业矸石山绿化总面积达到26万余平方米，种植乔灌木65 469余株，植被成活率达95%以上。近年来，企业通过矸石山绿化的实践和理论研究，建立了高效稳定的兴隆庄煤矿、济三煤矿矸石山人工生态系统，取得了一系列重要实际应用成果。在保持了山体稳定不滑坡的前提下，实现了矸石山的景观美化与绿化的植被生态恢复综合治理，对今后各类型矸石山的综合生态治理有重大的现实指导意义。

3.3.3　云南铜业客户与供应商维度责任履行状况分析

1. 基本情况介绍

云南铜业股份有限公司（简称云南铜业）为云南铜业（集团）有限公司控股的上市企业。企业前身为云南冶炼厂，成立于 1958 年，1998 年改制为股份制上市企业，更名为“云南铜业股份有限公司”。企业现集采、选、冶及深加工为一体，生产和销售铜精矿及其他有色金属矿产品、高纯阴极铜、电工用铜线坯、工业硫酸、黄金、白银，并能综合回收硒、碲、铂、钯、铟等稀贵金属。企业采用世界先进的铜冶炼技术组织生产，产品执行国家标准，并通过 ISO9001、2008 年版质量管理体系和 GB/T 28001—2001 职业健康安全管理体系的认证，主要经济技术指标均为全国同行业领先水平，现已发展为中国三大铜工业基地之一。

2. 客户与供应商责任履行状况分析

客户的问题一直被云南铜业重视。企业自成立以来一直诚奉“依法经营、诚实守信、合作共赢、创造客户价值最大化”的经营理念，并将这一理念落实到营销工作的各个环节。主要包括严格产品质量管理、积极成立反商业贿赂的组织机构以及和供应商开展更多合作三项具体措施。

严格产品质量管理。通过建立质量管理体系，企业制定了“质量追求精益求精，服务追求尽善尽美”的质量方针，在质量控制、质量保证和质量改进方面取得了显著的成效，从而在客户中赢得了良好的口碑。企业切实履行国有大型企业社会责任，严格按国家法律法规对化学品和易制毒化学品规定的要求做好硫酸销售工作，建立健全各项规章管理制度，加大监管力度和细化各项安全防范措施，为平安云南的建设做出了积极的贡献。高度重视售后服务和客户关系管理。企业强调的“销售产品，销售文化”是企业核心理念，是对其始终以客户为本、实现与客户的双赢的注释。企业专门设立了综合部，负责客户、供应商等利益相关者的管理、回访，听取意见和建议，接受利益相关者的咨询，处理利益相关者的投诉，有效地规范了业务员的供、销行为，保障了供应商、客户和消费者的权益。同时，企业还建立客户分级管理机制，定期不定期地对供应商进行回访，通过各种形式加强与供应商的沟通，听取他们的意见和建议，形成了良好的合作伙伴关系，为双方的共同发展奠定了坚实的基础。

企业积极成立反商业贿赂的组织机构，有效保障了反商业贿赂工作的有序推进。企业成立了以企业领导为组长的治理商业贿赂工作领导小组，并抽调专门人员组成工作班子，在领导小组的指挥下扎扎实实地将各项反商业贿赂工作落到了实处。通过反商业贿赂工作的开展，在企业内形成了共同抵制商业贿赂的良好氛围，到目前为止尚未发现有涉嫌商业贿赂违法犯罪行为。

在供应商问题上，云南铜业一直坚持“互惠互利，共同发展”的原则，和供应商开展更多的合作。但这种合作是建立在双方“公平、公正、公开”的相互交流的条件下的，这样才能够减少信息不对称带来的某一方或双方的损失。具体措施包括以下三点。

追求检斤取制样的零偏差。企业在各种原料进厂的检斤取制样环节中，坚持不在国标规定的“公允误差”上做文章，而是对检斤取制样部门提出“零偏差”要求，如果提供的数值都是正偏差，在结算中就取中间值，不让供应商“吃暗亏”。此举深得供应商的好评，在市场上赢得了较好的口碑。

加快付款进度。企业对客户付款流程进行了简化，对付款进度进行了提速的承诺：在正常条件下，在规定时间内，必须出具铜、金、银品位的化验结果，必须出具结算单；在出具结算单据后及时支付供应商的货款。企业对付款流程中的各个环节进行了监督检查，并接受供应商的投诉，严格进行责任追究。

进行大宗物资集中统一采购。在坚持诚信经营、利益共享、互惠互利的原则，尊重供应商的合理报价，努力实现合作共赢、共同发展的前提下，企业推行了大宗物资集中统一采购，通过招投标的方式进行公开的运作，保证了在合理的价格下，得到优质的原辅材料。还定期对供应商的供货期、成本、质量控制等方面进行考核，建立优质供应商档案，确保供应商供货的稳定性。

3.3.4 中国石油社会维度责任履行状况分析

1. 基本情况介绍

中国石油天然气集团公司（China National Petroleum Corporation，CNPC）是国有重要骨干企业，是中国主要的油气生产商和供应商之一。其主要业务包括油气业务、工程技术服务、石油工程建设、石油装备制造、金融服务、新能源开发等。2009 年，在世界 50 家大石油企业综合排名中位居第 5 位，在《财富》杂志全球 500 家大企业排名中位居第 13 位。企业实施资源战略、市场战略和国际化战略，目标是到 2020 年建设成为世界一流综合性国际能源企业。中国石油是企业最大的控股子企业，截至 2009 年 12 月 31 日，企业拥有其 86.29%的股权。履行企业社会责任是我们开展生产运营、实现企业可持续发展的基本前提和准则。中国石油以可持续发展为目标，努力以更环保、更安全和更高效的方式开展生产运营，持续为社会提供能源，创造人类美好生活。

2. 社会维度责任履行状况分析

企业的财富来源于社会，应当回报社会。参与社区建设，积极回馈社会是中国石油的优良传统。在发展主营业务的同时，中国石油高度关注民生，注重扶贫帮困、赈灾救危、支持教育、服务社区、造福地方，营造和谐的企地关系，促进企业与社会的和谐发展。2009 年，中国石油在履行对人民、社会和政府的责任过程中付出了巨大的努力，而其影响也是空前的，主要体现在以下这几个方面。

扶贫帮困。2009 年，企业已经连续开展了 14 年定点扶贫、7 年对口援藏、12 年对口支援三峡库区移民工作。在总结前期扶贫帮困工作经验的基础上，企业不断探索扶贫新思路，坚持“救助式扶贫”和“开发式扶贫”相结合。2009 年，企业扶贫帮困投入超过 8 000 万元，持续多年的定点扶贫、对口援藏、对口支援三峡库区贫困县等都取得了明显成效。2010 年 1 月 8 日，国务院扶贫开发领导小组办公室发来感谢信，感谢中国石油在遭遇国际金融危机严重冲击、扶贫开发难度加大的情况下，对贫困地区经济社会发展给予的大力支持。中国石油在定点扶贫工作中成绩突出，发挥了表率和示范作用，尤其是在产业扶贫方面，工作富于创新。

支持教育。多年来，企业也在努力积极推进国家的教育事业的发展，主要措施包括建设希望小学，资助贫困学生和建立奖助学金等。2009 年，企业投入 12 495 万元用于各种形式的支持教育活动。“华夏绿洲助学行动”是为西部沙漠和干旱地区贫困青少年提供长期资助、改善教学条件的全球性华人大型慈善活动。多年来，中国石油一直积极支持该活动。2009 年，再次捐助 30 万元，实现累计捐款 110 万元，资助了内蒙古、山西、青海等 8 个省区的贫困儿童和学生，同时也向比较破旧的学校捐赠了很多硬件设施。2009 年 7 月，企业荣获中国绿化基金会、全国绿化委员会办公室、澳门中华教育会等联合颁发的“华夏绿洲助学行动”特殊贡献奖。

海外社区建设。中国石油海外业务始终严格按照国际惯例运作，追求“合作双赢、共同发展”，通过认真履行社会责任，积极参与社区建设，努力为业务所在国经济发展和民生改善做贡献。2009 年，中国石油共投入超过 2.9 亿元用于当地扶贫、公共设施建设、医疗卫生、教育等公益事业，以切实行动支持了当地经济和社会发展，赢得了当地政府和人民的广泛认可。企业在苏丹开展业务以来，积极支持当地经济和社会发展。2009 年，企业为苏丹油区附近的村寨和部落新建小学、中学和技术学校 13 所，新建医疗中心、诊所 8 个，为 13 所医疗机构配发了医疗设备。修筑社区公路 48 千米，打水井 30 口。为当地政府修建办公楼 3 座、文化站 1 座，建邦奇大桥 1 座。积极开展农牧业项目，其中农业开发 6 070 公顷，建设了样板牧场和兽医站。根据 2009 年 11 月 19 日与苏丹贫困者慈善机构签署的

《中国石油与苏丹贫困母亲慈善会慈善基金协议》，中国石油将连续3年为其提供100万美元的资金来资助包括扶贫、促进教育和生产等在内的慈善项目。基金中超过一半的资金被用于建设达尔富尔地区的慈善工程。在哈萨克斯坦，企业所属阿克纠宾项目共投入291.66万美元，支持属地州社会基金、孤儿院、瘫痪人士保障协会、盲人协会等开展的相关项目。中油阿克纠宾油气股份企业凭“让那若尔–KC13天然气管道工程项目”荣获了2009年度哈萨克斯坦“国家最佳社会项目银质奖”；中油国际有限责任企业因满足哈萨克斯坦成品油市场供应做出的突出贡献，获得哈萨克斯坦交通部授予的“最佳铁路承运商”称号；ADM企业捐助资金47万元，资助了60名哈萨克斯坦大学生，还投入65万元，资助8名哈籍大学生赴中国留学深造。

员工志愿者行动。企业员工积极发挥自身能动性回报社会，通过长年坚持不懈地开展保护环境、扶助社会弱势群体、支持社区建设等志愿活动，大力弘扬“奉献、友爱、互助、进步”的志愿者精神。2009年，中国石油员工志愿者已发展到14万人，为超过60万人次提供了义务帮扶。员工志愿者采取义务植树、清理垃圾以及发放传单等多种形式积极开展美化家园活动。青海油田志愿者坚持每年开展以“学雷锋、献爱心、讲文明、树新风”为主题的“青少年文明月”活动，开展义务便民、清扫卫生和清除“白色垃圾”活动，受到了社区居民的热烈欢迎。

倡导文明风尚。大庆精神、铁人精神不仅是中国石油的企业精神，而且是中国石油创造的宝贵精神财富。企业在继续发扬优良传统的同时，通过多种方式在全社会倡导文明风尚，促进精神文明建设，包括在全国积极建立起超过20处企业精神教育基地，以及支持“全国十大见义勇为好司机”等活动，在弘扬见义勇为精神、倡导社会文明风尚及建设社会主义和谐社会中发挥了积极的引导作用。

支持上海世界博览会（简称上海世博会）。继成为2008年北京奥运会合作伙伴后，2008年8月5日，中国石油成为2010年上海世博会全球合作伙伴，并以赞助企业和参展企业双重身份参与世博会。为服务好此次盛会，企业发挥资金、技术、产品和服务等优势，进一步完善上海油品销售网络、天然气管道及物流设施建设，为世博会提供高标准、高质量油气产品和服务。企业独家为1 000辆上海世博会专用车辆供油，为持有“2010上海世博会与中国石油联名加油卡”的世博会车辆开展定点加油服务，还为上海世博会服务公交车、出租车和其他车辆提供用油保障服务。2009年，企业结合上海世博会“城市，让生活更美好”的主题，积极倡导节能环保，宣传节能减排，举办了“中国石油世博城市之星”的评选活动。在以“节能——共享美好生活”为主题的节油能手评选活动中，来自全国的50名节油新技术、新产品的发明人荣获“中国石油世博节油能手”称号；企业还举办了面向全社会的“中国石油节能环保知识竞赛”活动，200名社会群众和中小学生获得了“中国石油世博城市之星”称号。

3.3.5　西山煤电股东及债权人维度责任履行状况分析

1. 基本情况介绍

山西西山煤电股份有限公司（简称西山煤电）是由山西焦煤集团有限责任公司、太原西山劳动服务企业、山西庆恒建筑有限公司、太原杰森木业有限公司、太原佳美彩印包装有限公司五家股东共同发起设立，于 1999 年 4 月 26 日注册的股份有限公司。它是全国最大的炼焦煤生产基地，是特大型煤炭企业，是山西焦煤集团有限责任公司的核心企业，是全国首批循环经济试点单位，拥有全国最大的燃用中煤电厂，是中国最大的炼焦煤生产基地，资源储备丰富，主要产品为肥煤和焦煤，属国际上保护性开采的不可再生的稀缺煤种。企业主要用户为宝钢、首钢、鞍钢等国内各大著名钢铁企业及部分大型焦化企业，在全国同类产品中，市场占有率稳居第一。

2. 股东及债权人责任履行状况分析

2008 年，在西山煤电积极履行社会责任的过程中，我们能够注意到他们在履行股东及债权人责任的过程中付出的资金和精力，这些举措也是相关方面的典范。西山煤电履行股东和债权人社会责任的主要战略包括以下几点。

建立包括董事会、监事会、股东大会和经理层在内的现代企业管理制度，不断优化法人治理结构。董事会起决策作用，记名投票制和集体决策的原则可以保证企业决策的公正公开，对全体股东负责。监事会能够起到对企业日常行为和决策的监督作用，防止损害企业利益的事件发生。股东大会则能保障股东参与企业管理，行使自己的权利。而经理层可以有效地执行董事会的决策，保证企业的正常运行。

股东大会议事规则完备，保障股东依法行使权利。企业还专门制定并适时修订了《股东大会议事规则》。股东大会不仅依照法律法规按时举办，而且还主动召集广大股东都前来参加。大多数的股东大会都选在企业所在地，以便于会议之后的就地考察和相互交流。除此之外，企业还准备下一步将股东大会的举办和网络相结合，为股东和投资者提供更方便快捷的信息交流平台。

依法披露信息，积极吸引投资者。除了严格按照法律法规和相关规定披露企业信息之外，西山煤电还设立了四部投资者电话，积极向投资者宣传自身优势。不管是国内投资者还是国外投资者，网上投资者还是线下投资者，企业都尽全力满足其考察投资需求，还参加各类投资机构举办的投资会议，宣传西山煤电投资价值，通过多种形式披露企业目前的生产经营状况。西山煤电投资者关系管理工作目前受到资本市场的一致好评。

生产经营不断发展，经济效益丰厚，投资回报率高。2000 年 6 月 22 日至 7 月 14 日企业向社会公开发行人民币普通股（A 股）2.88 亿股，并于 2000 年 7 月 26 日在深圳证券交易所上市，募集资金超过 18.28 亿元。八年多来，企业的生产经营状况蒸蒸日上，企业形象得到了更多投资者的肯定，企业的投资效益也在日益提高，为国家和股东创造了丰厚的经济效益，同时也能够积极回报投资者。截至 2008 年 12 月 31 日，企业累计分配送红股和公积金转增股本 16.16 亿股，分红派现金 22.34 亿元。企业累计分派现金额占募集资金总额的 122.24%。

企业财务稳健，资产和资金安全。为建立与现代企业制度相适应的企业财务管理体系，规范企业财务工作，有效防范财务风险，提高资金运营效率，保护企业财产安全，企业建立健全了较为完善的财务管理内控制度，资金收支均实行严格的签批制度。不断强化日常经营的货币资金的管理，长期坚持“先款后货”的销售结算制度，对日常经营暂时闲置资金与银行签订协议，采用协定存款和定期存款的方式增加利息收入，并每月对定期存单进行监盘，编制盘存记录表，确保资金安全。企业财务稳健，资产和资金安全，从未出现过为了股东的利益而损害债权人利益的情形。

3.4 相关启示

国内外一些矿业企业和地区的成功经验，给推动中国矿业企业社会责任的履行带来了许多启示。这部分相关启示主要分为两个方面：一是企业外部的相关启示，主要是指外部环境给企业带来的压力与支持，包括政府与社会两个方面；二是企业内部的相关启示，主要是指企业自身的社会责任的践行。

3.4.1 企业外部的相关启示

1. 政府层面

政府一方面应该加强宣传教育和舆论引导，另一方面应该加强对矿业企业的监管力度。

第一，当地政府要对矿业企业进行思想上的指引，尽快充分强化企业社会责任意识的必要性和紧迫性。政府应推广企业社会责任的普及宣传工作，令企业认识到履行社会责任的必要性，这是进入矿区的社会许可证。

第二，政府要加强对矿业企业的监管力度，充分发挥当地各级政府的监督职能。当地政府是建立矿业企业约束和监督机制的基本环节与基础层次，不仅要积极主动地参与矿业企业社会责任履行情况的监督工作，还要领导所属各个工作部门一起参与当地矿业企业社会责任履行情况的管理和监督工作。

2. 社会层面

社会方面首先应该配合政府，建立对矿业企业全方位的监督网络。其次，要尽快建立矿业企业的社会责任评价体系。最后，应学习发达国家成熟矿业企业，发展矿业企业社会责任基金。

第一，矿业企业全方位监管网络的建立，需要当地居民参与监督，加强和扩大监督网络，充分发挥社区合力作用。社区应广泛设立群众信箱、举报电话等，通过便利、公开的渠道，接受群众的举报和监督。同时，要发挥非政府组织的监督作用，营造良好的监督氛围。非政府组织要提高监督艺术，注意策略方法，及时沟通信息，使政府与非政府积极配合；坚持以人为本的原则，提高监督的透明度，取得社区民众的拥护和支持；非政府组织还应通过法律途径对企业的污染行为进行起诉，同时定期对环境报告进行发布分析，以此来督促企业承担社会责任。只有把当地政府监督、群众监督有机地结合起来，才能形成强大的监督合力和网络，发挥更好的监督效力。

第二，社会上应尽快建立起矿业企业社会责任评价体系。矿业企业履行社会责任具有行业特殊性，应在一般适用的社会责任评价指标体系的基础上，具体问题具体分析，加以改造并构建出一套适合矿业企业的具有行业特色的社会责任指标体系。矿业企业需要根据当地的实际情况来建立社会责任指标，根据社会责任的内容来构建一套评价体系，把对国家、当地政府、生态环境、社区以及员工等方面的责任纳入对矿业企业的评价体系中，同时也纳入对矿区当地政府的业绩考察当中去，增加员工和环境这两类指标所占的比重。

第三，矿业企业社会责任基金的发展要受到企业重视和社会政府的支持。为了筛选投资标的，社会责任基金提供了一种投资准则，是促进企业履行其企业社会责任的一种重要工具，社会责任基金近年来的发展十分迅猛。加速建立社会责任基金，可以大力缓解中国的矿业企业融资困难和社会责任缺失等问题，因此具有重大的意义。我们要敢于尝试和探索性地构建矿业企业社会责任基金，鼓励并积极争取社会责任业绩达到一定水平的矿业企业加入社会责任基金投资平台中；而当矿业企业社会责任出现问题，不再符合标准时，基金将其从投资平台中解除。通过建立基金，一方面，进入基金的矿业企业，无疑会成为投资者争先选择的投资对象，相当于对这些企业积极履行责任的肯定，而那些不符合基金要求的矿业企业，融资会成为一个问题，相应地也得不到发展壮大；另一方面，政府应对进入社会责任基金平台，并且该年度一直积极履行社会责任的矿业企业，给予一定的政策上的鼓励，如对该类矿业企业予以税收方面的减免优惠或直接予以政策补贴。

3.4.2 企业内部的相关启示

矿业企业在履行社会责任的过程中，一方面，要强化自身企业社会责任意识，积极引导员工；另一方面，要加速建立大中型矿产开发企业社会责任报告定期发布制度。

1. 强化矿山企业社会责任意识

员工的社会责任意识教育对矿山企业来说也很重要，尤其是要让每位员工了解当地的风俗习惯与文化信仰。例如，青藏地区，因其地形地貌以及气候的特殊性，其文化习俗也有别于一般地区。游牧民族有很多特有的宗教信仰和民俗文化，自然崇拜就是其中的一种。在青海藏族地区，自然崇拜主要为对神山、圣湖、动植物等的崇拜。在农牧民眼中每一座山峦都是神山。例如，青海果洛藏族自治州，果洛人认为山上居住着山神，所以禁止上山进行打猎、伐木、挖掘等工作。圣湖崇拜是农牧民把湖泊中的水说成是神灵赐予人间的“甘露”，或者是“神水”“圣水”。他们认为在这些湖泊中洗澡，或者喝了湖中之水，就能恢复体力，振作精神，延年益寿。与圣湖不一样的水神崇拜也是牧民的文化信仰之一，他们认为生活在水里的生物是龙神的化身，对此十分敬畏，因此在青海地区捕鱼是禁止的行为。青藏地区对动植物的崇拜即认为与人类息息相关的森林原野、花草树木、飞禽走兽等有生命的东西应该保护，他们相信万物有灵，认为践踏花草树木、捕捉猎物是践踏生命的举动。

但是，藏族的禁忌宗教色彩虽然浓厚，可正是藏族的这种宗教信仰，才使得藏区的自然环境和生态系统得到保护。例如，牧民对神山、圣湖及有关动植物的禁忌，使得许多珍惜的动植物得以被保护，保持了物种的多样性。正是这种藏区自然崇拜中的生态意蕴，这种自觉的行为禁忌，促使牧民更加爱护生态环境，对与自然和谐的可持续发展思想有着积极而深远的意义。

因此，藏族文化与汉文化应该互相融合，吸取各自的精粹，避免因巨大的文化差异而产生矛盾。矿山企业员工应该学习藏族人民保护原生态的意识，学习他们好的文化习惯，减少破坏、污染的行为，这更有助于生态环境的保护，社会稳定、和谐的发展。藏文化与汉文化的融合，一个重要的方面是语言的融合，牧民会说汉语，这样与外界就可以有良好的交流、学习最新的科学技术，更有利于藏区经济的发展。所以，员工之间的藏区文化宣传显得尤为重要，避免出现因较大的文化差异产生的碰撞，引起不必要的误会。所以，可以通过请当地乡村干部和藏文化学者来给企业员工讲解当地习俗和文化，通过定期举行藏汉民族联欢会、赛马会，参与藏族的民间活动，积极融入当地民族文化当中，与当地农牧民进行文化宣传和学习，使矿山企业的员工成为民族文化交流的使者、民族团结的促进者。

舆论的倡导，模范的引导，无疑都是提高矿山企业社会责任意识、强化企业社会责任感的重要手段。只有树立起较强的社会责任意识，真正理解履行社会责任的重要意义，引起对社会责任的足够重视，把社会责任文化渗透到企业文化当中，才能营造有利于矿山企业履行社会责任的良好氛围，才能得到更好的发展，才能安全、和谐地进行矿产资源的勘查开发活动。

2. 建立大中型矿产开发企业社会责任报告定期发布制度

定期发布企业社会责任报告是企业持续改进社会责任工作、推动利益相关方沟通的重要举措。而且，企业社会责任报告的发布也是企业发展战略与核心商业价值的重要组成部分。目前，中国很多上市企业都会选择对外发布社会责任报告或者是可持续发展报告，总结企业本年度内的社会责任履行状况并做出下年度的规划和展望，让企业外部人员对本企业履行社会责任情况有所了解并做出评价。例如，中国石油以一年为一个报告年度，分别对在哈萨克斯坦、苏丹、印度尼西亚等地区开展业务的过程中，履行社会责任的详细情况进行了汇报，报告内容包括业务发展、安全环保、员工成长以及公益事业等方面。

因此，大中型矿产开发企业要逐步建立起社会责任报告制度，将责任报告编制与发布规范化、制度化，并且在省城或者大型矿区建立起开放稳定的社会责任平台，以持续实行社会责任报告发布制度。所以，借鉴目前在国际影响力最大的企业社会责任标准，即GRI发布的《可持续发展指南》和AccountAbility公布的《AA1000 审验标准》来编制矿山企业的社会责任报告标准；定期发布社会责任报告或者可持续发展报告，披露社会责任现状和规划，这样能够增加与利益相关者的沟通和交流，就能在利益相关者的反馈和监督下更加有效和有针对性地完善社会责任制度。

近些年来，中国市场上的企业社会责任制度也在逐渐优化和完善，越来越多的企业也开始制定自己的相关社会责任规章。国务院国有资产监督管理委员会于2008年起制定实施的《关于中央企业履行社会责任的指导意见》中就提出，当前要做的一项工作就是尽快构建起一套规范的社会责任报告制度，要求有条件的企业要定期发布社会责任报告或可持续发展报告。作为中央企业的重要一环的众多大中型矿业企业更应该以身作则，更多回应社会，主动形成定期发布社会责任报告的良好制度。

第4章　生态文明视角下矿业企业社会责任评价

4.1　国内外主要企业社会责任标准和评价体系

一般而言，客观评价企业社会责任是一件比较困难的事情，这与企业社会责任的抽象性有着直接的关系，量化抽象事物本身即是难事。因此，国外学者在对相关问题进行研究时，大都倾向于从单一方面评价和考察企业社会责任。

国外理论界早期主要采用以下七种方法评价企业社会责任。

（1）内容分析法。这种方法是以企业年报数据为基础进行分析的，拿到企业年报后，获取其中有关企业社会责任的信息及数据，量化分析得到有关企业社会责任行为的相关信息。这种方法的优缺点各有两大方面，优点一是内容分析法的评价流程客观公正，结果相对而言较为可靠；优点二是内容分析法可应用于大样本数据，操作简单方便。缺点一是内容分析法对变量的选择随意性较大，存在主观影响；缺点二是内容分析法的数据来源为企业年报，真实性有待深究。因此，综上优缺点来讲，内容分析法更适合作为一般方法应用到早期研究之中。

（2）污染指数法。这种方法依据政府或专门的测量机构制定的评价指标体系对相关企业的污染程度进行测量。其中毒气排放量（toxics release inventory，TRI）是在学术研究中被广泛使用的指标之一。由于评价数据均来自权威的统计数据库，一定程度上保证了评价结果的客观性，这是这种方法的优点，缺点则表现在评价维度的单一性上。

（3）问卷调查法。这种方法在研究中的应用大都是基于测量的不同维度展开的，每一个维度设置不同的问题组成调查问卷题项，以各题得分情况为基准对企业社会责任进行评价。这种方法既有优点也有缺点，优点在于低成本、易操作，缺点在于主观性较强。

（4）声誉指标法。这种方法通过声誉指标评价企业社会责任，声誉指标由业内人士从不同维度进行选取确定，其中 1972 年版的 Moskowitz 指标和 1992 年版的《财富》杂志声誉指标应用最为广泛。Wokutch 和 McKinney（1991）认为这种方法的优势在于具有比较统一的评价标准，劣势在于过强的主观性往往导致对客观事实的误评。

（5）Kinder、Lydenburg 和 Domini（KLD）指数法。KLD 是著名的提供专业企业社会责任报告的权威机构，服务对象主要是投资者、政府以及消费者。当前世界上像 KLD 一样从事企业社会责任评估的专业机构有几十家，但主要集中在发达国家。最初的 KLD 公司在评价企业社会责任时主要采用八类指标，然后将这八类指标多维度化，构成比较全面的评价体系，包含社区关系、员工关系、环境绩效、产品特征、如何对待妇女和少数民族等方面。后来在实践中不断完善，调整到十种。借助 KLD 这种方法的优缺点还是比较明显的，优点表现在如下三个方面：其一是评价过程专业性、独立性较强，评价结果客观性、权威性有所保证；其二是评价的内容相对全面；其三是评价标准一致，结果的客观公正性强。当然，这种方法也有缺点，即其适用范围限于社会责任机制建设较为健全的国家，多集中于发达国家中。

（6）利益相关者评价模式和对抗型、防守型、适应型、预见型（reactive、defensive、accommodative、proactive，RDAP）模式。利益相关者评价模型从 20 世纪 80 年代开始被西方理论界应用，作为研究企业社会责任问题的新方法，其中影响最大的两种方法是利益相关者评价模式和 RDAP 模式。

美国学者 Sonnenfeld（1982）提出利益相关者评价模式，以六家林业企业作为案例研究对象，以企业的社会责任和社会敏感度两个层面作为研究范畴，通过计算得到企业社会责任绩效及社会敏感性结论。社会敏感性包含七个维度：局外人可接近度；对待公共事务的提前准备度；安排公共活动可靠度；企业对外宣传的真实度；在外部势力视线内的公正度；有关涉外大事件的敏感度；公众和企业之间利益分配的条理性。针对以上几个层面的内容，Sonnenfeld 主要考察相关企业生产经营情况是否合法、生产过程是否涉污、企业和公众关系是否合理等。通过这样的考察，Sonnenfeld 能够让企业对自身社会责任承担情况有所把握，对自身在行业中所处位置及利益相关者的利益分配情况有很好的了解。

在总结 Sonnenfeld 的优缺点的过程中，本书发现其优点一为从企业外部相关利益者入手进行企业社会责任的评价，既能从外部出发使企业感受到增强自身社会责任感的紧迫性，又能使企业外部利益者自身的权益得到有效维护；优点二是 Sonnenfeld 的定量测算方法能够保证测量结果的科学性。当然，这种方法也存在不足之处，主要表现在两个方面：其一是过多地考虑了外部利益者的相关内容，忽略了企业内部的情况；其二是在企业社会责任各层面指标的权重分配上并没有进行区分。

加拿大学者 Clarkson（1995）首创著名的 RDAP 模式。在 Clarkson 看来，利益相关者主要是指个人或者集团，这些个人和集团在企业的整个经营活动中具有话语权，能够对企业的经营权、所有权进行左右。Clarkson 根据利益关系远近将这些企业的利益相关者划分为主要利益相关者和次要利益相关者两类：那些能够直接左右企业正常运行、企业的正常运行离不开他们的人员统称为主要的利益相关者；次要利益相关者则是指那些与企业相互影响却不至于影响企业正常运行的群体，这种影响是表层的，并不涉及企业要害利益。Clarkson 认为，公共利益相关者的责任主要表现在六个方面，即公共健康、公共安全、能源保护、环保、社区关系以及公共投资。

RDAP 模式不以社会问题的处理为核心，而以企业自身利益为出发点。因此，必须以企业相关利益者管理框架为基础建立企业社会责任评价体系。Clarkson 基于 Wartick 和 Cochran（1985）的企业社会责任战略的描述，从对抗型、防守型、适应型和预见型这四个方面建立评价企业社会责任的 RDAP 模式。

Clarkson 的 RDAP 模式的主要优点是从利益相关者的角度评价企业社会责任。但其缺点也较为明显，在 RDAP 模式中，Clarkson 将企业的社会绩效分为四种类型，即对抗型、防守型、适应型及预见型，这种分法较为粗糙，难以对企业间社会责任的整体表现进行较为准确的对比；此外，Clarkson 的 RDAP 模式对企业的社会责任进行评价，需要的是企业内部的数据资料，这些数据资料的真实性难以得到保证，同时，对于协调企业内部利益相关者和外部利益者之间的关系也存在不利影响。

（7）SA8000 标准。近些年来，SA8000 标准在企业社会责任的评价中扮演了较为重要的角色，作为企业社会责任标准存在。这一标准在近些年来，推动企业社会责任不断走向可操作化。

1997 年美国制定出台了 SA8000 标准，它将企业社会责任与企业管理结合起来，明确规定了企业社会责任，同时对相应的管理体系也提出了硬性要求，从某种程度上来说，这对规范企业的道德行为起到了激励作用。从国际上讲，SA8000 标准也已经成为评价企业社会责任的标准，不过就其适用范围来讲，由于这一标准最初由发达国家建立，因此对于企业社会责任体制还不成熟的发展中国家不太适用，起码就中国而言，这一标准仍有待考察。

通过学习借鉴国外评价企业社会责任的各种方法，可以发现，尽管每一种方法侧重点不同，但是适用性却是有限的，基于研究背景及研究对象的差异，评价准则大多适用于发达国家，如果完全照搬来研究中国的企业社会责任显然是不合适的。

当前，中国也出台了评价企业社会责任的标准及参考文件，其中包括《中国公司责任评价办法（草案）》、《中国公司责任报告编制大纲（草案）》和《中国企业社会责任调查评价体系与标准》等。其中前两项草案是由商务部和中国社会科学院联合制定的，主要涉及部门有跨国公司研究中心及世界经济与政治研究所，报告的主要内容参考了多国近三十家知名跨国公司企业社会责任报告。两份草案于 2006 年 2 月 16 日正式发布，草案中将企业社会责任定义为三大方面内容，主要为股东、社会及环境责任。草案表示，对公司利益相关者负责是企业首先要承担的社会责任，利益相关者既包括公司内部员工、公司服务的客户、为公司提供材料的供应商，也包括与公司有间接利益关系的社区。企业应当承担的环境责任体现在三个方面，即能源利用效率的提高、污染物排放的减少及循环经济的推行。草案中所指的社会责任主要包含公益事业和慈善捐助两大方面，但是没有强制规定这两个方面是企业必须履行的社会责任。

《中国企业社会责任调查评价体系与标准》是由北京大学民营经济学院制定的比较权威的企业社会责任评价体系。这一标准考虑中国企业的实际情况，借助量化手段从股东权益、经济责任、员工权益、法律责任、公益责任、环境保护及诚信经营责任几大方面进行考量。

此外，在 2008 年 2 月，中国社会科学院成立专门研究企业社会责任的中心部门，这一学术机构交由中国社会科学院全权负责管理。

通过对中国企业社会责任问题进行系统的理论研究，中国社会科学院颁布了《中国企业社会责任报告编写指南》（CASS-CSR 1.0/2.0/3.0），并在此基础上出版了《中国企业社会责任》文库，促进中国特色的企业社会责任理论体系的形成和发展。从 2009 年开始，中国社会科学院每年发布一本社会责任报告，并于 2013 年 11 月发布企业社会责任综合在线平台“责任云”。但该报告仅限于评价国有企业 100 强、民营企业 100 强和外资企业 100 强共 300 家企业的社会责任管理现状和社会责任信息披露水平。

除此以外，在对企业社会责任评价上，许多学者也展开了不同方面的研究。例如，李立清等（2005）从五个方面构建中国企业社会责任评估指标体系，包含劳工权益、人权保障、社会责任管理、商业道德和社会公益行为。这一体系不仅包括了国际认可的 SA8000 标准所包含的主要内容，还增加了两个方面的主要内容，即商业道德和社会公益行为，这也有助于对更加客观合理地评价中国企业社会责任。

通过对相关文献梳理可以看出，国内学者有关企业社会责任评价的研究集中于消化、借鉴国外企业社会责任评价体系并应用于中国实际情况的研究。国内学者将中国企业特色考虑进来形成的社会责任评价体系有利于充分考虑各方利益，符合中国企业特色，具有较好的适用性。同时，这一企业社会责任评价指标体系也存在局限性，主要表现在其单一针对中国企业进行研究，而没有考虑到不同类型企业的社会责任存在差异，因而在不同类型企业操作上的针对性较弱，指导作用存在局限性。

不同于前人研究的地方在于，本部分在充分考虑企业社会责任评价体系基础上将研究重点集中于矿业企业社会责任，将矿业所独有的行业特殊性考虑进来。相应指标体系的构建既要全面系统体现矿业企业生产过程如何影响自然生态环境、人员身体健康及社会经济发展，又要尽量将矿业企业履行社会责任的特殊性凸显出来。

4.2　矿业企业社会责任评价体系设计基础

4.2.1　矿业企业社会责任评价体系的界定

矿业企业社会责任体系即指针对矿业企业履行社会责任的定量评价，具体到这一评价体系构建，是根据矿业企业履行企业社会责任的投资而来的，而非简单地针对矿业企业社会责任报告进行内容分析①。首先是单项指标的评价，其次为针对矿业企业社会责任的综合评价，最后建立起适用整个矿业行业的企业社会责任评价体系。

企业社会责任评价体系的构建是个涵盖面较为广泛的系统性工程，具体到矿业领域的企业社会责任评价体系的构建也应当以此作为参考基础。矿业企业社会责任评价的主要内容是企业社会责任评价体系的具体化，针对矿业的特点建立符合矿业特色的社会责任评价指标体系是科学合理测评矿业企业社会责任的保障。因此，首先需要充分了解矿业行业及行业内企业的特点，在此基础上有所侧重地建立矿业企业社会责任评价指标体系，与矿业企业特点有着直接相关性的指标应当在体系中占据更大比重。

建立矿业企业社会责任评价指标体系的目的还在于进一步实现全国范围内统一的评价标准，由此从全国层面对矿业企业的生产经营进行约束，达到约束行业运行秩序、提高矿业行业环境保护责任意识及矿业社会监督意识的目的，为更全面、更细化地对矿业行业企业社会责任进行评价打下基础。

4.2.2　矿业企业社会责任评价体系的原则

本部分的矿业企业社会责任评价体系的设计过程中主要遵循以下原则。

1. 行业针对性的原则

基于行业特殊性，本节将矿业企业显著区别于其他行业的特点作为研究的出

① 本部分认为矿业企业社会责任披露属于矿业企业社会责任履行状况的一个方面，在此本部分探究的是矿业企业社会责任的履行状况，在此情况下就不会忽视掉那些未披露企业社会责任履行状况的样本。

发点，这些显著特点也是矿业企业所承担社会责任的社会效应更大的原因。因此，本部分重点针对矿业企业，首先将矿业行业的利益相关者进行分类，从中判断出其应承担的社会责任；其次根据其具体内容进行社会责任评价指标体系的构建；最后通过选取典型案例对相关的评价体系进行实践验证。只有指标体系和矿业行业特点结合得足够好，才能够将矿业企业的真实情况反映出来，更加有效地推动相关企业社会责任的履行。

2. 代表性与系统性相结合的原则

能够囊括所有评价指标的社会责任评价体系是不可能存在的，所以挑选出既能够典型代表企业和行业的综合情况，又能够准确反映出企业的财务和非财务状况的指标体系是十分必要的。系统性是指所有的要素能够共同作用于一个共同的整体，不同要素之间有着较为明显的层次划分，当然，这种层次的划分也不是毫无逻辑可言，高一级组成成分往往由较低一级成分组成，这样就不会出现评价结果单纯罗列的现象。借助这种系统性指标的选取，更能够保证中国矿业企业社会责任基本情况测量的真实性。

3. 独立性与完整性相结合的原则

评价体系自上而下分成若干个具有一定逻辑关联性的层次，但当两个指标处于同一层次时，必须遵循独立性原则，也就是说这两个指标必须线性无关，因为同层次两个评价指标存在交叉重叠时，指标将失去其评价意义。

当然，指标的选取应当尽可能不影响其独立性，而且尽可能地涵盖目标企业的方方面面，保证其覆盖面广、数量充分，达到足够的广度与深度。

4. 可比性与可行性兼具的原则

指标体系的构建应当具有普适性，本部分构建的企业社会责任评价指标体系，不仅仅适用于案例企业，而且能够为矿业企业生产实践提供指导意见，在行业内可以广泛有效地应用，不会出现因为企业与案例企业在经营绩效或财务状况等方面不同而无法评价的状况。这在一定程度上对指标的标准性提出了较高的要求，不管是指标的统计口径，还是统计时间跨度，都需要能够符合矿业企业的特殊性。只有这样，我们才可以从横向和纵向两个方面对比考察矿业企业的社会责任问题，一方面可以对企业的行为进行跨时期评价，另一方面也可以把握不同类型企业间企业社会责任履行的差异性。

可行性对指标的要求主要体现在检验的可操作性上，强可操作性的指标更容易在行业中推广使用。同时，从减少成本的角度考虑，上述方法使得财务指标不用重复计算从而减少了成本，有利于进行企业社会责任评价工作。

5. 定量指标与定性指标相结合的原则

相比于定性指标，定量指标优势更为显著，通过量化企业社会责任行为，避免了人为判定指标的主观性，评价过程的科学性和客观性得到了有效的保证，同时也有利于企业间横向与纵向的比较分析，所以在评价体系的指标选取中要尽量选取定量指标。不过，有些问题无法进行量化，就像有关是否尊重员工的问题，就很难通过具体的数据进行定量评价。有关这种定性的问题，就只能通过直观的表述进行展示，当然这也是定性指标的优点，能够将问题较为直观地展现在人眼前。需要注意的是，在进行矿业企业社会责任评价的过程中，使用定性分析和定量分析相结合的方法不失为最恰当的选择。

6. 科学性与创新性并举的原则

科学性是评价指标设计必须要遵循的原则，矿业企业社会责任评价指标要基于企业已披露的相关报告，采用规范的数学模型对数据进行处理，从而保证指标在实践中得到有效应用并发挥指导实践的能动作用。

不过，现阶段仍欠缺一个通用的企业社会责任评价指标体系标准，而且现有的评价体系并不适用于对矿业企业社会责任的评价，本部分综合了以往的研究基础，加以创新，使设计出的指标更加能够符合现实情况，当然，这也要在保证其科学性的前提下进行。

本章以以上六大原则为基准构建的指标评价体系，在最大限度上保证其设计的科学性和合理性，有利于矿业企业自我审查、监督企业社会责任的履行情况。同时，这也有利于相关监管机构对矿业企业社会责任履行情况进行监督与调控，从实施上保证评价体系的价值。

4.2.3　矿业企业社会责任评价体系的依据

对生态文明视角下矿业企业社会责任评价指标体系的内容设计，主要基于以下几个方面进行考量。

1. 参照国际现行主流应用指标体系

在经济全球化背景下，各领域国际化不断深入，各利益相关方对企业社会责任诉求的影响方式也紧跟国际化标准。例如，责任报告、评级指数在影响社会责任投资和衡量可持续投资对象上发挥了重要作用，这些标准有利于提高各利益相关者践履社会责任的自觉性，从而提升矿业企业的竞争力，促进矿业企业的可持续成长。然而，鉴于中国政治、经济、文化及资源开发利用情况与国际上其他国家存在差异，在中国特色下发展的矿业企业的运作模式与当前的国际主流模式也存在差异，完全照搬国际主流指标体系衡量中国企业的社会责任显然是不合适的。因为按照国际标准，国内矿业企业中的一些利益相关者无法正常运作，矿业企业的竞争力也无法得到提升，因此应该有选择地结合实际借鉴国际主流指标体系。

2. 参照中国政府提出的相关政策及责任指标

在生态文明背景下，政府提出资源节约、环境保护等政策及规范，从制度上明确了矿业企业应当承担的社会责任，并且产生了一定的约束力。同时，矿业企业的健康发展既离不开中央政府及地方政府的产业政策、区域政策支持，也离不开各利益相关者在积极履行社会责任时主动创造社会价值的意识，这样不仅保证了矿业企业竞争力得到提升，而且使各利益相关方得到可持续发展。

3. 关注矿业企业社会责任履行的实际

目前对于资源型企业社会责任评价标准相对缺乏，相关法律完善性不够、执法严格性不强，企业可持续发展理念欠缺，矿业企业承担社会责任情况不容乐观，社会责任意识淡薄、社会责任缺失严重，导致环境污染严重、资源得不到有效利用、员工的安全及健康得不到有效保证等，这些无论是对企业自身还是社会都带来了较大危害。为此，在制定矿业企业社会责任评价体系时，必须兼顾矿业企业发展的实际及其在社会责任方面尚处于起步阶段的实际。

4.3 矿业企业社会责任评价指标设计

由于矿业企业社会责任履行状况评价涵盖范围较广、数据纷繁复杂，因此本部分在某项目组①支持下，采用聚焦法构建指标体系。其基本步骤根据余敬（2009）的方法包括提出关键问题、搜集资料、设计评价指标、专家咨询、确立指标体系、实践检验等，进一步可归纳为指标遴选、指标剔除和指标验证（图 4-1）。

① 该项目组即由本书所在的课题组组成，一起完成聚焦法的操作实施。

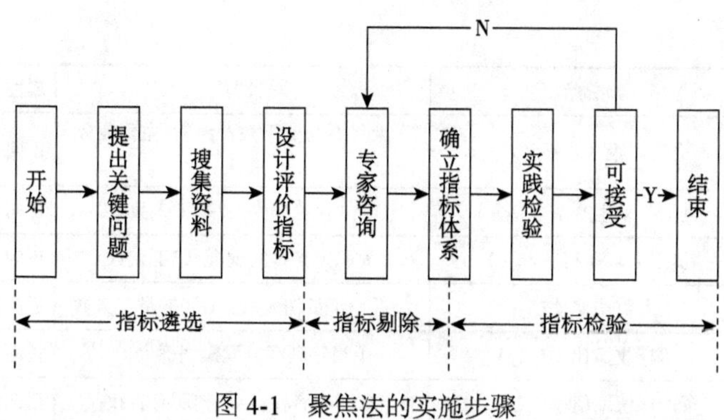

图 4-1　聚焦法的实施步骤

4.3.1　指标遴选

陈昕（2011）认为沿用现存指标体系，不仅可以保证较高的信度与效度，更可以获得与实践较高的契合度。为此在明确评价原则、依据及细分对象的基础上，通过查阅企业社会责任评价及矿业社会责任评价的相关文献，本部分先初步遴选出相应的评价指标，涵盖 7 个对象，共 31 个指标（表 4-1）。

表4-1　矿业企业社会责任评价指标初步遴选

优先级	对象	指标	计算	属性	来源
关键（U_1）	环境（U_{11}）	环保投入比（U_{111}）	年环保费用支出/主营业务收入	正向	方琳琳（2009）、陈晶晶（2010）、易稳（2010）
		污染物排放达标率（U_{112}）	污染物处理达标量/同期产生的污染物数量	正向	
		单位耗材创收比（U_{113}）	主营业务收入/（存货的减少+购买商品、接受劳务支付的现金）	正向	
		残矿回收率（U_{114}）	残矿回收利用量/残矿总量	正向	
		通过 ISO14001 认证比例（U_{115}）	通过 ISO14001 认证的企业的资产比重/总资产	正向	
		环境信息翔实度（U_{116}）	社会报告中环保安全部分篇幅 $\times q_{绝对}$+社会报告中环保安全部分篇幅/社会报告总篇幅 $\times q_{相对}$ 1)	正向	
	政府（U_{12}）	资产税费率（U_{121}）	当年上缴所得税/平均资产总额	正向	易稳（2010）、阳秋林和代金云（2012）
		就业贡献率（U_{122}）	新增就业岗位/上年就业岗位	正向	
		积累率（U_{123}）	上缴国家财政总额/企业社会贡献总额	正向	
		罚项支出比率（U_{124}）	罚项支出总额/主营业务收入	逆向	
		产量增长率（U_{125}）	产量增长/上年产量	正向	

续表

优先级	对象	指标	计算	属性	来源
关键（U_1）	员工（U_{13}）	人力资本投入水平（U_{131}）	工会经费与职工教育经费/主营业务收入	正向	陈俊英（2009）、易稳（2010）、米林林（2010）、纪建悦和吕帅（2009）
		全员劳动生产率（U_{132}）	主营业务收入/职工人数	正向	
		员工人均所得（U_{133}）	为职工支付的现金/职工人数	正向	
		千人负伤率（U_{134}）	最近一年负伤人数×1 000/员工人数	逆向	
		留存收益比（U_{135}）	1-（当年利润分配额/净利润）[2)]	正向	
重要（U_2）	投资者（U_{21}）	资产保值增值率（U_{211}）	年末所有者权益/年初所有者权益	正向	易稳（2010）、吉海涛（2010）
		每股净资产（U_{212}）	净资产/普通股股数	正向	
		每股收益（U_{213}）	（净利润-优先股股利）/流通在外的普通股股数	正向	
		市售率（U_{214}）	市场价值/销售额	逆向	
	债权人（U_{22}）	资产负债率（U_{221}）	负债总额/资产总额	逆向	易稳（2010）、米林林（2010）、吉海涛（2010）
		利息保障倍数（U_{222}）	息税前利润/利息费用	正向	
		速动比率（U_{223}）	（流动资产-存货-待摊费用）/流动负债总额	正向	
		债务保障率（U_{224}）	经营活动现金净流量/负债总额	正向	
一般（U_3）	社区（U_{31}）	社会捐款率（U_{311}）	企业对社会捐款/主营业务收入	正向	易稳（2010）
		社会贡献增长率（U_{312}）	社会贡献总额增加值/上年度的社会贡献总额	正向	
		社会贡献率（U_{313}）	社会贡献总额/平均资产总额	正向	
		每股社会贡献值（U_{314}）	社会贡献总额/发行在外的普通股股数	正向	
	合作伙伴（U_{32}）	应付账款周转率（U_{321}）	主营业务成本/平均应付账款	正向	易稳（2010）、吉海涛（2010）
		现金与应付账款比率（U_{322}）	平均现金/平均应付账款	正向	
		讨价还价能力（U_{323}）	应付账款余额/（主营业务成本+存货）	逆向	

1）本部分通过熵值法对数据进行处理获取对应的权重，下文将对熵值法获取权重进行详细介绍

2）根据委托-代理理论，采用留存收益率可代表管理者所能管理资金规模的权力和公司股东对其信任程度

4.3.2 指标剔除与检验

基于表 4-1 的相关指标，依托上述项目组的专家，遵循对应的体系设计原则，对其进行了相应修正。为便于后续验证和评价，对表征矿业企业社会责任履行状况的、涵盖 7 个对象的 19 个指标进行重新编号（表 4-2）。

表4-2　矿业企业社会责任评价指标体系

优先级	对象	指标	计算	属性
关键（U_1）	环境（U_{11}）	环保投入比（U_{111}）	年环保费用支出/主营业务收入	正向
		单位耗材创收比（U_{112}）	主营业务收入/（存货的减少+购买商品、接受劳务支付的现金）	正向
		环境信息翔实度（U_{113}）	社会报告中环保安全部分篇幅$\times q_{\text{绝对}}$+社会报告中环保安全部分篇幅/社会报告总篇幅$\times q_{\text{相对}}$	正向
	政府（U_{12}）	资产税费率（U_{121}）	当年上缴所得税/平均资产总额	正向
		就业贡献率（U_{122}）	新增就业岗位/上年就业岗位	正向
		产量增长率（U_{123}）	产量增长/上年产量	正向
	员工（U_{13}）	人力资本投入水平（U_{131}）	工会经费与职工教育经费/主营业务收入	正向
		全员劳动生产率（U_{132}）	主营业务收入/职工人数	正向
		留存收益比（U_{133}）	1-（当年利润分配额/净利润）	正向
重要（U_2）	投资者（U_{21}）	每股净资产（U_{211}）	净资产/普通股股数	正向
		每股收益（U_{212}）	（净利润-优先股股利）/流通在外的普通股股数	正向
	债权人（U_{22}）	资产负债率（U_{221}）	负债总额/资产总额	逆向
		速动比率（U_{222}）	（流动资产-存货-待摊费用）/流动负债总额	正向
		债务保障率（U_{223}）	经营活动现金净流量/负债总额	正向
一般（U_3）	社区（U_{31}）	社会捐款率（U_{311}）	企业对社会捐款/主营业务收入	正向
		社会贡献增长率（U_{312}）	贡献总额增加值/上年度的社会贡献总额	正向
		每股社会贡献值（U_{313}）	社会贡献总额/发行在外的普通股股数	正向
	合作伙伴（U_{32}）	应付账款周转率（U_{321}）	主营业务成本/平均应付账款	正向
		现金与应付账款比率（U_{322}）	平均现金/平均应付账款	正向

关于指标检验，既可以从理论分析角度出发，进行理论实证，又可以通过结构方程进行验证性因子分析，进行经验实证。鉴于结构方程对样本数量和质量的高要求，基于成本性原则，本部分从理论角度对其进行验证。

本部分遵循聚焦法的流程，以利益相关者和资源依赖等理论为指导，在借鉴学者普遍采用指标的基础上，通过某项目组①相关专家进行修正，从而最大限度地满足体系设计原则。因此，可以认为本部分架构的指标体系具有良好的内容效度，与实际契合度较高。

4.4　矿业企业社会责任评价方法选择

对于多目标、多层次的复杂大系统，矿业企业社会责任评价方法主要集中于

① 项目组成员依然是参与聚焦法的相关人员。

模糊综合评价法、灰色关联度法、层次分析法（analytic hierarchy process，AHP）、熵值法等。其中，鉴于实际应用中影响系统因素的内涵或外延大多不明确，又以模糊综合评价法最为常用。

由于矿业企业社会责任本质上属于模糊概念，无明确外延，且内涵极其丰富和复杂，因而矿业企业社会责任评价体系具有不确定性和模糊性的特征；此外，矿业企业社会责任评价指标又具有层次性，因而本部分拟采用改进的模糊综合评价法来对其进行集成评价。

改进的模糊综合评价法即通过网络层次分析法（analytic network process，ANP）和熵值法相结合分别获取主准则层和分准则层的权重值，而通过模糊 *C*-均值聚类（fuzzy *C*-means algorithm）算法获取对应的隶属度矩阵。此外，需要注意的是本部分所涉及的评价样本中涵盖了时间维度，即在最后的综合得分运算时还需要确定时间维度的权重，本部分采用理想点矩阵的方法来获取时间维度的权重（图 4-2）。此算法具有如下优点：立足于评价体系的层次性和准则层的相关性，充分发挥主客观权重法的各自优势；模糊 *C*-均值聚类算法不仅保证了评价矩阵的客观性，更吻合了模糊性的思想；充分考虑了时间要素在矿业企业社会责任表现中的影响。

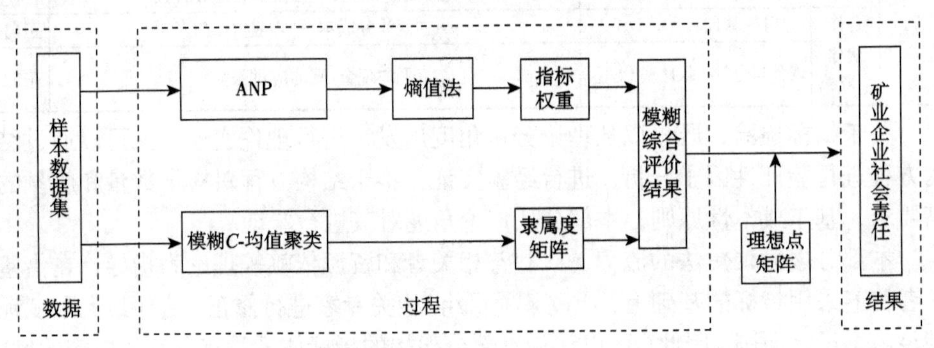

图 4-2　矿业企业社会责任评价方法间的关系

4.4.1　网络层次分析法

1996 年美国匹兹堡大学的 Saaty 教授在反馈 AHP 的基础上提出了一种适用于非独立反馈系统的实用决策方法，称为 ANP。AHP 是一种决策过程的方法，自 20 世纪 70 年代由 Saaty 教授提出并进行系统研究以来，在政治、经济、社会和管理等领域得到了广泛的应用。这种方法以相对标度作为形式，以主体经验及判断力作为依据，按照逐层递进的方式，依据相对标度及主体判断，对每一层级的元素重要性进行比较区分，依次自上而下逐层实现决策目标的度量。但往往是现实中的各个影响因素间不可避免地存在着这样那样的联系，AHP 所设定的各层次间相互独立假设并不符合实际，而 AHP 对此做出了改进。在网络模型中，处于不同层级的要素是可以相互影响的，即可以存在两两线性关系，因为方案的重要性与标准的重要性是相辅相成的，互为表现也互相决定。另外，某些层级中元素两两之间也可以存在相互依赖、相互制约的关系。

ANP 的网络（network）由两个部分组成，即成分（component）和连接成分之间的影响（influence），而成分的形成来源于元素（element），不同成分中的不同元素是可以相互影响的，这种相互影响的关系统一用“→”来表示，箭头指向方表示被影响者，箭头发出方表示影响源。例如，“A→B”表示成分（或者元素）B 受成分（或者元素）A 的影响，或者成分（或者元素）A 影响成分（或者元素）B。其中成分也可以对自身产生影响，这种关系称之为反馈（feedback）。

ANP 将系统元素分为控制因素层和网络层两大部分，控制因素层一般由两部分组成，即问题目标和决策准则。决策准则可有可无，准则的权重采用 AHP 计算得来。但问题目标必须存在，所有的决策准则相互独立，互不影响，只受目标元素支配。王莲芬（2001）指出网络层由元素组成，这些元素由控制层支配且内部是相互影响的网络结构。标准 ANP 结构见图 4-3。

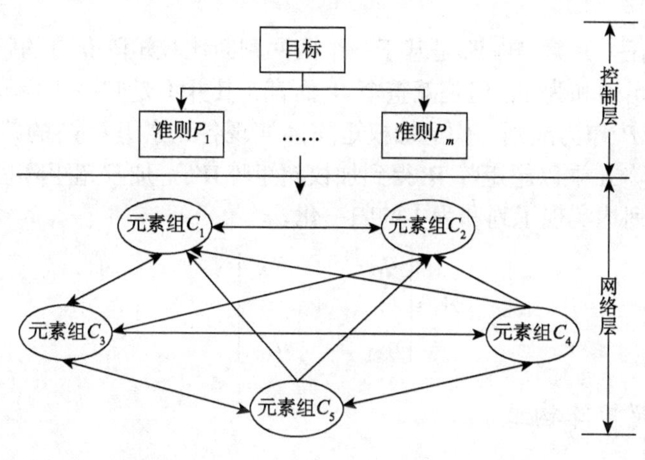

图 4-3　ANP 基本结构

在 ANP 中，以 P_1，P_2，…，P_s，…，P_m 表示控制层中各准则；C_1，C_2，…，C_i，C_k，…，C_N 表示网络层中各元素组；e_{i1}，e_{i2}，…，e_{ij}，…，e_{ini} 表示元素组 C_i 各元素。则 ANP 决策步骤如下。

1. 超矩阵构造

以控制层中 P_s 为主准则，以 C_i 中元素 e_{ij} 为次准则①，分别按照 AHP②中两两相比较的方法衡量元素组 C_k 中对其有影响的各元素的间接优势度，由此得到超矩阵 $\boldsymbol{W}$。

$$\boldsymbol{W}=\begin{array}{cc} & \begin{array}{cccc} C_1 & C_2 & \cdots & C_N \\ e_{11}\cdots e_{1n_1} & e_{21}\cdots e_{2n_2} & \cdots & e_{N1}\cdots e_{Nn_N}\end{array} \\ \begin{array}{cc} C_1 & \begin{array}{c} e_{11}\\ \vdots \\ e_{1n_1}\end{array} \\ C_2 & \begin{array}{c} e_{21}\\ \vdots \\ e_{2n_2}\end{array} \\ \vdots & \vdots \\ C_N & \begin{array}{c} e_{N1}\\ \vdots \\ e_{Nn_N}\end{array}\end{array} & \begin{bmatrix} \boldsymbol{W}_{11} & \boldsymbol{W}_{12} & \cdots & \boldsymbol{W}_{1N} \\ \boldsymbol{W}_{21} & \boldsymbol{W}_{22} & \cdots & \boldsymbol{W}_{2N} \\ \vdots & \vdots & & \vdots \\ \boldsymbol{W}_{N1} & \boldsymbol{W}_{N2} & \cdots & \boldsymbol{W}_{NN} \end{bmatrix}\end{array} \tag{4-1}$$

2. 加权超矩阵构造

超矩阵中任一元素 $\boldsymbol{W}_{ij}$ 都是基于一个两两判断比较矩阵获得的归一化特征向量，因此其满足列和为 1，但是就整个 $\boldsymbol{W}$ 而言，其并不是归一化矩阵。因此要将 $\boldsymbol{W}$ 归一化，将 P_s 作为准则，构造加权矩阵 $\boldsymbol{A}$ 实现各元素组对 C_i 的归一化处理。

将加权矩阵 $\boldsymbol{A}$ 乘以超矩阵 $\boldsymbol{W}$ 得到加权超矩阵 $\boldsymbol{W}'$ 。加权超矩阵也称为列随机矩阵，其每一列均实现了列和为 1 的归一化。

$$\boldsymbol{A}=\begin{bmatrix} a_{11} & \cdots & a_{1N} \\ \vdots & & \vdots \\ a_{N1} & \cdots & a_{NN} \end{bmatrix} \tag{4-2}$$

3. 极限超矩阵构造

得到加权超矩阵后，ANP 中已不存在对整个系统起支配作用的元素，而往往我们需要得到各元素之间的依存关系，需要对 $\boldsymbol{W}'$ 进行稳定化处理，通过幂法，直到各列向量保持稳定，即得到：

① 在主准则 P_s 下两个元素对第三个元素的影响程度比较中，称第三个元素为次准则，得出的结果为间接优势度。

② AHP 已被广泛使用，这里不做介绍，可参考易稳论文《中国有色金属工业上市公司企业社会责任评价研究》相关介绍。

$$\lim_{N\to\infty}(1/N)\sum_{k=1}^{N}\boldsymbol{W}^{K} \tag{4-3}$$

当式（4-3）收敛时，其第 j 列，即为 P_s 准则下网络层中各元素对 j 的极限相对排序。

各权重通过 Super Decisions 2.0 软件计算得到，以元素组 C_i 为例，记 C_i 的权重向量为 $\boldsymbol{Q}=(q_1,q_2,\cdots,q_N)$，$\boldsymbol{Q}_{C_i}=(q_{e_{i1}},q_{e_{i2}},\cdots,q_{e_{in}})$ 为 C_i 内各元素的权重向量。

4.4.2　熵值法

1850 年，熵（entropy）的概念被德国物理学家 Clausius 提出并在此之后得到广泛应用，何逢标（2010）指出，熵最初是作为衡量能量在空间中分布均匀程度的值，通常能量分布越均匀，熵就越大，由此可以知道，有且仅当能量分布完全均匀时，熵值才能达到最大。

1948 年，Shannon 在 *The Bell System Technical Journal* 上发表了 *A mathematical theory of communication* 一文，将熵的概念引入信息论中。在信息论中，熵又称为平均信息量，它是信息的一个度量。

郭亚军等（2007）将利用熵的概念确定指标权重的方法称为熵值法。其出发点是根据同一指标观测值之间的差异程度来反映其重要程度，如果各被评价对象的某项指标的数据差异不大，则该指标对评价系统所起的作用不大。

熵值法作为一种赋权方法，相对而言较为客观，这种方法对指标权重的确定主要依据数据本身，而非人为判断，即数据包含的信息量越大，权重越大。这种方法的主要作用表现在两大方面：其一可以避免人为因素对指标赋权的干扰，保证评价结果的可靠性；其二可以借助指标熵值的计算结果，对指标信息量的大小做出衡量，以此来保证建立的指标体系的原始性。

对于一个由 n 个对象及 m 个指标组成的，以 $\boldsymbol{X}_{ij}$ 为指标值的矩阵，其基本步骤如下。

（1）数据的预处理。由于指标类型的多样性和量纲的差异性，因此通过标准化处理消除此类扰动因素，此外指标自身的正与逆的属性亦需要进行统一。为此，本部分选取式（4-4）进行统一处理，新矩阵值用 $\boldsymbol{X}'_{ij}$ 表示：

$$\boldsymbol{X}'_{ij}=\begin{cases}\dfrac{x_{ij}-\min(x_j)}{\max(x_j)-\min(x_j)} & (x_{ij}\text{为正项指标值时})\\[2ex] \dfrac{\max(x_j)-x_{ij}}{\max(x_j)-\min(x_j)} & (x_{ij}\text{为逆项指标值时})\end{cases} \tag{4-4}$$

（2）据式（4-5），计算第 j 项指标下第 i 个对象所占权重，以 p_{ij} 表示对应值：

$$p_{ij}=\frac{x'_{ij}}{\sum_{i=1}^{n}x'_{ij}},\quad 0\leqslant p_{ij}\leqslant 1 \tag{4-5}$$

（3）据式（4-6），计算第 j 项指标的熵值，其为非负数，以 e_j 记：

$$e_j=-1\Big/\ln(\mathrm{n})\sum_{i=1}^{n}p_{ij}\ln(p_{ij}) \tag{4-6}$$

（4）据式（4-7），计算第 j 项指标的差异系数，其为非负数，以 g_j 记：

$$g_j=\frac{1-e_j}{m-\sum_{j=1}^{m}e_j} \tag{4-7}$$

（5）据式（4-8），计算第 j 项指标的权重，其为非负数，以 w_j 记：

$$w_j=\frac{g_j}{\sum_{j=1}^{m}g_j} \tag{4-8}$$

4.4.3 模糊 *C*-均值算法

聚类的过程主要是对所研究的事物进行区分和分类，这种分类是自定义分类，聚类分析是指对给定事物进行数学分类的过程。从人类产生开始就存在聚类问题，并且伴随着人类社会的发展而发展进步，人类借助聚类可以更好地对不同的食物、不同的事物间的相似性进行区分。

传统的聚类分析进行的分类较为死板和教条，它对照着严格的分界线将不同的对象划分在不同的种类之中，非此即彼。随着人们对聚类分析认识的深入，就会发现以往的聚类分析已经很难适用于模糊性问题的研究，模糊的问题也就是那些没有严格属性界定的问题，这些问题更适合使用软划分进行区分。模糊聚类分析为这种软划分提供了较为有力的方法，该方法由 Zadeh 于 1965 年提出，原理是以样本数量和类别差异的不确定性为基础，对样本类属的中介性进行表达，以此构成不同类别的样本，并加以描述，能够把这个现实世界表达地更为客观，这种模糊方法在处理聚类问题上得到了广泛的应用，并逐渐成为研究聚类分析的主流方法。

Ruspini 于 1969 年首次提出了模糊划分的概念，在这一概念的基础上，学者们提出了许多聚类方法，其中，基于相似性关系和模糊关系的方法（包括聚合法和分类法)、模糊等价关系的传递闭包方法、模糊图论最大树方法，以及数据集的凸分解、动态规划和难以辨识关系等方法是应用较广且被广泛接受的方法。不过，大数据量不太适用于使用上述方法，而且模糊划分也不能做到实时性要求，应用也不够广泛，逐渐淡出了实际研究的领域。相对应的，基于目标函数的方法受到了普遍欢迎，因其应用范围广、易于操作等优点，且在经典数学非线性规划方法的帮助下，目标规划函数的最优解可以被求出。同时，宫改云（2004）认为计算机技术的飞快发展及广泛应用，必将带动这种聚类方法的迅速发展，成为研究的热点。

在 Ruspini 对集合模糊划分进行了概念界定的基础上，Dunn（1974）将模糊划分应用到普通（硬）-*C* 均值聚类算法中，但是，隶属度 u_{ij} 必须要赋予一个权重才能使模糊划分的应用有意义，借鉴经典做法，将 u_{ij} 取 2 次方即可实现。由此 Dunn 给出以下数学规划函数定义模糊（软）-*C* 均值聚类问题。

目标函数：$\min J_2(U,c)=\sum_{i=1}^{c}\sum_{j=1}^{n}u_{ij}^2 d_{ij}^2$

约束条件：$\begin{cases}\sum_{i=1}^{c}u_{ij}=1, & 1\leqslant j\leqslant n\\ u_{ij}\in[0,1], & 1\leqslant j\leqslant n;1\leqslant i\leqslant c\\ 0<\sum_{j=1}^{n}u_{ij}<n, & 1\leqslant i\leqslant c\end{cases}$

Bezdk 和 Hathaway（1986）为使上述公式更具有推广性和实用性，给出了这类模糊聚类问题模糊 *C*-线（fuzzy *C*-lines，FCL）的一般形式，如罗承忠（2007）的数学规划公式。

目标函数：$\min J_m(U,c)=\sum_{i=1}^{c}\sum_{j=1}^{n}u_{ij}^m d_{ij}^2$

约束条件：$\begin{cases}\sum_{i=1}^{c}u_{ij}=1, & 1\leqslant j\leqslant n\\ u_{ij}\in[0,1], & 1\leqslant j\leqslant n;1\leqslant i\leqslant c\\ 0<\sum_{j=1}^{n}u_{ij}<n, & 1\leqslant i\leqslant c\end{cases}$

这里 m 是权重因子（$m>1$），如下算法可以用来解上述的数学规划问题。

模糊 *C*-均值聚类算法：

（1）给出迭代标准 $\varepsilon>0$，初始分类矩阵 $\boldsymbol{V}^{(0)}$，$k=0$。

（2）用式（4-9）计算 $\boldsymbol{U}^{(k)}$：

$$u_{ij}^{(k)} = \left[\sum_{r=1}^{c} \left(\frac{d_{ij}^{(k)}}{d_{rj}^{(k)}} \right)^{\frac{2}{m-1}} \right]^{-1} \tag{4-9}$$

如果存在 j、r，使得 $d_{rj}^{(k)}=0$，则令 $u_{ij}^{(k)}=1$，且对 $i \neq r$，$u_{rj}^{(k)}=0$。

（3）用式（4-10）计算 $\boldsymbol{V}^{(k+1)}$：

$$v_i^{(k+1)} = \frac{\sum_{j=1}^{n} (u_{ij}^{(k)})^m x_j}{\sum_{j=1}^{n} (u_{ij}^{(k)})^m} \tag{4-10}$$

（4）用一个矩阵范数$\|\cdot\|$，比较 $\boldsymbol{V}^{(k+1)}$与 $\boldsymbol{V}^{(k)}$，若

$$\left\| \boldsymbol{V}^{(k+1)} - \boldsymbol{V}^{(k)} \right\| \leqslant \varepsilon \tag{4-11}$$

则停止迭代，否则置 $k=k+1$，转向（2）。

初始化划分矩阵 $\boldsymbol{U}^{(0)}$可以作为上述方法的起始条件。该算法表现收敛，FCL的局部最小点是该算法的解点。

4.4.4 理想点矩阵

赵洁珏（2012）认为面板数据是具有时间和空间双重维度的数据，如何科学客观地选取权重系数体现数据的时间维度是个亟待解决的问题。本部分通过理想点矩阵确定时间矩阵系数，具有客观性、合理性等特点。

假设 n 为对象个数，m 为特征指标的个数，T 为时间点的三维数据（数据已经过标准化处理[①]）。则定义 x_{ij}^t 为 t 时刻时对象 i 的第 j 个指标数据值。

我们确定每一个对象的理想点：$x_{ij}^0 = \max\limits_{1 \leqslant t \leqslant T} x_{ij}^t$ 形成理想点矩阵 $\boldsymbol{X}^0 = \left[x_{ij}^0 \right]_{m \times n}$。理想点矩阵表达的是当时间点为 T 个时，第 i 个对象第 j 个特征指标的最好值。同时，各个时间点下都会形成一个 $m \times n$ 阶矩阵，表示第 n 个对象第 m 个特征指标，这一个个时间点上的矩阵都会与理想点存在不小的差距。而这个差距也正是与最佳情况的差距，差距越小，说明处在该时间点的 n 个对象的 m 个特征指标数据值接近最佳情况；反之，距离越大，表明该数据矩阵离最佳情况越远。当采用该距离值来表征时间权重的大小时，则每个时刻与标准时刻的距离 d_t 为

① 关于数据的标准化方法，参见熵值法的操作过程。

$$d_t = \left[\sum_{i=1}^{m}\sum_{j=1}^{n}\left(x_{ij}^{t} - x_{ij}^{0}\right)^2\right]^{\frac{1}{2}}, \quad t = 1, 2, \cdots, T \tag{4-12}$$

通过 d_t 计算出来的距离值，我们可以得到每个时间点上各个对象各个特征指标的权重值。

根据崔杰等（2008）所提到的确定权重的方法，聚类中每个时间点上的权重值为

$$w_t' = \frac{1}{1 + d_t}, \quad t = 1, 2, \cdots, T \tag{4-13}$$

通过归一化处理得到每个时间点上权重的时间系数 $w_t = w_t' \big/ \sum w_t'$，也可以得到 $\sum w_t = 1$。运用式（4-13）计算的聚类时间系数，若某理想点矩阵与各时间点下形成的截面数据矩阵距离越小，则权重越大。

4.5　矿业企业社会责任评价基本流程

基于代表性与可操作性等基本原则，对验证后的指标通过数据搜集、数据预处理、评语集划分、权重获取、隶属度矩阵建立、模糊综合评价和综合得分等过程对生态文明视角下矿业企业社会责任进行评价。其主要步骤如下。

1. 评语集划分

评语集是评价者对评价对象可能做出的各种评价结果所组成的集合，较为常用的有三等级和五等级。

根据生态文明视角下矿业企业社会责任进行评价的目的，将其履行状况划分为五个等级，建立集成模糊评价等级集 $V=\{V_1,V_2,V_3,V_4,V_5\}$。$V_1 \sim V_5$ 对应的履行状况分别为很强、较强、中等、较弱和很弱。

2. 权重获取

矿业企业社会责任评价体系权重的确定要分三步完成：主准则层权重的获取通过 ANP 实现；指标层和分准则层的局部权重则通过熵值法获得，二者的全局权重则通过与主准则层权重相乘得到；对于时间维度的权重则通过理想点矩阵获取。相应表示方法为主准则层权重为 $\boldsymbol{A}=(a_1, a_2, a_3)$；分准则层权重为 $\boldsymbol{A}_i=(a_{i1}, a_{i2}, \cdots,$

a_{in})，其中 i 为对应主准则层标号，n 为对应分准则层数目；指标层权重为 $\boldsymbol{A}_{ij}$=(a_{ij1}，a_{ij2}，…，a_{ijn})，其中 ij 为对应分准则层标号，n 为对应指标层数目；时间维度的权重为 $\boldsymbol{W}$=（w_1，w_2，…，w_n），其中 n 为样本所跨的时间长度。

3. 隶属度矩阵构建

隶属度矩阵构建有两种形式：主准则层的隶属度矩阵通过分准则层隶属度矩阵与对应权重合成而成；分准则层隶属度矩阵通过模糊 C-均值聚类算法对预处理后数据按照五类评语集自动确定各因素对每个等级的隶属度，由此构建单因素评价矩阵：

$$\boldsymbol{R}_{ij} = \begin{bmatrix} r_{ij11} & r_{ij12} & \cdots & r_{ij15} \\ r_{ij21} & r_{ij22} & \cdots & r_{ij25} \\ \vdots & \vdots & & \vdots \\ r_{ijn1} & r_{ijn2} & \cdots & r_{ijn5} \end{bmatrix}$$

其中，r_{ijtz} 每行和为 1；z 为对应分准则层的某个指标；t 为某项评语集。

4. 模糊综合评价

模糊综合评价即将隶属度矩阵和对应权重矩阵合成而成，本部分需要四层集成以得到矿业企业的社会责任履行现状。第一层模糊综合评价为分准则层集成，$\boldsymbol{B}_{ij} = \boldsymbol{A}_{ij} \bullet \boldsymbol{R}_{ij}$ ①；第二层模糊综合评价为主准则层集成，$\boldsymbol{R}_i$=（$\boldsymbol{B}_{i1}$，$\boldsymbol{B}_{i2}$，…，$\boldsymbol{B}_{it}$），对应权重为 $\boldsymbol{A}_i$，集成结果 $\boldsymbol{B}_i = \boldsymbol{A}_i \bullet \boldsymbol{R}_i$；第三层模糊综合评价与上一层类似，集成结果为 $\boldsymbol{B} = \boldsymbol{A} \bullet \boldsymbol{R}$；将前三步中得到的集成，按照年份权重进行集成运算，则可以得到混合的综合得分。

5. 综合得分

企业社会责任评价当前处于指数化阶段，因此有必要对矿业企业社会责任履行状况的很强、较强、中等、较弱和很弱状态，分别给予 9、7、5、3 和 1 的状态分数。得分分别以 $\boldsymbol{Z}$、$\boldsymbol{Z}_i$ 和 $\boldsymbol{Z}_{ij}$ 表示，由对应集成评价结果 $\boldsymbol{B}$、$\boldsymbol{B}_i$、$\boldsymbol{B}_{ij}$ 和 $[9,7,5,3,1]^{\mathrm{T}}$ 通过矩阵相乘得到。

若有色金属企业社会责任综合指数得分在 2 分以下说明其履行状况极差；在 $[2,4)$ 内说明其履行状况较差；在 $[4,6)$ 表明其履行状况一般；在 $[6,8)$ 则表明其履行状况较好；8 分以上则说明其履行状况极好。

① $\bullet$ 为模糊合成算子，实践中通常运用 $M(\bullet,\oplus)$ 。

4.6　矿业企业社会责任综合测度

4.6.1　样本选取与数据来源

从时间维度看，选取 2008~2013 年的样本数据，这主要是自 2008 年以来发布了《关于中央企业履行社会责任的指导意见》及《上海证券交易所上市公司环境信息披露指引》等一系列社会责任指引规范，要求企业主动践行社会责任，加之汶川地震和北京奥运会的发生，2008 年成为“社会责任的元年”；从对象维度看，以中国证券监督管理委员会（中国简称证监会）《2013 年 4 季度上市公司行业分类结果》中对矿业的划分为基础，在剔除 ST、PT 及 2007~2013 年进行重大重组和主营业务变更等异常企业后，本部分共遴选出 355 个样本，构成了非平衡面板（其中 2008 年 45 家、2009 年 49 家、2010 年 57 家、2011 年 62 家、2012 年 71 家、2013 年 71 家）①。

对于非常规财务指标采用如下处理方式：关于环保费用的支出，自 2008 年起，根据《财政部关于做好执行会计准则企业 2008 年年报工作的通知》的要求，高危行业的安全与维简费用需要单独列示，而矿业正隶属于高危行业。从而，为衡量环保安全投入提供了一个可比的指标，一定程度上弥补了环保安全信息缺失的不足；关于产量数据的获取，因资源税按产量增税，则可用其增长率替换产量增长率；关于社会捐款数据的获取，由于该数据属于利好数据，对于未在财务报告中披露的记 0。

本部分实证数据中上市公司数据来源于上市公司年报、企业社会责任报告和企业新闻及公告，以 2008~2013 年中国沪深上市矿业企业社会责任履行状况为研究对象，以上数据主要来源于以下三个渠道。

（1）在国泰安数据库（CSMAR）中以 2007 年 12 月 31 日至 2013 年 12 月 31 日为搜索区间，得到大多数财务指标的数据；

（2）在证券时报网社会责任频道、和讯财经、巨潮信息网等网站下载企业年报、企业社会责任报告（或可持续发展报告），采集关于产量、环保支出及捐款等方面的数据；

① 附录 1 列示了本书样本的分布情况。

（3）各上市矿业企业网站中关于社会责任建立的相关频道中披露的相关社会责任信息。

相关原始数据的统计描述如表 4-3 所示。

表4-3　原始数据描述性统计

变量	均值	标准差	最小值	最大值
产量增长率	0.092 4	0.189 0	−0.231 0	0.853 2
就业贡献率	0.044 5	0.112 4	−0.330 1	0.761 4
资产税费率	0.119 4	0.063 2	0.017 5	0.340 3
单位耗材创收比	2.352 8	1.663 1	0.381 8	13.044 1
环保投入比	0.041 8	0.037 9	0.001 3	0.149 7
环境信息翔实度	0.005 4	0.004 7	0.000 4	0.017 9
人力资本投入水平	0.003 6	0.002 8	0.000 3	0.014 9
全员劳动生产率	964 681.577 6	978 288.953 7	86 275.790 6	5 041 580.067 5
留存收益比	0.254 5	0.110 1	−0.078 1	0.554 0
每股净资产	5.180 6	2.766 6	1.110 0	13.931 4
每股收益	0.800 8	0.722 4	−0.840 0	2.990 0
资产负债率	0.429 2	0.159 8	0.020 2	0.734 1
速动比率	1.667 3	3.342 7	0.066 4	31.362 7
债务保障率	0.343 1	0.475 2	−0.280 0	4.570 0
社会捐款率	0.000 8	0.001 8	0.000 0	0.016 3
社会贡献增长率	0.152 0	0.330 0	−0.760 0	2.203 8
每股社会贡献值	3.461 2	2.679 7	0.116 4	17.916 4
应付账款周转率	11.622 1	12.364 6	1.536 4	77.305 1
现金与应付账款比率	3.561 5	5.123 0	0.061 0	30.523 2
样本量	355			

4.6.2　评估实施

1. 权重获取

由于主准则层权重的获取涉及问卷的收集与处理，本书编制了如附录 2 所示的问卷，对五位专家进行了问卷收集与整理[①]。

运用 ANP，通过 Super Decisions 2.0 软件，构建主准则层的层次图（图 4-4）。对于原始判别矩阵的不一致性分两种处理：主准则层内部由于比较对象仅两个，不存在一致性检验，故不处理；主准则层相对于目标层两两比较中的不一致性通过 Super Decisions 2.0 中的“Full Inconsistency Report”模块进行修正，以保证充分尊重专家原始意见基础上的一致性小于 0.1 的阈值。最终得到主准则层的全局权重（表 4-4）。

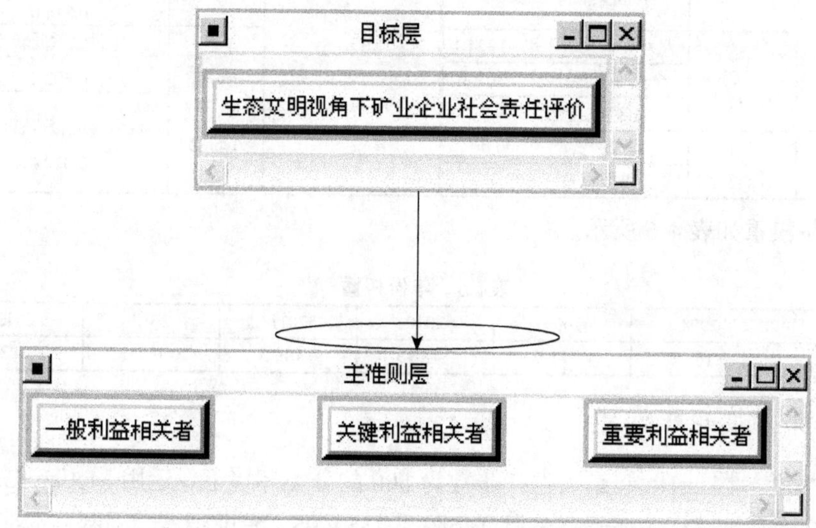

图 4-4　主准则层层次图

表4-4　主准则层权重

主准则层	全局权重
关键	0.573 6
重要	0.286 2
一般	0.140 2

运用熵值法，通过 Matlab R2011b 软件计算出相应分准则层和指标层的权重，关于时间权重的计算也采用 Matlab R2011b 进行，最终得到如表 4-5 所示的权重汇总表。

① 关于专家的来源同聚焦法操作中专家的来源。

表4-5 权重汇总

主准则层	分准则层	指标层	主准则层	分准则层	指标层
关键 0.573 6	环境 0.352 2	环保投入比 0.347 3	重要 0.286 2	债权人 0.445 1	资产负债率 0.367 5
		单位耗材创收比 0.289 2			速动比率 0.324 3
		环境信息翔实度 0.363 5			债务保障率 0.308 2
	政府 0.366 8	资产税费率 0.304 1	一般 0.140 2	社区 0.503 1	社会捐款率 0.281 2
		就业贡献率 0.333 6			社会贡献增长率 0.374 8
		产量增长率 0.362 3			每股社会贡献值 0.344 0
	员工 0.281 0	人力资本投入水平 0.324 1		合作伙伴 0.4969	应付账款周转率 0.502 2
		全员劳动生产率 0.302 8			现金与应付账款比率 0.310 6
		留存收益比 0.373 1			
重要 0.286 2	股东 0.554 9	每股净资产 0.500 0			
		每股收益 0.500 0			

年份权重如表 4-6 所示。

表4-6 年份权重

年份	2008	2009	2010	2011	2012	2013
权重	0.168 2	0.181 7	0.156 3	0.149 5	0.161 5	0.182 9

2. 隶属度矩阵构建

在精度参数 $\varepsilon=10^{-5}$、最大迭代步数为 500 的分类环境下，运用 Matlab R2011b 得到对应隶属矩阵。由于最终隶属度矩阵为 355×95，考虑到篇幅限制，本部分仅以爱使股份 2008 年关键利益相关者下的分准则层为例做介绍。

$$\boldsymbol{R}_{11}=\begin{bmatrix}0.0189 & 0.8433 & 0.1103 & 0.0184 & 0.0091\\0.0097 & 0.6050 & 0.2703 & 0.0762 & 0.0388\\0.0000 & 0.0000 & 0.0000 & 0.0000 & 1.0000\end{bmatrix}$$

$$\boldsymbol{R}_{12}=\begin{bmatrix}0.0065 & 0.0158 & 0.0458 & 0.5692 & 0.3627\\0.0008 & 0.0064 & 0.0394 & 0.9384 & 0.0150\\0.0001 & 0.0018 & 0.0087 & 0.9849 & 0.0047\end{bmatrix}$$

$$\boldsymbol{R}_{13}=\begin{bmatrix}0.0890 & 0.8170 & 0.0555 & 0.0237 & 0.0148\\0.0000 & 0.0001 & 0.0005 & 0.0046 & 0.9948\\0.0010 & 0.0021 & 0.0056 & 0.0279 & 0.9634\end{bmatrix}$$

3. 模糊综合测度

考虑到篇幅限制，本部分仅以爱使股份 2008 年的数据为例做三级模糊综合评价。

1）一级模糊综合测度

参照上面的权重矩阵与隶属度矩阵，运用 Matlab R2011b 可得一级综合测度结果。

以环境综合测度为例，可得如下结果：

$$\boldsymbol{B}_{11}=\boldsymbol{A}_{11}\bullet\boldsymbol{R}_{11}$$

$$=\left[0.3473,0.2892,0.3635\right]\bullet\begin{bmatrix}0.0189 & 0.8433 & 0.1103 & 0.0184 & 0.0091\\ 0.0097 & 0.6050 & 0.2703 & 0.0762 & 0.0388\\ 0.0000 & 0.0000 & 0.0000 & 0.0000 & 1.0000\end{bmatrix}$$

$$=\left[0.0094,0.4675,0.1164,0.0284,0.3784\right]$$

同理，可得其他分准则层的隶属度矩阵如下：

$$\boldsymbol{B}_{12}=\left[0.0023,0.0076,0.0302,0.8430,0.1170\right]$$

$$\boldsymbol{B}_{13}=\left[0.0292,0.2655,0.0202,0.0195,0.6656\right]$$

$$\boldsymbol{B}_{21}=\left[0.3733,0.0267,0.0094,0.0211,0.5695\right]$$

$$\boldsymbol{B}_{22}=\left[0.0012,0.0040,0.0280,0.4251,0.5417\right]$$

$$\boldsymbol{B}_{31}=\left[0.0009,0.0057,0.3788,0.1862,0.4283\right]$$

$$\boldsymbol{B}_{32}=\left[0.0006,0.0014,0.3181,0.3060,0.3740\right]$$

2）二级模糊综合测度

合并一级模糊综合测度结果，可得二级隶属度矩阵。计算方式同一级模糊综合测度，则有如下结果：

$$\boldsymbol{B}_{1}=\left[0.0121,0.2421,0.0575,0.3246,0.3631\right]$$

$$\boldsymbol{B}_{2}=\left[0.2075,0.0168,0.0175,0.2008,0.5570\right]$$

$$\boldsymbol{B}_{3}=\left[0.0010,0.0038,0.3519,0.2394,0.4040\right]$$

3）三级模糊综合测度

合并二级模糊综合测度结果，可得三级隶属度矩阵。计算方式同一级模糊综合测度，则有如下结果：

$$\boldsymbol{B}=\left[0.5736,0.2862,0.1402\right]\bullet\begin{bmatrix}0.0121 & 0.2421 & 0.0575 & 0.3246 & 0.3631\\ 0.2075 & 0.0168 & 0.0175 & 0.2008 & 0.5570\\ 0.0010 & 0.0038 & 0.3519 & 0.2394 & 0.4040\end{bmatrix}$$

$$=[0.0665,0.1442,0.0873,0.2772,0.4243]$$

4）综合得分计算

以各级模糊综合测度的结果，分别与$[9，7，5，3，1]^{\mathrm{T}}$做矩阵相乘，得到各得分准则层各项的综合得分为 4.402 2、2.870 3、2.946 7、4.226 6、1.995 8、2.929 3 和 2.897 3；主准则层各项的综合得分为 3.427 1、3.231 1 和 2.916 9；目标层综合

得分为 3.300 3。

限于篇幅，本部分仅列出样本企业均值差分（表 4-7）、层间样本 t 检验[①]（表 4-8）与样本企业得分分布（图 4-5）。

表4-7　样本企业均值差分

层级	维度	均值	差分值	层级	维度	均值	差分值
目标层	面板	3.876 6		重要	面板	4.425 7	
	2008 年	3.909 5			2008 年	4.836 0	
	2009 年	3.672 1	−0.237 4**		2009 年	4.015 6	−0.820 4***
	2010 年	3.882 7	0.210 6***		2010 年	4.281 4	0.265 8***
	2011 年	4.055 4	0.172 8**		2011 年	4.651 7	0.370 4***
	2012 年	3.964 6	−0.090 9*		2012 年	4.525 4	−0.126 4*
	2013 年	3.820 6	−0.143 9*		2013 年	4.306 8	−0.218 5**
关键	面板	3.779 8		一般	面板	3.150 6	
	2008 年	3.562 2			2008 年	3.444 4	
	2009 年	3.648 7	0.086 6		2009 年	3.064 2	−0.380 2***
	2010 年	3.802 1	0.153 4**		2010 年	3.392 7	0.328 5***
	2011 年	3.903 5	0.101 4		2011 年	3.460 2	0.067 5
	2012 年	3.902 4	−0.001 1		2012 年	3.072 1	−0.388 1***
	2013 年	3.881 6	−0.020 8		2013 年	2.575 5	−0.496 6***

*、**和***分别表示在显著性水平为 10%、5%和 1%下通过检验

表4-8　层间样本 t 检验

层级	维度	均值	层级	维度	均值	层级	维度	均值	层级	维度	均值
关键–重要	面板	−0.646 1***	重要–一般	面板	1.275 3***	政府–员工	面板	0.023 6	投资者–债权人	面板	1.189 8***
	2008 年	−1.273 9***		2008 年	1.391 6***		2008 年	1.110 4***		2008 年	1.195 1***
	2009 年	−0.366 9**		2009 年	0.951 4***		2009 年	0.776 2***		2009 年	0.238 5
	2010 年	−0.479 2**		2010 年	0.888 7***		2010 年	0.387 4		2010 年	0.560 5
	2011 年	−0.748 2***		2011 年	1.191 5***		2011 年	−0.142 4		2011 年	1.480 5***
	2012 年	−0.623 0***		2012 年	1.453 3***		2012 年	−0.754 4***		2012 年	1.629 0***
	2013 年	−0.425 3**		2013 年	1.731 3***		2013 年	−1.211 7***		2013 年	2.041 8***
关键–一般	面板	0.629 2***	政府–环境	面板	0.520 6**	环境–员工	面板	−0.497 0**	社区–供应商	面板	0.102 2
	2008 年	0.117 8		2008 年	1.149 1***		2008 年	−0.038 7		2008 年	0.940 1**
	2009 年	0.584 5**		2009 年	0.847 0**		2009 年	−0.070 8		2009 年	−0.114 1
	2010 年	0.409 4		2010 年	0.645 4**		2010 年	−0.258 0		2010 年	0.673 6*
	2011 年	0.443 3		2011 年	0.646 1**		2011 年	−0.788 6***		2011 年	0.437 5
	2012 年	0.830 3***		2012 年	0.387 0		2012 年	−1.141 5***		2012 年	−0.186 4
	2013 年	1.306 0***		2013 年	−0.473 2*		2013 年	−0.738 4**		2013 年	−0.961 3***

*、**和***分别表示在显著性水平为 10%、5%和 1%下通过检验

① 由于本部分所采用的样本数据是非平衡面板数据，因而除了在面板得分层采用配对样本 t 检验，其他层均采用独立样本 t 检验。其中，独立样本 t 检验均支持二者的方差无差异。

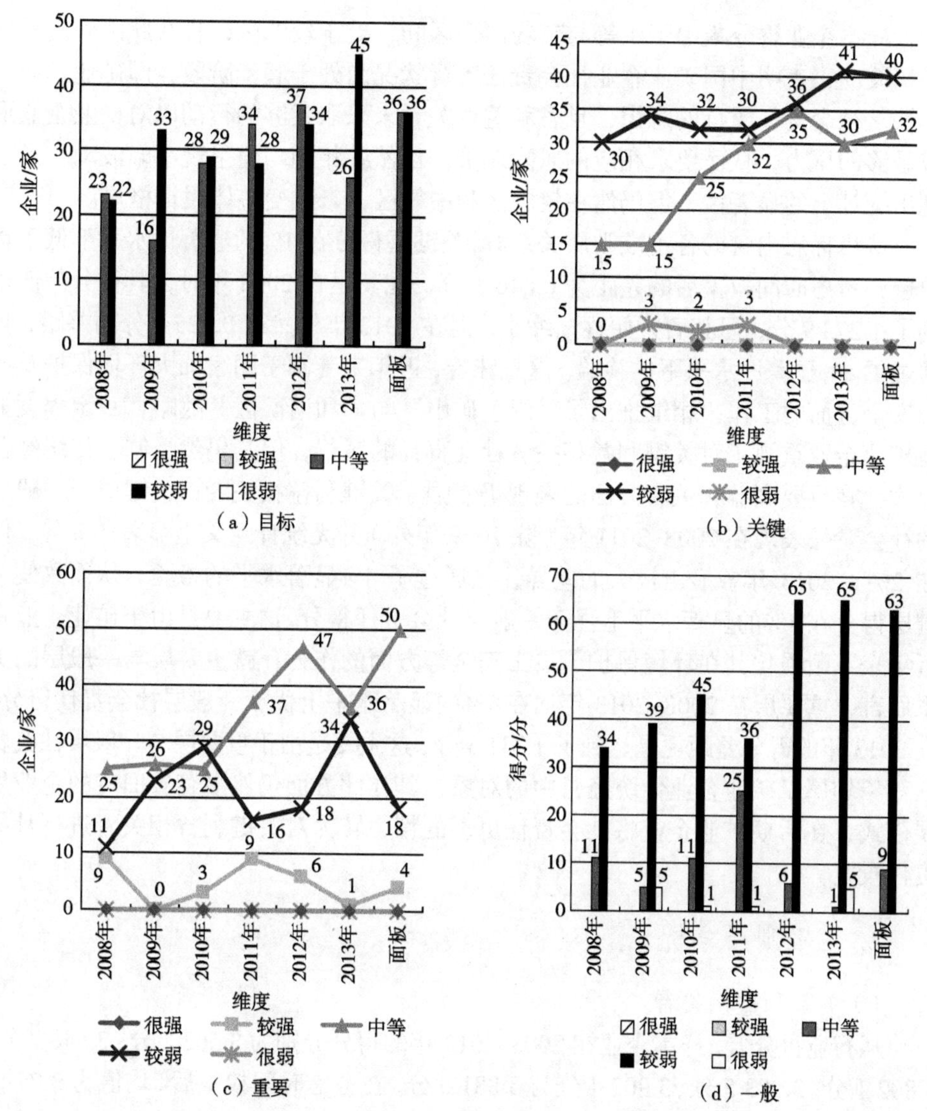

图 4-5　样本企业得分分布

4.6.3　结果分析

1. 目标层分析

从行业得分看，样本企业在 2008~2013 年的得分分别为 3.909 5 分、3.672 1 分、3.882 7 分、4.055 4 分、3.964 6 分与 3.820 6 分，在考虑时间权重后，均值为 3.877 6

分，样本企业得分集中于中等与较弱两个区间，处于较弱区，且在此区间内呈现小幅波动，表明中国矿业企业社会责任履行状况尚处于起步阶段，即矿业企业整体缺乏社会责任履行的意识，且各利益相关者未采取足够的行动以对矿业企业形成足够的压力，从而要求相应的风险对价。虽然各年间均值呈现小幅波动，且呈现出统计上的显著性，但仍然在较弱区和中等区，未改变整体履行格局。

从目标层内含的各主准则层关系看，关键层得分在1%的显著性水平下低于重要层，考虑时间权重后的差距为0.646 1分，尤其是在2008年时，其得分差值达到了1.273 9分，但其后开始逐渐缩小，但在2013年仍然有0.425 3分的差距，且通过了5%显著性水平下的检验。这意味着，近年来受制于国家加大环境保护及矿山安全方面的工作，相继推出了“绿色矿山”与“和谐矿区”战略，一定程度上使矿业企业重视了对关键利益相关者社会责任的履行，但其仍然受制于传统经营模式，在重要利益相关者方面的表现仍然强于关键利益相关者；关键层与一般层的社会责任表现在2008~2011年（除2009年外）并无统计意义上显著的差异，但在2012~2013年曾显出极大的差异，且通过了1%显著水平的检验，从而致使关键层得分在1%的显著水平上强于一般层社会责任得分，这主要是由于矿业企业在近年来不断强化其在环境保护、员工安全等方面的作为；就重要层与一般层的关系而言，重要层在2008~2013年均在1%的显著水平上优于一般层社会责任得分，在2013年的得分差距更是达到了1.731 3分，这主要是由于重要层与一般层社会责任对象均属于矿业企业传统经营中的对象，其在此方面仍然沿袭着旧有的企业发展模式，在后期矿业企业将社会责任更多的精力转为对关键利益相关者进行社会责任投资。

2. 主准则层分析

1）关键利益相关者

从行业得分看，样本企业在2008~2013年的得分分别为3.562 2分、3.648 7分、3.802 1分、3.903 5分、3.902 4分与3.881 6分，在考虑时间权重后，均值为3.779 8分，样本企业得分集中于较弱区，且在此区间内呈现小幅波动，表明中国矿业企业对关键利益相关者的社会责任履行状况尚处于起步阶段，即矿业企业整体未改变传统的企业发展模式，且各关键利益相关者未采取足够的行动以对矿业企业形成足够的压力，从而要求相应的风险对价。虽然各年间均值呈现小幅波动上升，但在2010年以后，各年的波动开始不具有统计意义上的显著性。

从关键利益相关者层内含的各分准则层关系看，政府层得分在5%的显著性水平下优于环境层社会责任得分，考虑时间权重后的差距为0.520 6分，尤其是在2008年时，其得分差值达到了1.149 1分，但其后开始逐渐缩小。这意味着，近年来受制于国家加大环境保护方面的工作，相继推出了“绿色矿山”与“和谐矿区”战略，一定程度上使矿业企业重视了对环境利益相关者社会责任的履行，但由于环境项缺乏天然的利益主体，其在社会责任方面的表现仍然劣于政府项；而这一原因更是导致环境方面社会责任在 5%显著水平下劣于员工项的主要原因，考虑时间权重后的差距为 0.497 0 分，但自从 2010 以来，二者的差距开始逐步放大，在 2012 年达到了 1.141 5 分，其中可能还由于员工的社会责任履行也是近年来矿业企业社会责任工作的重中之重。反观政府与员工社会责任表现的差异则呈现出极为有趣的现象：以 2010 年与 2011 年为分界线，前期政府项社会责任得分优于员工项，在 2008 年二者的差距更是达到了 1.110 4 分，且通过了 1%的显著水平检验，但其后二者的差距开始缩小，尤其是在 2011 年员工项社会责任的表现更是超过了政府项，在 2013 年二者的差距更是达到了 1.211 7 分，且通过了 1%的显著水平检验。

2）重要利益相关者

从行业得分看，样本企业在 2008~2013 年的得分分别为 4.836 0 分、4.015 6 分、4.281 4 分、4.651 7 分、4.525 4 分与 4.306 8 分，在考虑时间权重后，均值为 4.425 7 分，样本企业得分集中于中等区，且在此区间内呈现小幅波动，表明中国矿业企业对重要利益相关者的社会责任履行状况尚处于初级阶段，即矿业企业整体采取传统的企业发展模式，较为重视对投资者、债权人等传统利益相关者对象利益的保护。具体到各年份上，各年间得分均值在 4.5 分左右波动，波动幅度相对较大，但呈现出逐步递减的趋势，但各年波动值均通过了 10%显著水平下的检验。

从重要利益相关者层内含的各分准则层关系看，投资者层得分在 1%的显著性水平下优于债权人层社会责任得分，考虑时间权重后的差距为 1.189 8 分，其得分差距呈现波动上升的态势，在 2013 年更是达到了惊人的 2.041 8 分，而这一得分差距已经足够完成笔者划分五等级中的一个跨越。这主要是由于矿业企业近年来虽然社会责任意识有所加强，但其仍然沿袭着旧有企业发展的路径，将矿业企业视作投资者利益的代表，优先考虑到投资者的利益。这也从侧面进一步验证了本章提出的要在生态文明视角下强化矿业企业社会责任工作的科学性，从而保证矿业企业自身发展与利益相关者的和谐共荣。

3）一般利益相关者

从行业得分看，样本企业在 2008~2013 年的得分分别为 3.444 4 分、3.064 2 分、3.392 7 分、3.460 2 分、3.072 1 分与 2.575 5 分，在考虑时间权重后，均值为 3.150 6 分，样本企业得分集中于较弱区，且在此区间内呈现小幅波动，表明中国矿业企业对一般利益相关者的社会责任履行状况尚处于起步阶段，即矿业企业整体采取传统的企业发展模式，对于社区和合作伙伴利益的保护相对较为轻视。具体到各年份上，各年间得分均值在 3 分左右波动，波动幅度相对较大，但呈现出逐步恶化的趋势，且绝大多数年度得分差值波动均通过了 1%显著水平下的检验。

从一般利益相关者层内含的各分准则层关系看，社区层社会责任得分与合作伙伴社会责任得分并不具有统计意义上显著的差异，考虑时间权重后的差距为 0.102 2 分，其得分差距呈现较大幅度的波动态势，在 2008 年差异为 0.940 1 分，而在 2009 年下降为 0.114 1 分，但其后又逐步上升，在 2013 年又一次达到了 0.961 3 分。其中，值得注意的是社区项的社会责任得分相对于合作伙伴项社会责任得分呈现逐步恶化的倾向，这主要由于社区项下缺乏明确的利益主体，同时矿业企业将社会责任方面的工作重心开始转为对环境与员工的作为，而非简单地采取捐款形式。

第5章　生态文明视角下矿业企业社会责任影响因素分析

5.1　矿业企业社会责任动因探究

贾兴平和刘益（2014）提出，对企业来说，其履行社会责任的动因可以分为以下三种，即经济激励、合法性动机和利他主义。前面两种动因的理论依据主要是资源理论和制度理论，而第三种动因重点强调了企业伦理和企业家的道德素养。矿业企业作为企业的一种类型，其社会责任动因也可以从这三个方面进行分析。

1. 经济激励

经济激励的相关理论认为，企业可以通过履行社会责任来提高声望，塑造良好的品牌形象，最终达到优化财务表现的目的。这一动因又牵涉到企业是否应该承担企业社会责任的问题。关于应该承担社会责任与否的问题争论已久，自由市场经济学派在较早的时期提出了股东至上论，其主张创造更多的财富和最大化股东的利润是企业的唯一目的，而公益性社会投资会给企业带来不小的财政压力，进而降低企业的竞争优势，降低企业价值，因此低经济效率的社会责任项目是不应该让企业承担的，符合贾兴平和刘益（2014）的观点。而在后来，管理学和福利经济学提出了一种利益相关者理论，Freeman（2010）认为利益相关者是与企业的生产经营活动有关的所有个人或组织，包括员工、股东、债权人、供应商、消费者、环境、政府和社区等，各方利益相关者的合理需求都要考虑，以达到综合效益的最大化。从伦理学的“商业道德观”的角度来看，企业在作为一个追求利益的经济组织的同时也是一个社会组织，履行社会义务、增加社会财富并保证社会的可持续发展对企业来说也是一种责任。

经济激励一方面可以通过影响企业的效率而影响企业绩效。新制度经济学的交易成本理论认为，市场能够有效地配置社会上的稀缺资源，但市场交易的风险和费用无法忽视。面对存在的市场失灵现象，企业可以通过企业家来支配资源，进而节约交易成本。此外，企业的利益涉及员工、股东、债权人、供应商、消费者、政府和社区等多方利益相关者，这些利益相关者能够为企业提供发展资金和分担风险，而企业可以用股利和分红来回报利益相关者，维系二者的制度就成为平衡的重要力量。

另一方面，Peloza 和 Shang（2011）认为企业社会责任还能够提升企业的声誉，进而吸引投资者的资金，缓解融资压力。企业的行为和决策能够影响利益相关者对其的评价，这样累积的信誉资本可以影响企业的收益。作为一种异质性行为，企业在社会责任方面的投资很可能得到利益相关者的好评，进而提升企业声誉，带来更多的投资和利润，即企业社会责任的外部声誉效应。

从上述的分析中我们能够看出，履行并大力投资社会责任的企业倾向于比一般的企业拥有更好的声誉。下面以几类利益相关者为例：在顾客方面，企业的社会责任投资可以在顾客群体中建立较高的交易信誉资本，从而带来顾客满意度和忠诚度的提升，进而增加产品的销量；在投资者方面，龙文滨和宋献中（2013）指出企业的社会责任投资一方面可以降低信息不对称，从而缓解企业的融资约束，另一方面也可以保持与投资者群体的良好关系，进而实现扩充融资对象和降低融资成本的目的；在社区问题上，企业在社会责任上的投资往往带有一些规范性或是自愿性的意味，尽管其不能为企业带来直接收益，但良好的道德信誉资本会在社区重复接收后逐渐形成，尤其是发生风险事件时，这种资本往往能够起到重要的保险作用。

2. 合法性动机

合法性动机的相关理论提出，以制度环境压力为主的外部环境压力是企业行为受到的首要约束，企业对合法性和稀缺资源的需求是其遵从社会规范和履行社会责任的重要动力。就合法性来说，其核心包含目的、认知、价值、手段等多重因素。郝云宏（2002）提出群体利益或总体利益的最大化才是企业应当追求的目标，而非个人利益，所以在企业中制度的力量应当超越个人意志，起到决定性作用。在这种前提下，仅仅是追求个人利益最大化的“理性经济人”假设就不再起作用，制度理性而非个人理性才是最重要的假设。

郝云宏等（2012）指出从合法性的角度来看，制度环境可以划分以下三类，即规范环境、规制环境、认知环境。首先是规范环境。在行业不断发展过程中，一些惯例传统、职业标准等由于专业化而形成了成文的行为准则和规范（如

SA8000、ISO 质量认证标准等），这些准则和规范是限定企业行为的第一道屏障。其次是规制环境。政府政策、法律法规、业内某些专业权威组织制定的行为标准等是企业在社会责任问题上会面临的主要规制环境。最后是认知环境。人类和社会文明进化过程中所形成的文化共识和道德规范形成了企业所处的认知环境，这种认知环境能够影响人们对某种概念的理解和认识。

规制性、规范性和认知性这三种合法性是支撑构建制度环境的“三大支柱”，也是传递制度环境对企业行为作用的桥梁。第一，规制合法性支柱（regulative pillar）主要表现为以法律法规和政府政策为准绳，利用法律的权威和政府的压力来引导企业行为。例如，针对近年来中国市场屡见不鲜的食品安全问题，法律法规和政府对产品质量的监管就是最有效的解决手段。第二，规范合法性支柱（normative pillar）主要表现为经验法则、职业标准及教育体系等形式，是指将评估性、惯例性、适当性的内容引入社会准则中而形成的框架。解决食品安全问题的另一种方法，就是促使企业实行标准化运作，建立起完善的质量认证、环境认证和信息披露体系。第三，认知合法性支柱（cognitive pillar）是在行为者认知框架基础上产生的正常反应，这种共享的价值观能够统一企业成员的思想和价值判断，从而引导企业决策和行为。

3. 利他主义

利他主义理论代表者 Garriga 等（2004）指出，企业是否选择履行社会责任的决策会直接受到企业的内部伦理文化和企业家的个人道德素养的影响。这又涉及“企业公民”学派的主张，即作为社会中的一员，企业有义务不计任何经济成本地为社会贡献自己的一份力。钟宏武（2007）强调“企业是社会的企业”，并指出“企业公民”学派认为离开社会环境的企业是无法单独存在的，其生存与发展势必会受到外在制度环境因素的潜在影响，而在这个过程中，企业履行社会责任行为可以保持其与外部社会环境的和谐共存关系。但是“企业公民”学派的理论也存在着一些不足，如其没有划定合理的企业社会责任边界，也没有考虑到企业履行社会责任过程中可能产生的政治影响和需要的管理决策能力。正如沈洪涛等（2011）所言，倘若企业社会责任践行会降低企业价值，那么企业社会责任的可持续性将会丧失。

相较于利他主义动因，合法性动因研究者更加明确地指出，外部环境因素包括政府、社区、组织等对企业的社会责任决策和行为可能存在着一定的影响。事实上，依据制度理论，外部压力的存在会限制企业可选择的策略，而且为了保障其合法性，企业也必须对外部需求和社会期望做出相适应的回应。例如，当外部环境（如社区）较为推崇和关注企业社会责任时，企业可能会顾及自己的形象而采取一些行动，因此企业的捐赠慈善等行为未必以营利为目的（如树立良好企业形象或获取更多的资源），而仅仅为了满足周围环境的要求。Wang 和 Qian（2011）认为从某种程度上来说，企业的慈善捐赠行为能够减轻政府在财政上的压力，从而拉近政企关系，使企业获得政治合法性。合法性动机虽然给出了企业响应制度环境的一种解释，但经济性动机更加强调企业理性地通过成本收益分析来确定是否履行社会责任及对应的水平，因而更为贴近企业经营现状。虽然较多研究均表明中国企业社会责任是一种被动迎合政府的产物，但经过一段时间的发展，我们也没有理由排斥部分企业将其视作一种战略工具。

Davis 等（1971）提出由于经济性视角与合法性视角均强调了资源的重要性，更符合企业自身和利益相关者发展的联系，因而通常把这两种论证当做企业社会责任动力机制的主要解释理论，这对于矿业企业也是极其合适的。

5.2 矿业企业社会责任影响因素假说的提出

5.2.1 制度环境理论

1. 理论阐释

制度是学术界和社会生活中使用最频繁的概念之一，在不同的学术领域，对制度的定义也不尽相同。20 世纪 80 年代兴起的新制度学派在企业理论的研究中，逐渐形成了对制度新的解释。Williamson（1985）认为制度是一种系统，这种系统主要包含了企业组织以及市场机制，该系统的主要作用为配置资源。同时，Williamson 认为资源配置成本主要源于制度，高效率的资源配置制度将取代某些低效率的资源配置制度。随后 Williamson（1991）从法律、规范等角度进一步强化企业经营行为的决策所要考虑的环境背景。与 Williamson 所不同的是，North（1990）关注制度的角度为制度的相对范围，即制度使用过程中是相对宽泛的。North 认为制度是一种制约，是一种规则。这种制约或规则是被社会中个体普遍接受的，从而决定了社会大众之间的相互关系。North 将制度划分为正式制度和非正式制度这两个维度，正式制度包含各种法律法规，非正式制度包括了各种约定俗成、被社会大众普遍接受的社会传统等。后来 North 在原有的划分基础上进一步划分出一种正式和非正式制度的实施特征。自此，制度在 North 这里划分为三种维度。虽然 North 是从社会角度探讨制度的相关概念，但是 Powell（1996）认为 North 所提出的制度概念更适合企业战略管理的研究。新制度经济学的快速发展与应用使得 North 原有的制度划分已不能完全解释社会发展需要，Dacin 等（1994）从组织社会学的视角给出了更为广泛的制度内涵。Dacin 等认定的广泛制度含义包括了人的行为、思维模式、认知系统以及道德伦理等，这些宽泛的制度内涵使得相关的研究对象界定不够清晰，因而无法准确地度量研究变量，不利于实证研究进一步发展。由此而导致制度出现了一个较为综合性的概念，该定义是由 Scott 提出的。Scott（1995）认为："制度是由认知、规范和规章制度构成的，通过文化、结构和日常事务等多个层次为社会行为发挥稳定的作用，规制性要素、规范性要素和认知性要素共同构成了制度的三大基础要素。"随着时间发展，Scott 的这种划分方法逐渐得到了学术界的广泛认可与使用。Peng 和 Pleggenkuhle-Miles（2008）根据 North 和 Scott 两种不同的制度划分方法，提出一个综合模型对不同层次的制度因素提供较强的解释力，使得这两种制度划分方法相互融合。

最早研究企业战略的制度文献是 Lawrence 和 Lorsch（1968）。自此，制度环境作为重要的影响变量逐渐出现在研究者的论文中。但是，20 世纪 60 年代正是发达国家企业战略研究的高潮阶段，这一时期大多数研究者在分析企业战略问题时主要将制度环境作为一个背景，并在此基础上进行企业战略研究。由于金砖国家等新兴经济体的快速发展以及经济全球化的融合，用传统的企业战略理论重新解释发展中国家的企业战略行为出现不一致的结论，这就使得大量研究企业战略行为的学者将目光从发达国家企业研究转向发展中国家的企业战略行为研究。Hill（1995）对日本企业战略行为的研究发现，日本企业中的体制框架融入了日本本土文化，而这种文化倾向于高度合作以及非正式约束来达成共识。Dyer 和 Nobeoka（2000）对日本企业的研究也发现，非正式约束在日本企业战略行为中起了很大的作用，这种非正式约束能够有效地制约机会主义行为，丰田和本田正是受益于这种非正式约束，从而产生了较高的资产专用性与低交易成本。与日本企业的战略行为研究结论不同，部分学者对中国企业进行研究发现正式或非正式的市场制度对创业活动有很大的帮助，正如 Peng（2001）对中国企业行为研究指出的，正是正式或非正式的市场制度的支持才催生了一股新的创业浪潮。同样地，Busenitz 和 Lau（2001）对创办新企业的企业家群体研究结果表明，这些企业创业大都实行以制度为基础的战略观。Peng 和 Heath（1996）认为在发展中国家转型期间，非正式约束对经济的贡献大于正式制度。经济全球化中，大型跨国公司在不同国家寻找最优的利益最大化路径，但制度环境的显著差异使得这些公司的战略行为在新兴经济体体制转型中呈现动态变化，而不再是一成不变的企业经营行为。随着社会实践的发展，企业理论在制度环境方面的实证研究逐渐增多，这些理论或多或少地使用在企业的跨国竞争、多元化经营以及企业创新等方面。由于企业研究对不同国家的制度环境关注越来越多，制度环境不再简单地作为一种背景，而是直接影响企业战略和企业行为的一个重要因素。

2. 理论启示

企业的生存经营离不开其所处的环境，而这在中国表现得尤为明显。中国作为典型的转轨国家和新兴市场国家，制度环境主要表现在政府对企业的影响之上。众多的研究均指出相较于发达国家，发展中国家（如中国等面临经济转型的国家）存在强政府干预的国情，这样就导致了在顶层设计下做具体执行时，下一级政府或地方政府在执行过程中拥有较大的权重，从而干预地方经济。正如王永进和盛丹（2012）所言，对于转型国家而言，地方执法过程的有效性比法律体系的完善更为重要。同时，地方政府掌握着重要资源的分配，事实上无论是国有企业还是非国有企业都需要争取这些资源。地方政府掌握着重要的经济资源，这就为地方政府干预企业经营行为提供条件，因此才会出现在地方政府财政出现危机时转嫁到企业的现象。政府作为服务公众的机构存在，提供基础设施以及必要的社会服务，需要一定的资金，尤其是当政府为实现某些社会目标而缺乏足够有效的资金时，地方政府往往将目标转向企业，这是必然选择。当然，企业的性质不同，政府面临的选择也不同。国有企业由于其与政府联系的天然性而成为首选，较多的学者研究指出国有企业承担较多的社会任务，虽然国有企业存在主动或者被动参与社会任务的事实存在。由于承担了较多的社会任务，相较于民营企业，国有企业对投资机会的敏感性较低。同时，国有企业不仅要以利润最大化为目标导向，还需要进一步考虑社会目标。基于上述事实，国有企业的这些特质决定了其自身更易受控于政府。不同于民营企业，国有企业需要基于企业社会责任不断调整因政府需求变化而变化的企业社会责任模式。

政府和企业之间存在着信息不对称，由于信息的失真，国有企业在面临政府相关的要求或任务时会打折扣，而政府对企业的利益补偿则可以看做政府应对国有企业消极怠工的措施，这种重复博弈通过国有企业和政府的利益纽带不断深化。大量的研究文献均表明国有企业享有政府给予在产品市场和要素市场的政策优待。例如，侯青川等（2015）指出由于政府在国有企业中占据一定的比例，其更有动机和能力将国有企业纳入其增长函数中，同时在晋升锦标赛的竞争中地方政府优先偏重基础设施建设，使本就在该领域占据主导地位的国有企业获取了更多土地、资本等垄断性要素的支撑，甚至直接对其给予垄断地位。同时由于国有企业承担了较多的政策性负担及有比较严重的预算软约束问题的存在，政府往往会基于社会稳定、互惠互利或维持其竞争力的考量，对国有企业提供众多的政策优待，甚至直接给予补贴。姜付秀等（2014）的研究更是表明这种优待甚至会覆盖到管理层，国有企业在承担社会目标的过程中，其管理层会得到在职消费及政治晋升的回报，以激励其更好地经营企业。由于国有企业承担了较多政府的社会工作任务，政府也在一定程度上干预国有企业经营，因此，政府给予国有企业一定的优惠政策存在着一种“肥水不流外人田”的现象，这为加深国有企业和政府合作提供帮助。

不同于国有企业，民营企业的公司治理结构使得其在面临政府干预时选择规避，这样不仅缓解代理问题，更在一定程度上克服部分管理层企业社会责任的过激行为，尤其是在慈善捐赠方面。侯青川等（2015）的研究指出民营企业由于保证了管理层与大股东利益的一致性，从而可以有效地降低第一类代理成本。虽然，大股东与小股东之间的冲突仍然存在，但是由于大股东在上市公司拥有现金流权，从而提高了掠夺的成本，可以一定程度上保证二者之间利益的重合。因此，本书可以认为基于大股东和小股东之间利益的相对一致性，民营企业更多地将企业社会责任作为一种战略投资，而非国有企业的社会任务，通过选取更为贴切的组合，即在首要利益相关者上更为着力。

在企业社会责任领域，基于寻租视角的相关研究均指出中国的企业社会责任报告与信息披露，可以将其视作企业的政治寻租行为。李四海等（2015）的研究就为慈善捐赠的寻租行为提供了直接的经验证据支撑，而随着制度环境的不断优化，政府干预企业的空间会不断压缩，从而会调整企业社会责任价值模式。强舆论监督和强社会期望使得企业急需优化利益相关者模式，这在高市场化水平时更易为社会大众关注。周中胜等（2012）的研究表明，在要素市场越发达的地区，企业社会责任履行状况越好，因而外部环境的约束对于企业社会责任履行至关重要。反观，处于偏远地区的企业，企业降低对部分利益相关者的投资可能是由于该地区较低的市场化水平和较低的监管者压力等，因为其并不构成企业高价值的重要参数。然而地方政府财政能力有限，不足以应付其负担，致使其向企业进行摊派。唐跃军等（2014）的研究就发现在偏远地区，企业迫于政府压力而被动进行慈善捐赠以“购买”稳定的制度环境，且政府具有较强的动机和能力促其达成。因而，可以认为在这些地区企业成功的背后需要将回馈社区等视作企业社会责任价值模式的重要组成部分。

5.2.2　外部制度环境

Davis 等（1971）指出就经济学来说，制度是对各经济单位之间合作或竞争方式的一种安排，也是规范市场交易活动的一系列行为准则，既包括正式行为准则，如成文的法律法规、企业规章等，也包括非正式的行为准则，如价值观和意识形态等。制度能够影响企业对其策略的选择，因为企业所处制度环境的不同能使其进行某种决策的后果不同，从而影响企业的战略选择和偏好。企业行为选择和其所处制度环境往往是内生的，即二者会互相影响，联系紧密。中国目前处在转轨经济的阶段，市场制度环境还不完善，具体表现为要素市场还不发达、政府对经济的干预还较多，以及法律环境还不完善等。因此，要分析这样条件下的中国企业行为，就必须要先对中国市场的制度环境进行分析。

近些年来，关于企业为何要履行社会责任的研究已经比较丰富，其主要观点大致可以分为以下两种：第一种观点是“工具性观点”，代表理论有股东价值最大化理论、竞争优势理论、事业关联营销理论等，Jones（1995）主张企业出于营利性的目的才会去承担社会责任和关注利益相关者的相关需求，即企业把承担社会责任当做提升财务业绩表现的一种工具；第二种观点是“规范性观点”，代表理论有公司立宪主义、综合性社会契约理论、企业责任伦理理论等①，其主张履行社会责任不仅仅是提升企业效益的一种工具，而且是企业所处制度环境下的被动要求和企业长远发展的需求。但无论是两种观点中的哪一种，它们都强调了制度环境在企业社会责任履行过程中的重要作用，下面分政府、法律和要素市场三个方面来具体讨论。

1. 政府对经济的干预程度

在目前的转轨经济背景下，中国市场面临的一个主要制度环境问题就是政府对经济的过度干预，主要表现为大量要素资源的分配权还掌握在政府的手中而非让市场高效率调配。这种现象存在的后果就是大量的公共资源无法得到最有效率的利用，从而产生很多未经厘定的公共领域，导致寻租行为的产生，浪费了大量的社会资源，最终降低了社会的总体福利。除此之外，政府对经济的干预程度在中国随着地域的不同存在差异，根据世界银行（2006）的调查报告，政府效率和政府对经济的干预程度在中国120个不同城市之间存在着较大的差异。

万华林和陈信元（2010）认为履行企业社会责任的程度会很大程度上受到政府对经济的干预程度的影响。首先，政府干预经济的程度越高，政府官员就有越大的空间来进行创租和寻租，这样企业就越倾向于进行寻租活动，导致大量的资源被配置到非生产性的领域，大大增加了非生产性支出，浪费了社会资源，最终企业的社会责任支出由于产生的转移效应与挤出效应而大大削弱，总体社会责任

① 责任伦理理论认为负责任的企业不能只具有消极被动的责任意识，更应当具有“预防性的责任”或“前瞻性的责任”意识，以避免灾难性的后果。企业社会责任的履行也是企业责任伦理的一种体现，企业在社会责任履行方面如果缺乏前瞻性的远见，就可能由于社会责任履行不当引发严重后果。

水平降低。赫尔曼等（2002）曾对跨越 25 个转轨国家的 3 000 家企业进行调查，其调查结果显示政府干预程度的高低会直接影响到政府官员受企业的行贿数额。其次，政府对经济干预越多就会导致企业的资源支出越高，如更高的税务压力和更高的社会职能指标压力（如就业量），这样就间接地损害了企业的利益，也挤出了企业在社会责任方面的资金投入。最后，政府对经济的干预越多，也就意味着对生产要素和稀缺资源的分配权越大，那么企业就越没有动机去履行社会责任来向利益相关者传递优良的信号，从而降低履行企业社会责任的水平。根据以上三点分析，本书提出如下假说。

研究假说 1a：在政府对经济的干预程度越低的地区，矿业企业履行社会责任的可能性越大。

2. 法律环境

法律制度是当代市场经济的重要基础，其作用主要体现在以下两个方面：一方面可以起到对政府的约束作用，提高政府行为和政策的公信度，也能使经济人得到更高更稳定的预期；另一方面是对经济人行为的约束作用，这能够保证市场中交易双方会约束利己的行为和降低违约的风险，保证交易的正常进行。从逻辑先后顺序来说，法治可以分为立法和执法司法这两个方面。在当前的中国，法律制度的不完善和不规范现象仍然存在，以保护私有财产的法律为例，自古以来中国的法律是为了加强对社会的控制而非保护个人财产，因此产权尤其是民营企业的产权受到的保护明显不足，长期以来中国都没有明确界定和保护产权的法律。除此之外，法律的完善性和规范性在不同地区也存在着较大的差异，从之前提到的世界银行（2006）对中国各个城市的投资环境调查的报告中，就能看出产权保护情况在 120 个城市之间存在着较明显的差异。

这种法律环境的不完善与不平衡也会在一定程度上影响到企业社会责任履行水平。企业社会责任的履行包括被动和主动两个方面：一方面是基于法律法规的被动要求，如安全生产、遵守商业道德、保护劳动者合法权益等；而另一方面则是企业从维护社会可持续发展和提升自身竞争优势等角度出发所进行的主动之举。若是某地区法律制度不完善，关于履行企业社会责任的相关条例（如消费者权益保护法）不健全，那么企业需要被迫履行的社会责任底线就偏低，这肯定会降低社会责任的平均水平。所以有一些发达国家的跨国公司在其本国社会责任履行得很好，但来到中国之后社会责任水平却明显降低，这也是因为一些发达国家已经把履行社会责任加入法律规章之中了。以美国为例，其 30 个州的公司法中都加入了社会责任的相关内容，包括强制型、授权型和有效推定型等类型的条例，要求企业要对包括股东在内的各方利益相关者负责，明确股东并非企业唯一服务对象。其中颁布的一些法案诸如《联邦水污染控制法案》《社区责任和了解权利法案》等都为企业社会责任的具体行动提供了指导。20 世纪 90 年代以来，日本政府也陆续颁布了《节能法》《环境基本法》《再循环法》等一系列环保法案。除了立法这一方面，执法和司法环节也能体现法律环境的优劣。在中国，尽管包括《中华人民共和国妇女权益保障法》《中华人民共和国消费者权益保护法》《中华人民共和国劳动法》《中华人民共和国环境保护法》《中华人民共和国公益事业捐赠法》等法律法规在内的法律条文中都涉及了企业社会责任的相关概念，但是这些法律的执法和司法过程中的不严格不规范现象也大大削弱了其效力，使得履行社会责任的监督弱化。中国一些涉及企业社会责任的法律法规，如《中华人民共和国消费者权益保护法》《中华人民共和国产品质量法》等相关条款比较笼统不够具体，而且奖惩措施的操作空间过大，就导致很多不合适的案例结果的出现，部分人的利益没有得到很好的保护，这样也就削弱了企业社会责任履行的动力。而且，这样的法律环境还可能导致“劣币驱逐良币”现象，即履行社会责任的合法企业得不到其应有的声誉和利益，那么不履行社会责任的行为就反而受到鼓励，行业的整体社会责任水平也就随之下降。基于此，本书提出以下假说。

研究假说 1b：在法律环境越好的地区，矿业企业履行社会责任的可能性越大。

3. 要素市场

随着产业经济学的发展，一些学者开始关注企业的竞争优势和社会责任履行之间的关联，并提出二者之间的相互影响不可忽视。总体来看，企业履行社会责任的行动能为其提供内部和外部两个方面的优势。就内部优势而言，通过履行社会责任，可以促进企业开发新的能源和能力，如传播知识和企业文化等，这是企业内部效益的来源。而外部优势则主要来自企业的组织声誉，履行企业社会责任可以向利益相关者传递优良的信息，塑造关注社会和勇于承担责任的良好形象，从而提升其声誉，并获得有效的竞争优势。但如果企业想以履行社会责任来获取竞争优势，那必须要满足一个前提，即要素市场足够发达。试想一下，假如要素市场比较落后，一方面，由于信息传递的速度和质量都不能得到保障，企业就无法有效地传播履行社会责任的正面信息，也就无法获得持续的竞争优势。而且在这样的市场前提下，企业可以通过非市场配置的方式来获得要素资源，研究表明，企业在有较强政治关联的情况下能更快更容易地获得银行的贷款资金，银行发放给国有工业企业的贷款也比三资工业企业的更多更久。另一方面，在要素市场比较落后的情况下，企业往往会选择通过其他手段来获得长期的竞争优势。例如，在劳动力市场上，劳动力市场在城乡之间的不均衡导致买方市场局面和以企业为主导的劳资关系的形成，最终导致职工的合法权益没有得到充分的保障，企业并未很好地履行在员工方面的社会责任。不过值得注意的是，随着中国东部沿海城市劳动力紧缺的出现，企业对职工的权益保护问题也越来越关注。在中国的金融市场，由于其市场化改革还在进行中，信贷资源配置中更多的是靠企业社会责任信息以外的信息，这样企业主动履行社会责任的动力也会大打折扣。

因此，在一个要素市场不够发达的环境中，企业的竞争优势并不一定会受到其社会责任履行程度的影响。但在要素市场足够发达的前提下，市场则是企业获取各种要素和资源，如劳动力和资金的主要途径。从信息的角度来说，其不完全性和不对称性，会导致卖方处于信息的优势一方。此时，企业履行社会责任的行为就可以传递差异化的“信号策略”，继而以一种更贴近利益相关者的信息传递方式，来塑造企业的良好声誉，并在后续的投入中使利益相关者树立信心。Pharoah（2003）认为在企业声誉的不断优化中，企业能够获得消费者的信任、提升财务绩效、占据战略主动地位、得到更多的优秀人才、优化政企关系和减少法律纠纷等，从而获取持续的竞争优势。基于上述分析，本书提出如下假说。

研究假说 1c：在要素市场越发达的地区，矿业企业履行社会责任的可能性越大。

5.2.3　公司治理理论

1. 理论阐释

资本主义经济的发展带来现代企业制度的不断更新和进步，所有权和经营权的分离曾是企业制度中最伟大的发明——因为它实现了企业获取充足资金和将企业交由有经验的经理人打理以促进企业良性发展的目标，减轻了企业投资者经营管理的压力，也使得有管理才能的人“物尽其用”。然而，现实经营活动中出现的代理问题让人们意识到，这种制度安排并不是完美的，主要表现在经营者的约束与经营者激励之间的矛盾。亚当·斯密在《国富论》中认为，对于钱财的处理，董事和合伙人都有自己的想法与行为，主要表现在股份公司董事的社会性强于私人合伙公司的合伙人，合伙人更乐于为自身私利最大化考虑。传统的企业研究以及不断发展的企业社会责任在某种程度上都没有为公司治理提供一个明晰的定义。不过学者费方域（1996）还是在梳理前人学者研究企业理论的基础上，较为客观地综述了不同学者关于公司治理的相关定义。现阶段，公司治理定义得到广泛认可的观点是“公司治理是一种对公司包括剩余索取权和控制权进行安排的机制”，这也构成了对公司治理本质的表述。公司治理结构主要从狭义和广义两个方面来论述，狭义的公司治理结构主要是指企业或公司的制度安排，这种制度安排涉及董事会的功能、结构以及股东权利等；广义的公司治理结构主要是如何分配公司剩余控制权和剩余索取权，这种分配主要是在法律、文化以及制度等框架内进行的，从本质上看，广义的公司治理结构与企业所有权安排类似。

资本主义经济的不断发展带来企业效率的迅速提升，顺应这一趋势，企业的管理模式由单一的资本控制和管理逐渐转向股份制。股份制实现了企业所有权和经营权（亦作控制权）的分离，曾一度为企业创造了效率和财富，但后来却在一定程度上给企业造成了麻烦，因为他们似乎很难找到一个合适的途径向股东交代——股东并不控制企业，也并不了解为他们管理企业的经理人拿着他们的钱在做什么。在这样的背景下，Hart（1995）提出一种公司治理的分析框架，具体来说，任何组织机构包括企业都会有相应的代理问题和因代理问题成本太高对企业契约设置造成障碍的公司治理问题。现代企业制度发展到现在，实际上还是在遵循传统的公司治理机制。股东作为企业的出资人，为了实现其利润最大化的终极控制目标，会设计一套复杂的、利益相关者之间的约束机制来规避代理问题。Hart 给出的具体做法包括划分机构权责，选举董事会、监事会以及相应的经理人，这些利益相关者处于相互约束的关系网中。在这样的公司治理模式中，股东地位高于一切，他们拥有绝对的决策权，可以对资产进行任意控制，确定受益者范围。而股东权力最突出的体现则是“董事会和监事会是由股东大会产生”。董事会是股东决策的执行者，董事会选择的经理人亦对股东负责；监事会负责对经理人进行监督，确保他们“拿股东的钱做了该做的事情”。这种“三会结构”很明确地确立了股东地位的至上性，整个体系都是为了股东利益最大化而运转的。至此，我们可以得出清晰的结论，即公司治理就是遵循股东利益最大化的原则建立公司然后付诸实践。

2. 理论启示

在企业承担社会责任的讨论中，利益相关者必然是绕不开的话题。当前，对公司治理模式要将利益相关者放置在什么样的位置才能实现企业社会责任履行目标的争论中，出现了比较统一的意见，即共同治理，也叫多边治理模式。这个模式将利益相关者纳入公司治理结构，利益相关者群体和股东选出的董事会与董事会任命的经理人一同左右公司战略。这个模式有其合理性，但也给企业带来了困境，最突出的问题就是不断增加的公司治理主体与不断减少的公司治理客体之间，究竟实施何种模式实现公司治理？这个问题困扰着公司治理模式的研究者，他们坚信这种模式会扭曲公司治理结构，并使其失效。

所以，利益相关者从广义上来看并不应该被划为公司治理的主体而进入公司治理结构，他们是公司的利益主体而非治理主体，这个概念不做澄清，就会造成公司治理的混乱。企业作为社会经济主体的重要一环，从本质上来讲，企业作为经济利益的聚焦点，在考虑股东利益最大化的同时还需广泛考虑企业的管理层。

这种企业的管理层主要通过设置合适的组织，为企业架构一张包含利益相关者的社会关系网，进而实现企业或公司运营（图 5-1）①。

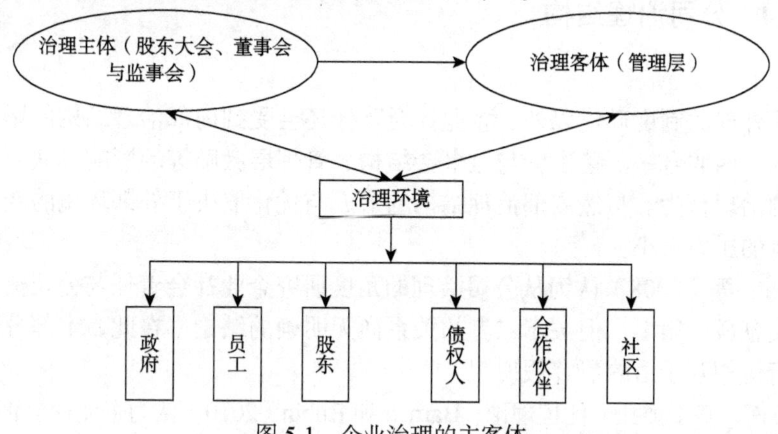

图 5-1　企业治理的主客体

公司治理和利益相关者管理可以分属于企业社会责任的两个不同阶段：公司治理作为企业社会责任的决策过程，该过程中要决定对哪些包含非股东在内的利益相关者负责；利益相关者管理是企业社会责任的执行过程，讨论对要负责的利益相关者怎么负责，负责的程度又是怎样的。本书认为虽然股东、董事会和监事会作为公司治理的主体，但是股东比董事会以及监事会更具代表性。因此，本书将股东作为公司治理的核心主体。由于利益相关者在公司治理中处于错综复杂的关系网中，不断变化的利益相关者地位难以把握，因此，作为相对变化的利益相关者不是以公司治理主体的身份参与公司决策，而是公司决策的利益攸关方，是作为利益主体需要纳入公司战略的考量范围的。如前所述，股东在公司治理中更具有代表性，但并不意味着不分析董事会与经理层之间的关系。通常而言，董事会是公司治理的主体，经理层则作为公司治理的执行主体。董事会作为公司治理的主体，对经理层实施自己的职责时，经理层就处于被治理的地位，即公司治理的客体。所以作为经理层，它同时拥有执行主体和治理客体的双重身份。再考虑股东和董事会的关系，当股东作为公司治理的核心主体时，对董事会实施治理，董事会就处于被治理地位，即公司治理的客体。董事会同时也具有执行主体和治理客体的双重角色。从治理层面看，具体的公司治理主体包括两个层面：一个是个体层面，该个体层面则包括了股东、董事会和监事会；另一个则是与之对应形成的股东大会、董事会与监事会等治理机构。

① 需要指出的是由于中国企业治理模式并不健全，企业治理中大股东起决定性作用，因而在治理环境中加入的股东项主要是指中小股东。

5.2.4　公司治理结构

除了外部的制度环境以外，企业社会责任还会受到内部治理结构的影响，如股权结构、两职合一、董事会与监事会结构、管理层激励等的影响，从而影响治理主体的治理行为。当然内部治理结构的形成与优化取决于外部环境的变化及利益相关者的压力大小。

Jamali 等（2008）认为从公司治理的角度研究企业社会责任与公司治理之间的相关文献虽然很多，但关于二者的关系尚无明确的结论。在此，本部分仅列出两种并行但相互矛盾的研究假说。

一方面，基于委托-代理理论，Barnea 和 Rubin（2010）认为企业社会责任行为本质上属于委托-代理问题，因而相关联的内部管理层有更大的倾向进行过度投资，即使该行为会损害股东的利益，只要此种行为有利于提高其声誉，或为其带来更多的利益，这种行为便是可行的。还有，Bertrand 和 Mullainathan（2003）认为当管理层受监督力度较弱或被收购压力较小时，管理者的行为更可能是有利于其享受的，同时亦是不合规的，而这种行为将带来极其严重的后果，此种结果更可能因过度自信的管理层而放大。Goel 和 Thakor（2008）提出了一个关于委托-代理理论的分析框架：如果过度自信的管理层倾向于进行过度投资以便于其获取良好的声誉或享受，则完善的企业治理结构将会倾向于约束管理层的行为，从而会减少管理层进行企业社会责任过度投资的激励及机会。

另一方面，利益相关者理论表明企业进行社会责任行为不仅仅因为其为了满足法律规章的要求或是赢得比较优势，更多的是基于一种社会需要和价值观满足。Freeman（1984）认为，作为企业实现其价值目标的基本保障，利益相关者管理能力是一种管理层对利益相关者与企业运作关系的认知能力；Wood（1991）则认为，要求管理层去尽量满足社会的期望，来进行体现道德素养的经营活动也符合管理自由裁量权原则；Donaldson 和 Preston（1995）认为利益相关者理论中描述性、工具性且规范性的方面要求企业在实现传统企业盈利与增长目标的基础上，更需要对利益相关者的相关要求进行回应；与之类似的是，在工具性、规范性和描述性这三个维度的基础上，Freeman（1984）创新性地加入了第四个维度，即关乎企业生存这一维度。因此，利益相关者理论认为，企业履行社会责任来满足对利益相关者的道德、伦理与社会责任也是为了实现企业的更好更快发展增长，这也正是本书所主张的。Gompers 等（2010）认为良好的企业治理结构有助于提升企业价值，Aguilera 等（2007）认为企业社会责任能够很好地优化企业的声誉，同时能使其与关键利益相关者之间的关系更加和谐。在企业治理结构比较完善的前提下，若管理层可以通过履行企业社会责任来缓解与利益相关者之间的冲突，那么这种企业治理结构就能对企业社会责任履行水平产生正向的影响。

基于此，本书提出如下假说。

研究假说 2a：基于过度投资假说，矿业企业治理结构会对矿业企业社会责任产生负向的影响；

研究假说 2b：基于冲突解决假说，矿业企业治理结构会对矿业企业社会责任产生正向的影响。

5.2.5　公司内部特征

1. 冗余资源

冗余资源是指企业存在的可用于自由履行社会责任的闲散资源。冗余资源并非一定会用于社会责任活动，而往往是其中自由处理度和灵活性最高的现金（即流动资金）或现金流（如自由现金流）才会被用于履行企业社会责任。一般而言，企业的资源可被划分为两种类型，即正在使用和闲置状态中的，其中后者又可被称为冗余资源。作为企业经营的结果，其本身也是企业管理中的重要对象，能够对企业表现产生较为重要的影响。组织理论认为，虽然冗余资源的存在使得企业的成本增加了，但其缓冲作用能够使得企业可以从容面对市场环境的变化，保证企业绩效的稳定。Chatterjee 和 Wernerfelt（1991）在之前的研究中把冗余资源分为有形资源（机器等）、无形资源（专利和商标）和财务资源（利润、现金流等）这三类。一般来说，企业的资源越丰富就意味着其履行企业社会责任的能力越强。

影响企业社会责任的冗余资源主要包括会计收益及可支配的现金流量，相关研究也提供了一定程度上的支撑。税前利润是履行企业社会责任的最主要决定因素，Boatsman 和 Gupta（1996）、Leclair 和 Gordon（2000）及 Carroll 和 Joulfaian（2005）的结论与之也比较类似。Useem（1988）研究企业社会责任行为的市场驱动因素时，发现企业社会责任资金与其净收入呈正相关。Zhang 等（2010）发现，企业的收益率越高，其社会责任行为也就越显著。Crampton 和 Patten（2008）的相关研究也发现企业社会责任和收益率存在着显著正相关。尽管有一些研究差异，部分研究认为公司的社会责任支出额并不随利润变化。还有一些以 Campbell（2007）的理论为分析框架的研究发现企业利润资源与企业社会责任并无明显关联；中国学者大部分以现金等价物来进行衡量，许婷（2008）及朱迎春（2010）在研究企业社会责任影响因素时也发现了企业社会责任与现金流正相关的现象。国内外大部分研究的实证检验都能证实，冗余资源与企业社会责任之间存在正相关关系。

综上所述，本书提出如下假说。

研究假说 3a：矿业企业冗余资源越多，矿业企业社会责任履行状况越好。

2. 企业规模

许多文献都强调了企业规模在企业社会责任支出上的作用。Useem（1988）曾提出影响企业社会责任最重要的因素就是企业规模。Orlitzky 和 Benjamin（2001）认为企业规模与社会责任的关系较为复杂，公司规模较大意味着，企业社会责任可能存在着规模经济效应，可能拥有更多的资源或者可能处于成熟的生命周期阶段。作为影响企业社会责任和财务绩效的关键因素，企业规模在大部分的研究模型中都会予以控制。而且规模较大的公司往往能够吸引利益相关者更多的关注，其受到的社会责任压力也就更大。在综合比较二者关系研究的文献之后，我们发现大部分的研究都证明二者之间存在着正相关的关系，即规模越大的公司越受关注，会受到越多的社会监督，履行企业社会责任的程度也就越高；国内研究中山立威等（2008）及陈宏辉和王鹏飞（2010）实证结果都表明，企业规模与企业的捐赠数额存在相关性。

当然，企业规模与社会责任的关系也有例外。Udayasankar（2008）认为，企业社会责任与规模呈现倒 U 形关系，原因是规模偏大的公司会因为受到的关注较多而承担较多企业社会责任，而规模较小的企业则是出于声望和资源获取障碍的考虑去采取社会责任行为。相对于国有企业，中国的民营企业大多数规模较小，因而为了提高可见性，其可能在社会责任的表现上更为优秀。

尽管研究结论各异，但较大部分的研究结果表明企业规模越大，其在社会责任方面的表现越佳。由此，综合上述分析，本书提出如下假说。

研究假说 3b：规模越大的矿业企业，其社会责任履行状况越好。

3. 资产负债率

企业的资产负债率越高就意味着其会受到越多的来自债权人的约束，那么企业履行社会责任的可能性也就越小，且社会责任的资金投入也会越少。Brown 等（2006）发现，负债率越高的企业其社会责任越少，社会捐赠的数额也越小，这一点符合债权人的有效监督假设。基于利益相关者理论的分析框架，Zhang 等（2010）还发现，企业是否参与社会责任行为与负债率负相关。在国内，曹洪彬（2006）、肖强和罗公利（2009）及朱迎春（2010）的结论都比较接近。由此，本书提出如下假说。

研究假说 3c：矿业企业资产负债率越大，矿业企业社会责任履行状况越差。

5.3　矿业企业社会责任影响因素研究设计

5.3.1　样本选取与数据来源

从时间维度看，2008 年以来，包括《上海证券交易所上市公司环境信息披露指引》和《关于中央企业履行社会责任的指导意见》在内的一系列社会责任指引规范陆续在中国发布，再加上汶川地震和北京奥运会的重要影响，企业社会责任制度从 2008 年起开启了新的篇章，迈出了重要的一步，因此本章的样本选取时间段定为 2008~2012 年；企业样本选择方面，本书参考了中国证监会《2012 年 4 季度上市公司行业分类结果》中对矿业企业的分类，剔除了 ST、PT 的样本和 2007~2012 年发生过重大重组和主营业务变更现象的异常企业。最终的企业样本量为 289 个，表现为一个非平衡面板（其中 2008~2012 年 5 年分别有样本企业 39 家、58 家、57 家、64 家和 71 家）。

本书选取了 RLCCW 披露的社会责任报告得分的相关数据来衡量矿业企业社会责任履行的程度[①]。从 2009 年 1 月到 6 月，RLCCW 对上年度发布的 371 份 A 股社会责任报告进行评分，而且这份基于 MCT（macro，content，technology，即整体性、内容性和技术性）社会责任报告评价体系得到的评分数据非常权威，在业界内的认可度几乎最高，流传也最广。除此之外，这份评分数据构建的过程也能够体现外部利益相关者与企业之间进行的信息共享，因此也得到了各方利益相关者的广泛认可。此后，各年 RLCCW 均会对 A 股上市公司发布的社会责任报告进行打分，当前最新版本为《2016 A 股上市公司企业社会责任报告评级数据库》，即对 2015 年披露社会责任报告的企业进行打分。

模型中使用的外部制度环境数据来自樊纲等（2011）的《中国市场化指数——各地区市场化相对进程 2011 年报告》，主要指标包括政府对经济的干预程度、法

① 本章之所以选取社会责任信息披露得分数据来作为企业社会责任履行状况的数据，这主要是由于一方面企业社会责任信息披露就是企业社会责任履行的重要方面，另一方面 RLCCW 披露的相关数据在实证中表现出较强的生命力。因而，可以将其作为企业社会责任履行状况的一个重要替代变量。

律环境及要素市场指数这三个；另外，CSMAR 数据库和巨潮资讯网是其他控制变量相关数据的主要来源。

值得注意的是，根据牛建波和李胜楠（2007），本书选择的数据是一份非平衡面板数据，一方面可以扩大实证检验的样本总数以增强结论的说服力，另一方面也可以避免截面数据回归中常见的由不确定的异质性造成的系统偏差。

5.3.2 变量定义与模型设定

1. 变量定义

1）因变量

本章以 RLCCW 披露的社会责任报告得分的相关数据作为矿业企业社会责任得分数据。需要指出的是 RLCCW 采用的 MCT 社会责任报告评价体系立足于国际权威社会标准 ISO26000，并对行业差异性进行了考量，引入了行业性指标——i 值。其中，采掘业涉及的相关特征指标为清洁煤技术研发与应用信息，生态环境恢复与治理信息，研发可再生能源与新能源的举措信息，建立防火、防爆的管理体系信息及塌陷区预防与治理的制度与措施信息；金属非金属制造业涉及危险品管理信息、三废循环利用信息、环境保护信息、生态修复及噪声处理等相关信息；石油行业涉及危险品管理信息、三废相关信息、循环利用信息等。可以说采用 RLCCW 披露的企业社会责任报告得分数据是极其适合中国矿业的发展实际的。

2）自变量

本书以樊纲等（2011）《中国市场化指数——各地区市场化相对进程 2011 年报告》中披露的这三个指标——政府对经济的干预程度、法律环境及要素市场指数作为外部制度环境变量。但李延喜等（2012）认为由于这份数据的更新比较缓慢，外部治理环境及相关领域研究的开展也受到了一定程度的限制。针对数据更新较慢的问题，以下四种解决方法在国内比较常见：第一，由于市场化水平等外部治理环境一般比较稳定，短期内不会有较大变化，故选择用最新一年的市场环境数据来代替缺失的部分；第二，由于外部治理环境的稳定性和中国市场环境的不断进步，所以选择用各指标的年平均增长来大致预测缺失年份的数据；第三，利用往年的数据，构建一元线性回归来预测缺失年份的数据；第四，用指标近年来的均值来代替缺失值。本书这里选择第一种方法，即以最新一年的数据代替缺失数据，这主要是由于本书认为三者数据的变化相对较为稳定，具体而言将 2009 年的数据作为后续 2010~2012 年缺失数据的替代数据。当然，本书也将其他几种数据处理方式作为后文稳健性分析的一种选择。

本书参照白重恩等（2005）基于样本公司的治理变量数据，运用主成分分析法将控股股东持股比例、第二至第十大股东持股比例、控股股东性质、董事会规模、外部董事比例、董事会开会次数、两职兼任及高管薪酬等编制了一个可反映上市公司治理水平的综合指标。

本书选择用净资产收益率来衡量企业的冗余资源，用企业年末总资产的自然对数来衡量企业规模，用年末总负债占总资产的比重来衡量企业的资产负债率，这些也都是比较常见的度量方法。由于样本跨度了 5 年，这期间相关的外部环境可能发生了一定程度上的变化，因而加入了年度虚拟变量，以控制时间效应的影响①。相关变量的定义见表 5-1。

表5-1　变量定义

<table>
<tr><th>变量类型</th><th>变量名</th><th>英文简写</th><th>预期关联</th><th>变量解释</th></tr>
<tr><td>因变量</td><td>企业社会责任</td><td>CSR</td><td></td><td>RLCCW 发布的评分数据</td></tr>
<tr><td rowspan="3">外部制度环境</td><td>政府干预程度</td><td>GOV</td><td>+</td><td rowspan="3">《中国市场化指数——各地区市场化相对进程 2011 年报告》发布的相关指标数据</td></tr>
<tr><td>法律环境</td><td>LAW</td><td>+</td></tr>
<tr><td>要素市场</td><td>ELE</td><td>+</td></tr>
<tr><td rowspan="8">公司治理结构</td><td>控股股东持股比例</td><td rowspan="8">CG</td><td rowspan="8">+/–</td><td rowspan="8">主成分分析法综合这八个指标得到最终变量</td></tr>
<tr><td>第二至第十大股东持股比例</td></tr>
<tr><td>控股股东性质</td></tr>
<tr><td>董事会规模</td></tr>
<tr><td>外部董事比例</td></tr>
<tr><td>董事会开会次数</td></tr>
<tr><td>两职兼任</td></tr>
<tr><td>高管薪酬</td></tr>
<tr><td rowspan="3">公司内部特征</td><td>冗余资源</td><td>ROE</td><td>+</td><td>净资产收益率</td></tr>
<tr><td>企业规模</td><td>TA</td><td>+</td><td>年末总资产的自然对数</td></tr>
<tr><td>资产负债率</td><td>DEBT</td><td>–</td><td>年末总负债占总资产的比重</td></tr>
<tr><td>其他</td><td>年度变量</td><td>YEAR</td><td></td><td>按照年度设置的四个虚拟变量</td></tr>
</table>

2. 模型设定

基于上述分析，本章构建如下回归模型：

① 由于本章考虑的样本均为矿业，本章并未加入行业虚拟变量。

$$\mathrm{CSR}_{it}=\alpha_0+\alpha_1\mathrm{GOV}_{it}+\alpha_2\mathrm{LAW}_{it}+\alpha_3\mathrm{ELE}_{it}+\alpha_4\mathrm{CG}_{it}+\alpha_5\mathrm{ROE}_{it}$$
$$+\alpha_6\mathrm{TA}_{it}+\alpha_7\mathrm{DEBT}_{it}+\alpha_8\sum\mathrm{YEAR}+\varepsilon_{it}$$

由于本章的样本是中国矿业上市公司 2008~2012 年的非平衡面板数据，所以最终选择建立面板回归模型来深入探讨影响矿业企业社会责任履行的因素。关于面板模型的估计，较为常用的估计方法是混合最小二乘法（pooled ordinary least square，pooled OLS）、固定效应（fixed effects，FE）与随机效应（random effects，RE）。根据王倩（2014）的做法，本书通过检验在三种模型中做出选择，较常用的检验是 Hausman 检验，但由于该检验通常倾向于拒绝原假设，即更容易采用 FE 模型进行分析。为此，本章从如下方面进行考量选择估计方法。

首先，在详细回顾了相关的计量经济学文献之后，笔者发现国际上的权威计量学家对这三种模型的选择基本比较灵活。例如，Greene（2008）指出，RE 模型对于 N 较大的序列数据样本来说是一种更为有效的方法。

其次，需要注意的是，陈强（2010）指出模型中有些变量并不会随时间而变化，如制度环境变量。在这种情况下，不应该使用 FE 模型，因为对于不随时间改变的变量，FE 无法估计，这也是 FE 模型的一大缺点。笔者也查阅了遇到与之相似问题的优秀论文，如王倩（2014）在研究制度对企业社会责任与企业价值的关系时，也遇到类似的问题，他们的分析结果也采用 RE 模型。

因此，综合考虑上面的几点分析，本章选择采用 RE 模型来检验前面提出的一系列假设，同时与 pooled OLS 的结果进行稳健性比较。

5.4 矿业企业社会责任影响因素实证研究

5.4.1 描述性统计

表 5-2 列示出了样本的初步描述性统计结果。从中我们能够看到，企业社会责任披露的平均得分仅在 35 分左右，总体来说得分偏低，表明中国矿业企业社会责任披露水平整体还处在一个较低的水平；同时，标准差为 11.499 6，表明矿业行业内部社会责任水平也存在极大的差异，不同企业履行程度大有不同。这也证明了本章对矿业企业社会责任的影响因素探究是具有重要的现实意义和必要性的。

表5-2　变量描述统计分析

变量	均值	标准差	最小值	最大值
CSR	34.359 6	11.499 6	18.356 8	80.640 4
GOV	8.372 1	1.159 0	5.440 0	10.150 0
LAW	8.910 8	4.961 5	4.570 0	19.890 0
ELE	5.639 3	1.270 7	3.650 0	7.710 0
ROE	0.079 0	0.156 8	−1.203 5	0.840 3
TA	23.022 1	1.237 2	20.080 7	26.166 1
DEBT	0.544 8	0.185 0	0.047 1	0.896 3
CG1	28.616 6	18.823 0	0.185 3	83.740 0
CG2	11.427 3	8.177 8	0.934 7	42.547 1
CG3	0.446 4	0.498 0	0.000 0	1.000 0
CG4	9.477 5	1.907 7	5.000 0	16.000 0
CG5	0.365 1	0.049 1	0.250 0	0.555 6
CG6	9.709 3	4.529 8	4.000 0	34.000 0
CG7	0.117 6	0.322 7	0.000 0	1.000 0
CG8	14.188 6	0.731 2	12.342 8	16.274 7
样本量	289			

注：CG1~CG8 分别表示公司治理中依次涉及的 8 个指标

同时，需要指出的是在各外部制度环境变量得分中，要素市场的平均值仅为 5.639 3，其值相对较低，表明矿业企业所处环境中要素市场相对较不完善，可能导致企业社会责任产生的竞争优势难以发挥。

5.4.2　相关性分析

回归分析之前，本章先进行了相关系数分析，具体如表 5-3 所示。从相关系数矩阵看，CSR 变量与各主要变量之间均高度显著，且符号符合前述理论论证，表明本章具有进一步分析的必要性。其中，ROE 变量与 CSR 变量在 10% 的显著水平下并不显著，这可能是由于未考虑其他控制变量的情况，同时可能该变量对企业社会责任的影响存在滞后性，而这均有待于下一步进行回归分析。

表5-3　变量相关系数矩阵

变量	CSR	GOV	LAW	ELE	CG	ROE	TA	DEBT
CSR	1.000 0	0.068 4***	0.075 7***	0.122 5***	0.058 8***	0.028 3	0.246 0***	−0.005 3
GOV	—	1.000 0	0.711 3***	0.623 2***	0.087 8***	0.041 2**	0.051 4**	−0.033 4
LAW	—	—	1.000 0	0.670 5***	0.083 6***	0.005 8	0.036 8*	−0.044 8**
ELE	—	—	—	1.000 0	0.049 0**	0.010 2	0.030 9	−0.035 0*
CG	—	—	—	—	1.000 0	0.125 5***	0.081 7***	0.023 0
ROE	—	—	—	—	—	1.000 0	0.105 9***	−0.041 0**
TA	—	—	—	—	—	—	1.000 0	0.320 3***
DEBT	—	—	—	—	—	—	—	1.000 0
样本量	289							

*、**和***分别表示在显著性水平为 10%、5%和 1%下通过检验

外部制度环境各变量之间存在高度的相关，表明外部制度环境内部具有极强的关联性；公司治理结构变量与外部制度环境变量、冗余资源及企业规模均存在高度正相关，表明企业治理水平是基于外部环境之上的，同时与企业自身特性高度相关。

5.4.3　回归结果分析

由于之前的讨论，本章在估计时仅通过 pooled OLS 与 RE 来估计和比较回归结果。另外，根据 Flannery 和 Rangan（2006），本章还在回归前通过“Winsorize”进行了 1%的缩尾处理，这样既能保证回归系数的相对稳定，又能防止异常值对回归结果造成较大偏差。本章回归主要在 Stata 13.0 实现，回归结果如表 5-4 所示。

表5-4　样本回归结果汇总

变量	RE	pooled OLS
GOV	0.438 6*** （3.645 6）	0.204 0*** （2.990 0）
LAW	0.253 2*** （3.616 5）	0.226 0** （2.071 4）
ELE	0.038 7*** （3.082 3）	0.060 5** （2.312 0）
CG	0.032 9*** （3.075 5）	0.036 3*** （4.632 5）
ROE	0.207 7*** （2.871 9）	0.142 8** （2.214 5）

续表

变量	RE	pooled OLS
TA	0.146 6*** (13.306 0)	0.089 3*** (8.152 0)
DEBT	−0.197 9*** (2.939 7)	−0.283 0*** (−4.095 9)
CONS	0.895 8** (2.278 7)	2.697 9*** (6.723 9)
时间效应	控制	控制
R^2_a	0.179 6	0.193 9
F/CHI2	239.277 9***	15.260 0***
样本量	289	

*、**和***分别表示在显著性水平为 10%、5%和 1%下通过检验

注：括号内为系数估计的 *t* 值

从表 5-4 的结果中我们能够看到，在 1%的显著性水平下回归结果都比较显著，这也表明模型是较为合理的。另外，通过 RE 与 pooled OLS 回归结果的对比，我们可以看出它们的回归系数的符号基本一致，也比较符合预期，也从侧面体现了本章回归结果的稳健性。下面仅对 RE 模型的估计结果进行解读。

（1）外部制度环境涉及的各变量的回归结果能够验证研究假说 1a、研究假说 1b 与研究假说 1c，即政府对经济的干预程度越低、法律环境越良好及要素市场越完善，矿业企业履行社会责任的程度越高。在控制其他变量影响的前提下，回归结果显示 GOV、LAW 与 ELE 各变量的系数分别为 0.438 6、0.253 2 与 0.038 7，均为正且在 1%的显著水平上显著，从而支持了研究假说 1a、研究假说 1b 与研究假说 1c。当处在相对自由的经营环境、完善的法律制度和成熟的要素市场中时，矿业企业为了保持自身较强的竞争性，就会更加努力地进行社会责任投资行为，从而提升自身声誉，更好地获取利益相关者的支持，以保证企业良好的经营环境。在制度环境涉及的各变量中，政府的干预程度和法律环境的完善对矿业企业社会责任的履行起着相对更为重要的作用，而要素市场的作用则相对较小，这可能与矿业行业的特性有关。矿业企业生产的诸多产品均为国家战略保障产品，以合作伙伴为代表的各利益相关者所处地位相对较为弱势，同时矿业企业经营环境中要素市场极为不完善，因而其存在更大的信息不对称。这为中国政府强化矿业企业社会责任的履行提供了一个相对可行的思路。

（2）公司治理结构涉及的各变量主要涉及研究假说 2a 与研究假说 2b，过度投资假说主张矿业企业治理结构会对矿业企业社会责任产生负向的影响，而冲突解决假说支持矿业企业治理结构能够对矿业企业社会责任产生正向的影响。从回归结果中能够看出，控制其他变量影响之后 CG 的系数为 0.032 9，且在 1%的显

著水平下显著，从而拒绝了研究假说 2a，支持了研究假说 2b。最近这些年，矿业企业受到的来自利益相关者的压力一直在增加。在建设生态文明为时代主题的今天，生态矿业和绿色矿业成为行业主题，政府更是颁布了一系列的规章制度来指导矿业企业的绿色发展。所以在供给足够的情况下，矿业企业更需要做好环境保护、生态修复及利益共享工作，通过履行社会责任来缓解面临的压力和冲突。另外，CG 变量的高度显著也表明，将各利益相关者作为外部压力的来源，而非采取备受争议的多边治理模式是更符合国内行业主题和市场环境的。这也为矿业企业提升企业社会责任履行水平提供了一个相对可行的思路。

（3）就企业内部特征涉及的各变量而言，主要涉及研究假说 3a、研究假说 3b 与研究假说 3c，即企业冗余资源越多、企业规模越大，矿业企业的社会责任的履行程度越高；同时，企业资产负债率越高，企业面临越高的还款压力时，矿业的社会责任的履行程度越低。回归结果显示在控制其他变量影响的前提下，ROE、TA 与 DEBT 各变量的系数分别为 0.207 7、0.146 6 与–0.197 9，均在 1%的显著水平上显著，从而支持了研究假说 3a、研究假说 3b 与研究假说 3c。L. H. Amato 和 C. H. Amato（2007）认为当矿业企业经营状况良好，矿业企业拥有更为丰富的可支配资源时，矿业企业更倾向于进行社会责任行为。因为企业社会责任行为需要企业大量资源的支出，即所谓的冗余资源假说；矿业企业规模越大，其可见性越大，相应受到的公众监督越大，同时其通过社会责任所获取的回报相对也越大，因而其更有动力进行社会责任投资；而当矿业企业的资产负债率偏高时，矿业企业的还款压力可能更大，债权人的压力更多地表现为有效的还款行为，而非“赤道原则”所要求的绿色信贷。当前，作为债券人的利益相关者并没有在此方面对矿业企业做出足够的要求，矿业企业在此方面所受的压力相对较小。基于此回归结果，可能有如下两点政策启示：对于矿业企业社会责任行为，矿业企业应根据自身的规模及手头持有的冗余资源进行战略规划；同时，以债权人为代表的利益相关者更应该在要素输出时做出足够的要求，从而形成相对充足的压力。

5.4.4 稳健性分析

虽然本章在样本选取和数据处理的过程中极大程度上考虑到了回归结果的稳健性，同时，本章还列示出了 pooled OLS 与 RE 模型作为对比以增强回归结果的稳健性。但本章仍然从如下四个方面对本章回归结果的稳健性进行补充考量。

（1）鉴于 RLCCW 仅对矿业企业社会责任披露程度进行了度量，而本章矿业企业社会责任评价则较为完整地度量了企业社会责任的履行程度。事实上，正如杜颖洁和杜兴强（2014）所言，企业社会责任报告的真实性还有待于进行检验，如企业往往着重于其准备做的，而是否进行了投资值得怀疑。在此，采用本章的企业社会责任得分进行替代，其他变量的度量方式仍然同上。回归结果再一次支持了上述结论。

（2）鉴于外部制度环境涉及的相关变量数据更新相对较为缓慢的情况，由于外部治理环境的发展具有一定的稳定性，因此这里选择用现有数据的年平均增长来预测缺失年份的数据，以往年数据的平均值来代替尚未披露信息年度的数据及采用一元线性回归的方法来预测未披露信息年度的数据获取了关于外部制度环境的三份数据，从而针对新的三份数据进行了 pooled OLS 与 RE 模型的回归。回归结果与上述回归结果并无明显的变化，符号保持了如上一致的正负性，只是在显著水平上略有差异，但整体仍然支持本章的研究假说。

（3）关于公司治理结构变量的构造，本章采取了主成分分析的方法对 GG 的 8 个变量进行了综合提取，其中提取率达到了 100%。为此，接下来，本章选取了从第 6 个主成分开始累计贡献率大于 80%的变量起，又重现构造了两个 CG 指数，从而针对新的两份数据进行了 pooled OLS 与 RE 模型的回归。回归结果与上述回归结果并无明显的变化，符号保持了如上一致的正负性，只是在显著水平上略有差异，但整体仍然支持本章的研究假说。

（4）关于公司内部特征中的冗余资源变量，相关研究中往往认为冗余资源对企业社会责任的影响存在滞后性。为此，本章又考虑了滞后一期的 ROE 对于矿业企业社会责任的影响，回归结果与上述回归结果并无明显的变化，符号保持了如上一致的正负性，只是在显著水平上略有差异，但整体仍然支持本章的研究假说。同时，本章还选取矿业企业的净现金流量作为冗余资源的替代变量进行了回归，结果仍支持本章的研究假说。

第6章　生态文明视角下矿业企业社会责任经济后果分析

6.1　企业社会责任与企业价值

Inoue 和 Lee（2011）提出关于企业社会责任的经济后果，即其与企业价值关系的研究层出不穷，因为一旦企业社会责任履行使企业价值降低，那企业社会责任的可持续性将受到挑战，同时也会使企业履行社会责任动力不足。反对社会责任的学者 Brammer 和 Millington（2008）认为，企业社会责任方面的投入不仅会消耗较多的企业资源，还会引致管理层可支配资源的增加，从而进一步加重代理问题；与此同时，更多的学者诸如 Porter 和 Kramer（2007）认为企业参与市场竞争的过程中履行社会责任，将具有极大的竞争优势。Luo 和 Bhattacharya（2006）认为随着企业社会责任的履行，企业声誉、消费者与雇员满意度及组织承诺等方面得到改善，从而提升企业价值。本部分将梳理一些具有代表性的企业社会责任与企业价值关系的研究。

6.1.1　企业社会责任与企业价值正相关

Spicer（1978）借助净资产收益率、每股收益以及资产收益率等绩效指标研究发现，企业履行社会责任越多，其价值越高。企业对社会责任的履行有助于其从多个方面提升自我价值，由此带来的收益也远大于其付出的资金成本。Wood（1991）及 Mohr 和 Webb（2005）指出企业规模会影响企业社会责任与企业价值之间的关系，以不同时间段的两个数据为样本，以企业资产状况表示企业规模，他们对企业社会责任与企业价值之间的关系进行了实证研究，并得出两者之间呈正相关的结论。

以中国企业的社会责任现状为背景，李姝（2007）对影响中国企业发展的因素进行了研究，并得出企业对不同利益主体社会责任的履行能够改良企业经济绩效的结论；李红玉（2007）通过区分不同利益相关者，分别研究了他们对企业绩效的影响，结果发现企业的各利益相关者均能影响企业绩效，传统股东与其他利益相关者之间并不存在利益矛盾，企业履行社会责任能够明显提升企业价值；李琦（2011）的研究指出，企业的理财目标会受到企业社会责任履行程度的影响，企业价值最大化是企业的最终追求，还指出履行社会责任会影响企业价值最大化目标的实现，最后指出两者之间存在一致性。

6.1.2　企业社会责任与企业价值负相关

Crisóstomo 等（2011）研究发现，履行社会责任的企业其企业价值更低；Vance（1975）通过对两个对照样本的检验发现，企业社会责任的履行程度与其股票价值负相关，也就是当企业的社会责任履行得越好时，其企业价值越低；王建琼和何静谊（2009）在对 2005 年沪深两市上市公司的研究中指出，当每股收益越高时，政府所得贡献率越高，供应商所得贡献率越低；顾湘和徐文学（2011）借助系统论、价值论和利益相关者理论，以 2007~2009 年沪市 A 股电力、煤气及水的生产和供应业的上市公司为代表，实证检验了企业社会责任对企业价值的影响，研究发现履行股东社会责任可以显著地提升企业价值，但是履行其他利益相关者社会责任会使企业价值降低；朱雅琴和姚海鑫（2010）借助回归分析法研究了沪深两市上市公司企业社会责任的履行对企业价值的影响，研究发现，对于不同的利益相关者，企业履行社会责任给企业价值带来的影响存在差异，企业对政府以及职工履行的社会责任与企业价值呈正相关关系，企业对投资者履行的社会责任与企业价值呈负相关关系，企业对供应商履行的社会责任与企业价值不相关。

6.1.3　企业社会责任与企业价值其他研究成果

Alexander 和 Buchholz（1978）在前人研究的基础上，通过实证分析得出，企业社会责任的履行对经风险调整后的股票市场回报没有影响；Chen 和 Wang（2011）发现，企业的财务业绩在短期内可以因其社会责任的履行而上升；Sibao 和 Huaer

（2009）与 Wu（2002）指出，包括中国在内，任何国家的社会发展程度都会影响其履行社会责任的程度；陈玉清和马丽丽（2005）借助多个衡量企业社会责任的指标，通过实证检验发现，不同行业中企业社会责任的履行会给企业价值带来不同的影响；刘长翠和孔晓婷（2006）将行业因素纳入其样本选取，通过对不同行业的研究发现企业社会责任贡献率对其主营业务收入增长率以及资产负债率没有影响。

综合国内外相关研究，关于企业社会责任对企业价值影响的文献有两点不足。一方面，未能将企业社会责任涉及的所有维度进行综合分析，使各维度之间缺乏关联性，企业的价值需要所有维度来综合体现，因此削弱了研究结论的可靠性；另一方面，仅仅使用相关分析、一元线性回归以及多元线性回归等方法进行分析，在研究方法上没有突破与创新，仅仅研究了企业社会责任是否对企业价值有影响，忽视了不同维度的企业社会责任与企业价值之间是否存在关联以及关联程度大小等问题。

尽管较多的实证研究支持企业社会责任履行会带来企业价值的提升，但 Margolis 和 Walsh（2003）、Godfrey 和 Hatch（2007）认为这种正向效应结论并不具有确定性。当前，已有许多学者深入开展企业社会责任与企业价值的相关研究，但其研究结论存在着一定的差异性，包括提升企业价值、降低企业价值及二者并无关系。正是这种关系的不确定，使得学者在进一步深入探究企业社会责任方面的相关内容时，遇到一定的阻碍。

基于此，本章立足于中国矿业发展的实际，重点探讨如下问题：矿业企业社会责任与企业价值的关系如何？二者的关系在各个维度及各个期间存在什么差异？

6.2 矿业企业社会责任对企业价值影响的理论分析

6.2.1 综合视角

在探讨矿业企业社会责任对其企业价值影响之前，一个关键的问题是企业社会责任如何影响企业价值。可以看出，大多数学者在对企业社会责任与企业价值二者关系进行研究时，缺乏相关数据支撑，未能有效地测算并指出企业社会责任影响企业价值的作用机制。龙文滨和宋献中（2013）认为，为了能够获得利益相关者的支持，加强对企业社会责任相关方面的投资，增加企业信誉资本将会是较好的途径。卫武（2012）认为企业声誉对于企业的发展具有重要作用，并从企业声誉的角度出发，寻找企业价值改进的方法。邓美贞和王琬青（2012）则认为企业效率的改进是企业价值改善的关键中介。不过遗憾的是，关于企业社会责任对企业价值影响的机制研究中，都存在着一定的局限性，难以提出较为完善的中介机制，从而忽略了对于相应机制力量的对比与检验。此外，Wood（2010）认为当前并没有相关的客观数据作为经验证据，能够验证企业社会责任对企业价值影响作用机制方面的相关理论，但是为了更好地研究企业社会责任相关问题，同时激励企业履行社会责任，就必须要对这些机制进行较为完善的思考。

基于此，本部分借鉴龙文滨和宋献中（2013）及邓美贞和王琬青（2012）的研究来探讨矿业企业社会责任对其企业价值影响的可能路径，以便进一步探讨矿业企业社会责任如何动态影响企业价值，而不具体探究哪种路径更为合适。因为两种路径均得到了相关研究的支持，同时，具体路径的验证需要更为微观的数据，而这并不是本部分研究的重点。

1. 效率效应

张晓岚等（2007）认为企业效率的高低与企业的投入产出比有着极大的关联，同时也是衡量一个企业核心竞争力以及是否能够实现可持续发展的根源所在。企业社会责任的效率效应是指，企业社会责任投资虽然会在短期内使其投入成本增加，一定程度上降低了企业效率，但这对于雇员满足度、管理层约束及技术革新有着重要影响，并由此产生价值效应。

从企业社会责任的效率效应出发，积极履行社会责任并进行较高水平投资的企业，其企业效率波动相对较大，而社会责任投资过低或不履行社会责任的企业，其企业效率波动相对较小。Darnall 等（2010）假设企业外在制度条件相同，积极履行社会责任有助于其加强内部联系，保证组织的凝聚力和稳定运行，建立统一的组织承诺和价值取向。同时，何贤杰等（2012）提出对于企业管理层来说，履行社会责任，使企业信息能够更加公开透明，使得利益相关者能够获取更多企业相关信息。例如，信息的披露有助于利益相关者，如债权人、合作伙伴等获取更多的除财务外的其他信息，从而加强对企业的监督与约束，提高对企业的判别能力，减弱可能存在的信息不对称风险，减少企业中存在的委托–代理矛盾；而除此之外，邓美贞和王琬青（2012）认为在企业社会责任的推动下，随着社会对于企业的期望值逐渐增高，企业投入大量资金用以提升技术或更新技术，从而使企业环境污染水平降低，企业效率提升。

并不是所有学者都认可企业进行社会责任投资的积极影响。例如，李正（2006）指出社会责任投资的增加，在一定程度上提高了企业投入成本，并为企业的进一步发展带来不利的后果，而随着社会责任投入程度的不断加大，企业的利益相关者对于企业所施加的压力可能会导致企业在生产经营的过程中无法按照既定目标展开生产，妨碍了企业的正常运营，降低了企业的效率。

2. 信誉效应

企业的信誉资本对于企业的收益会产生较大的影响。所谓企业信誉资本，是一种抽象的资本，是利益相关者在心中通过对企业相关行为和表现的评判而形成的企业印象。而企业的信誉效应，则是企业通过进行社会责任投资，提高利益相关者的评价，通过该异质性行为，提升企业信誉的水平，并在此过程中能够实现企业的价值效应。

因此，在此基础之上，很显然可以大致判断出履行并加大对企业社会责任投资的企业更有可能成为信誉较高的企业，而与之相反的投资较少甚至不履行社会责任的企业更偏向于是低信誉企业。Godfrey 等（2009）从消费者的角度出发指出，加强企业该方面的社会责任投入，更易于企业在与消费者群体交易过程中，积累更高的信誉资本。与之相对应的是，伴随着消费者满意度、忠诚度的增加，企业进行适当的价格调整，减少其价格弹性，将更有可能增加其产品销量或产品溢价，抑或能够得到二者的综合效益。从投资者的角度出发，企业通过提高对社会责任的投入，使其相关信息能够得到披露，减少企业与利益相关方所存在的信息不对称等问题，尤其是有助于促进企业与投资群体关系的稳定，进一步增加融资对象、较少融资成本，在一定程度上有助于解决企业存在的融资约束等问题。Godfrey（2005）指出在社区群体方面，企业的社会责任行为以道德信誉资本的形成为主，这是由于企业的社会责任投资这一行为往往是自发的或规范性的，而通过企业对社会群体的持续重复投入，积累到一定程度后，形成道德信誉资本，尽管该资本无法带来直接的经济效益，但是对于风险的控制和保障扮演着极为重要的角色。

在对于信誉效应的研究上，许多学者都持有肯定意见，但企业社会责任的信誉效应如何能够实现其应有的作用，与利益相关者对企业社会责任的反应程度、反应速度以及反应力度有着较大的关系。从消费者的角度来看，如果企业履行社会责任并加大对社会责任的投资力度，消费者呈现出反应程度较高、反应速度较快、反应力度较大的状态，消费者的购买行为将会呈现较大波动。当然不置可否的是，企业社会责任的信誉效应可能存在一定的滞后性，即一段时间内，一些未投资社会责任的企业其产生的价值效应会大于开展了社会责任投资的企业。本章将会着重对其滞后性进行深入探讨。

综上所述，企业社会责任可以从两个方面使企业价值产生变化，即效率效应和信誉效应，相比未进行社会责任投资的企业，履行社会责任并加强社会责任投资的企业在企业效率和信誉资本上更易产生波动。而效率效应与信誉效应的关键区别是，效率效应在于企业社会责任投资既可能带来更高的组织忠诚度与更低的委托–代理成本，从而提振企业效率，同时又可能因为成本投入的增加及组织目标的偏离而降低企业效率，在这两种力量的博弈中影响企业的价值；而信誉效应则主要是由于企业社会责任投资带来利益相关者评价的提升，实现信誉资本的累积，进而提高企业的价值，更多的是一种外部回馈的结果，而非内部效率的提升。只是此种外部回馈可能存在一定程度上的滞后性，而导致信誉效应的发挥受到阻碍。当然，这种效率效应与信誉效应的区分并不是绝对的，事实上两种效应会产生交织，如企业信誉的累积能否最终提升企业价值，还是需要依托企业内部的反应，这也就造成了区分不同机制净效应的难度。

6.2.2　分维度视角

无论是效率效应还是信誉效应，其更多是将企业社会责任各维度视作一个整体来探讨其价值效应，正如在第二章中探讨的矿业企业社会责任识别与分类所得出的结论，矿业企业社会责任具有多样性。企业在履行社会责任的过程中，不可避免地会遇到利益相关者的层次性问题。因为企业所面临的社会责任履行对象存在着差异性，而这些差异性对于企业价值的影响的权重情况如何？经典的利益相关者理论 Harrison 和 Wicks（2013）认为公正且均衡地在各利益相关者间分配资源是保障企业高盈利的重要条件，且一旦这种投入均衡被打破（如某一利益相关者相较于其他利益相关者受到更多的关注），那么利益相关者就会修正他们对企业的投入以实现新的均衡。然而，由于此种理念重点不够突出，常用的是与之相对应的另一种视角，即资源基础观（resource-based view）则认为，在同等条件下，如果利益相关者对资源的掌控和自身具备的能力是企业独具的，那么其所具备的创造潜力也就更大，即存在着更强的社会复杂性以及因果模糊性，因此其所拥有的权重也更大。由此可见，权重的大小与利益相关者所拥有的资源和能力等特性息息相关。

此外，资源基础观认为，首要利益相关者不同于次要利益相关者，由于其存在着与企业更为紧密的、不可替代的且具有社会复杂性的联系，对于企业价值的提升有着极大的促进和保护作用。根据 Clarkson（1995）的定义，首要利益相关者是那些一旦断开与企业的联系，那么企业就无法作为一个持续运营主体而存在，一般包括投资者、雇员及供应商和客户。相反，次要利益相关者被界定为那些虽然影响企业运营或者受企业运营影响，但是并不直接与企业发生经济交易的主体，其对企业的运营不起决定性作用，一般包括舆论及特定利益群体，如环境。例如，采用客户导向的企业社会责任战略可以提升客户满意度与忠诚度，进而提升企业价值。同样，Ni 等（2015）认为对雇员的福利关怀则会提升雇员对组织的承诺，使企业内部员工达成共识，形成统一的价值观和组织承诺，将会极大地实现组织内部的稳定和凝聚力的提升。而投资者则能为企业相关财务资本提供保障。

基于此，本章借鉴效率效应与信誉效应中企业社会责任影响企业价值存在的时滞特性，以及企业社会责任多维度特性，从多维动态的视角探讨矿业企业社会责任的经济后果。

6.3 矿业企业社会责任动态影响企业价值的计量分析

6.3.1 自回归分布滞后模型设定

不同于以往研究，本章着重于探讨矿业企业社会责任对企业价值影响的动态性及综合性，因而本章构建能较好反映动态性的自回归分布滞后（auto-regressive distributed lag，ADL）模型。之所以采用该模型，主要是基于如下考量：企业价值呈现出一种自回归形式，即当期企业价值会受到上一期企业价值的影响；企业社会责任对企业价值的影响存在动态差异性，如矿业企行进行环境保护以有效应对环境规制，以及提升运营效率均需要时间的累积。同时，矿业企业对员工实行高级人力资源管理项目以减少矿难事件的发生，以及提高员工工作积极性，增强组织承诺也需要时间的累积。考虑到转化为公因素模型更有利于进行综合影响的计算，本部分借鉴 Brülhart 和 Mathys（2008）的建模方法，选取一期滞后，采用 ADL（1，1）进行建模。具体形式为

$$Z\text{-score}_{it} = \alpha + \beta Z\text{-score}_{it-1} + \gamma_0 \boldsymbol{D}_{it} + \gamma_1 \boldsymbol{D}_{it-1} + \lambda_0 \boldsymbol{X}_{it} + \lambda_1 \boldsymbol{X}_{it-1} + \mu_i + \nu_t + \varepsilon_{it}$$

其中，$Z\text{-score}_{it}$ 和 $Z\text{-score}_{it-1}$ 表示公司 i 在 t 期与 $t–1$ 期价值的度量；$\boldsymbol{D}_{it}$ 和 $\boldsymbol{D}_{it-1}$ 为社会责任得分的列向量，表示公司 i 在 t 期与 $t–1$ 期的各维度社会责任得分；$\boldsymbol{X}_{it}$ 和 $\boldsymbol{X}_{it-1}$ 为控制变量的列向量，表示公司 i 在 t 期与 $t–1$ 期的各控制变量的水平；μ_i 表示公司 FE；ν_t 表示时间 FE；ξ_{it} 表示残差项。

在 ADL（1，1）模型中，我们重点关注两个问题：各维度矿业企业社会责任对其价值的影响是否在当期和滞后期存在差异？如果存在差异，那么二者的综合效应如何？对于第一个问题的回答，可以观察 γ_0 与 γ_1 的系数是否存在符号上的差

异。而对于第二个问题的解答，则可以借助同期测定效应（contemporaneous measured effects）的方法将两种效应进行综合，这种综合可以被视作一种平均效应或净效应。通过转换，矿业企业社会责任对其价值影响的综合效应可以表示为 $\gamma_{ce}=(\gamma_0+\gamma_1)/(1-\beta)$。由于 γ_{ce} 是一个非线性关系，本章对其显著性的检验采用差分法进行。同时，本书还需要对线性关系 $\gamma_0+\gamma_1=0$ 进行 Wald 检验，只有这一假设被拒绝时，才能认为综合效应是存在的。

本章在解释变量中加入了企业价值的滞后一期，导致自相关和内生性问题，因而此时传统的静态面板回归将导致结果的偏误，为此，差分广义矩估计（generalized method of moments，GMM）和系统 GMM 被引入其中。一般而言，由于系统 GMM 不仅利用了差分方程，更结合了水平方程的信息，进而其估计结果更为有效，为此，本章采用系统 GMM 进行估计。

6.3.2　指标选择和说明

（1）企业价值（FV）的度量主要有基于财务价值和市场价值的两种度量方式。其中，连玉君等（2008）认为中国资本市场发育的不完善，致使股票价格不能反映企业真实经营状况，且中国还存在许多非流通股票，而关于这些股票价格的度量存在较为严重的困难，因而单纯基于市场价值的度量方式遭受到了许多质疑。为此，本书采用基于财务指标的度量方式。具体而言，采用综合企业盈利状况、资产流动性及财务杠杆的综合指标 *Z*-score 作为度量。相较于之前在企业社会责任与企业价值研究中运用较多的单一指标资产回报率，该指标更能全面反映当下企业的财务状况。其具体计算方式为 *Z*-score=1.2 × 营运资金/资产总额+1.4 × 留存收益/资产总额+3.3 × 息税前利润/资产总额+0.6 × 权益市值/负债账面价值+0.99 × 销售额/资产总额。

（2）企业社会责任的度量采用 4.6 节分维度得分，分别以 GJ、ZY 和 YB 表示矿业企业社会责任在关键、重要和一般维度的得分情况。这种度量方式可以更好地体现矿业企业社会责任不同维度对企业价值的影响。

（3）在 Inoue 和 Lee（2011）的企业社会责任与企业价值的相关研究中，企业规模（SIZE）、财务杠杆（LEV）和年份虚拟变量（YEAR）是最为常见的控制变量。唐鹏程和杨树旺（2015）认为企业规模的度量可用企业年末资产总额的自然对数，通常而言规模越大的企业拥有越多的可支配资源以进行社会责任投资；财务杠杆的度量采用年末负债与年末资产的比值，通常而言拥有高负债率的公司意味着其对风险拥有更高的容忍度，而企业社会责任的不同维度代表的风险程度也不一样；Brammer 和 Millington（2008）指出在不同的年份企业由于面临的宏观经营环境不一样，其拥有的资源多寡也会存在差异，且对社会责任投资的态度也会存在差异，进而对二者的关系产生影响；同时，诸如企业文化等不易度量的变量也会对企业社会责任产生影响，而这些均以企业 FE 进行控制。

6.3.3 计量结果分析

基于前述的理论框架和得分结果，运用 Stata 13.0 软件对 4.6 小节的样本进行系统 GMM 估计。需要指出的是，为获取较为稳健的估计量，本书采用"Winsorize"命令处理 1%的异常值，实证分析中加入了"Twostep"选项以获取稳健性标准误，同时估计了 OLS 与 FE 的结果，以进行对比验证，对应的估计结果如表 6-1 所示。此外，样本量从 355 个下降到 281 个则主要是滞后项的加入所导致的。

表6-1 矿业企业社会责任对企业价值的回归结果

变量	OLS	FE	系统 GMM
L.FV	0.624 5*** （12.838 8）	0.193 2*** （3.440 1）	0.521 7*** （12.887 3）
GJ	−0.276 4** （−2.148 5）	−0.243 5** （−2.046 7）	−0.804 6*** （−7.319 1）
L.GJ	−0.106 4 （−0.797 8）	−0.197 6 （−1.572 3）	0.593 4*** （2.883 1）
ZY	0.767 4*** （4.069 8）	0.627 8*** （3.372 8）	1.287 3*** （8.355 6）
L.ZY	−0.161 2 （−0.962 4）	−0.096 3 （−0.616 6）	0.715 7** （2.536 1）
YB	0.034 3 （0.439 5）	0.057 7 （0.761 4）	−0.169 2** （−2.203 4）
L.YB	−0.057 5 （−0.776 4）	0.085 4 （1.124 6）	−0.045 1 （−0.508 5）
SIZE	−0.043 4 （−0.318 7）	−0.398 2** （−2.462 8）	0.027 1 （0.281 2）
L.SIZE	−0.025 1 （−0.192 1）	−0.307 7** （−2.175 5）	−0.394 4*** （−3.866 2）
LEV	−2.0908*** （−5.228 6）	−2.780 4*** （−7.122 1）	−0.644 5* （−1.885 4）
L.LEV	1.266 8*** （3.091 3）	0.196 3 （0.508 5）	1.315 6*** （2.778 2）
CONS	2.153 4*** （5.093 1）	18.525 6*** （13.113 7）	6.882 3*** （9.741 5）
R^2_a	0.861 4	0.665 2	—

续表

变量	OLS	FE	系统 GMM
F/CHI2	158.743 6	57.919 7	1 680.861 9
AR（1）[a]	—	—	−2.487 4（0.013 5）
AR（2）[a]	—	—	0.431 2（0.666 7）
Sargan[b]	—	—	34.257 4（34 0.520 1）
（GJ+L.GJ）/（1−L.GJ）[c]	−1.019 4（0.000 0）	−0.546 7（0.006 0）	−0.441 6（0.316 1）
GJ+ L.GJ[c]	−0.382 8（0.000 0）	−0.441 1（0.005 8）	−0.211 2（0.311 7）
（ZY+L.ZY）/（1−L.ZY）[c]	1.614 4（0.000 0）	0.658 8（0.014 8）	4.187 7（0.000 0）
ZY + L.ZY[c]	0.606 2（0.000 0）	0.531 5（0.017 2）	2.003 0（0.000 0）
（YB+L.YB）/（1−L.FV）[c]	−0.061 8（0.808 0）	0.177 4（0.238 7）	−0.448 0（0.073 2）
YB+L.YB[c]	−0.023 2（0.808 0）	0.143 1（0.242 1）	−0.214 3（0.057 6）
样本量		281	

*、**和***分别表示在显著性水平为 10%、5%和 1%下通过检验

注：所有参数估计值均为两阶段 GMM 估计量，通过 xtdpdsys 命令附加“Twostep”选项实现，括号中为 *t* 值；*a* 为关于残差项自相关的检验，括号内为 *p* 值；*b* 为关于工具变量合理性的检验，括号内为自由度与 *p* 值；*c* 为关于企业社会责任各维度净效应的检验，括号内为 *p* 值

为了对系统 GMM 估计结果合理性进行验证，本部分主要从模型的自相关性及工具变量的合理性两个角度进行探讨：表 6-1 的 AR 检验表明模型存在一阶序列相关，而不存在二阶序列相关，模型设定是较为合理的；Sargan 过度识别检验的结果也无法拒绝原假设，表明工具变量不存在过度识别问题。然而，Bun 和 Windmeijer（2010）指出，遗憾的是系统 GMM 并无法给出关于工具变量识别力的相关检验，如弱工具变量的检验。因为，一旦工具变量识别力不足，则在小样本下估计结果就会呈现出有偏。为此，Bond（2002）的研究指出在 ADL（1，1）中 OLS 有高估自回归系数的倾向，而 FE 有低估自回归系数的倾向，当系统 GMM 的估计结果介于二者之间时，则表明不存在识别不足的问题。表 6-1 的回归结果中，系统 GMM 的估计结果为 0.521 7，刚好介于 OLS 的 0.624 5 与 FE 的 0.193 2 之间，表明工具变量的选择是较为合理的。当然，从另外一个角度看，OLS、FE 与系统 GMM 的估计结果在绝大多数情况下符号保持了一致性，也从侧面验证了估计方法的合理性。

系统 GMM 的回归结果表明，关键维度的社会责任与重要维度的社会责任对矿业企业价值存在显著的动态特征，而一般维度责任则只在当期有显著影响，滞后期不显著，这也再次表明本部分从多维度和动态角度出发来解读二者关系具有合理性。具体来看，当期关键维度的社会责任对矿业企业价值的影响为负，而滞后期则会显著提升企业价值。这说明关键维度的社会责任履行过程中先符合抵换假说（trade-off hypothesis）。例如，企业进行环保技术投资时，往往需要大量资金的投资，而项目的成功往往需要一个较长的周期，期间伴随的财务支出增加可能

会降低企业的营利能力，尤其是当其他公司不履行社会责任时，从而导致其在竞争过程中处于困境。正如 Aupperle 等（1985）的研究指出的企业在分配其资源时，尤其是将其投入环境保护与慈善项目时，会使该企业相对于较少参与社会行为的企业来说处于劣势之中，进而降低企业价值，这也解释了为什么一般维度责任对企业社会责任的影响在当期也显著为负。而随着环保项目及员工培训的顺利开展，技术创新及员工效率的不断提升从而带来企业价值的提升，即符合良好管理假说（good-management hypothesis）。对于重要维度社会责任，无论是当期还是滞后期均对企业价值有提升效应，符合良好管理假说。重要维度的社会责任实践，会带来内外部经营环境的优化，从而建立稳定的合作关系，最终降低企业运营成本（增加收入）。而一般维度责任的当期会降低企业价值，滞后期则不存在影响。

结论中矿业企业社会责任各维度对企业价值的影响存在极强的差异性，这主要是由矿业企业社会责任各维度特征所决定的。对于关键维度的社会责任而言，通过环保项目投资进行环境保护及对员工实行高级人力资源管理项目来减少矿难事件的发生与提高员工工作积极性，增强组织承诺，进而提升组织效率，均需要较长的财务周期，不可能一蹴而就。因而，关键维度社会责任的履行开始往往伴随着财务资源的大量消耗，其后才会带来环保效率及员工效率的提升。温素彬和方苑（2008）的研究指出，企业社会责任履行所带来的现实生产力和竞争力的发挥往往需要一定的时间，而矿业企业进行的环保投资、增产项目及员工技能培训等正属于这类项目；对于重要责任维度而言，诸如按时还本付息及股东权益保护等本质上还是属于传统的企业利润界定的相关范畴。此外，考虑到本书度量的社会责任多是从财务数据出发且衡量的是其真实社会责任表现，因而更有可能反映利益相关者的响应，以带来内外部经营环境的优化，从而建立稳定的合作关系，最终降低企业运营成本（增加收入）。张维迎（2007）指出企业支付的利息、工资、货款等都是某种形式的机会成本，而这种通过货币支付的方式可以充分调动投资者、员工及合作伙伴的积极性，从而以良好的管理赢得利益相关者的支持，获取企业生存发展所需要的各种资源，从而增加企业价值；对于一般责任维度而言，由于中国整体企业社会责任起步较晚，较低层次的社会责任尚未得到完全满足，不切实际地履行更高层次的社会责任是不合理的，不仅带来资源的消耗，更无法赢得利益相关者的支持。付书科等（2014）的研究指出企业社会责任在中国矿业行业中起步较晚，过分追求矿业企业的慈善捐赠等表现是不合理的，因为其在资源保障、环境及员工安全保护方面还远远不足。

为了判断企业社会责任多维度对企业价值影响的净效应，本书通过将 ADL（1, 1）转化为公因素模型，从而综合当期与滞后期的效应为净效应。由于 *Z*-score 的计算中出现少部分负数，实际分析中未取对数，而社会责任各变量均进行了对数处理。因而，实际上本书的设定形式属于对数到线性模型。从表 6-1 的回归结果看，关键维度社会责任对矿业企业价值影响的净效应不显著，这主要是由于滞后期的正效应弥补了当前期的负效应；重要维度社会责任的净效应为 4.187 7，且在 1%水平上显著，这表示矿业企业在重要维度责任上的得分每增加 1%，企业价值得分会平均提升 0.418 8 个单位；一般责任的净效应为–0.448 0，且通过了 10%水平上的显著性检验，这表示矿业企业在一般责任上的得分每增加 1%，企业价值得分会平均下降 0.044 8 个单位。矿业企业社会责任与企业价值关系的汇总结果如图 6-1 所示。

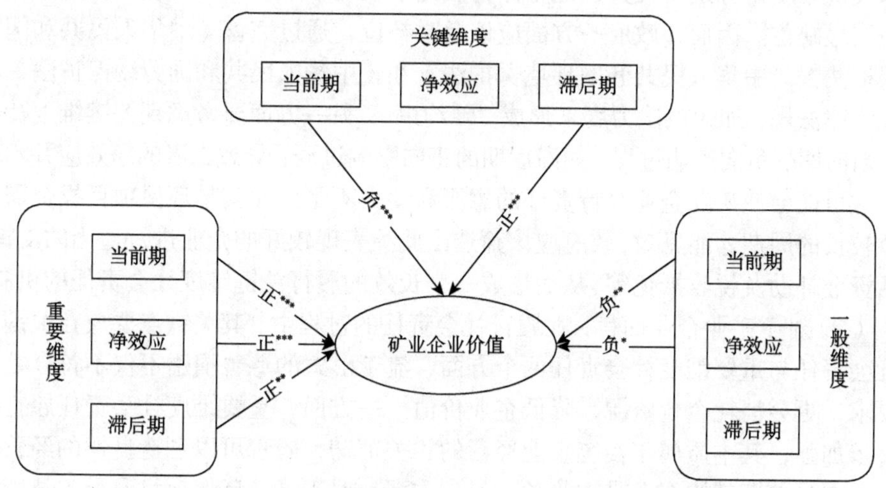

图 6-1　矿业企业社会责任各维度对企业价值的影响

*、**和***分别表示在显著性水平为 10%、5%和 1%下通过检验

正与负分别表示社会责任各维度对企业价值影响的性质

6.4　结论与启示

实证结果表明：关键维度社会责任当前期对矿业企业价值的影响为负，滞后期影响为正，二者相互抵消致使净效应不显著；重要维度社会责任的当前期与滞后期对矿业企业价值的影响均为正，净效应为 4.187 7，表示重要维度上的得分每增加 1%，矿业企业价值得分会平均提升 0.418 8 个单位；一般维度社会责任的当期对矿业企业价值的影响为负，滞后期不显著，净效应为–0.448 0，表示矿业企业在一般维度责任上的得分每增加 1%，企业价值得分会平均下降 0.044 8 个单位。

综上而言，利益相关者的压力将在矿业企业社会责任方面起着关键性作用。

因此这需要矿业企业进行积极主动响应，而利益相关者需要及时回应。在此基础上，通过对关键维度责任基础性、重要维度责任保障性以及一般维度责任自愿性的层次性辨别，推动矿业企业积极履行社会责任，提升社会责任水平，进一步深化生态文明建设。具体而言，主要包括以下两个方面。

（1）对于政府而言，正确规范、引导和监督矿业企业履行关键维度社会责任是当前的重中之重。考虑到关键维度责任在矿业企业责任中的基础地位，虽然近年来关键维度得分逐年提升，但整体仍然处于较弱水平，同时环境责任对象更是存在明显缺位。因而，政府一方面应该及时补位，通过完善《中华人民共和国资源保护法》、《中华人民共和国环境保护法》和《中华人民共和国劳动保护法》等相关法律法规，加大执法力度来形成“硬约束”；另一方面要考虑到关键维度社会责任当前期的负向影响过强，而滞后期的正向影响过弱，导致二者的净效应并不显著，这可能会使矿业企业履行责任的意愿和动力不足，尤其是环保项目投资需要一个较长的周期才能见效，政府应该筛选出此类表现较好的企业进行适当的支持，包括资金补助及税收抵免等，从而形成一个长效的履行关键维度社会责任的机制。

（2）对于矿业企业而言，在履行社会责任的过程中，其关键点要放在关键维度社会责任与重要维度社会责任两个方面，流于形式的慈善捐赠不仅不符合社会的要求，更会消耗企业资源，降低企业价值。一方面，重要维度社会责任履行要进一步加强，其本质属于传统企业经营的相关范畴，履责可以创造良性的经营环境，并在当前期就为企业带来收益；另一方面，对于诸如环保项目及员工技能培训等项目，矿业企业要有清晰的认识，虽然当前期会消耗企业的资源，但是后续效率的提升是足够弥补前期成本的，是符合可持续战略的。尤其是随着社会对矿业企业社会责任内涵及外延理解的进一步加强，对那些重视环境保护及员工安全的矿业企业会进行更多的支持。因而，矿业企业要坚定不移地推进关键维度方面责任的履行。

第7章　生态文明视角下矿业企业社会责任的提升

企业社会责任并非是每个微观个体即单个企业所存在的问题，而是一个整体性的社会问题，造成这种问题产生的重要原因就是利益间的冲突——企业利益与社会利益。矿业企业所存在的企业社会责任问题，是由多方面综合造成的，如果仅仅依托企业自身进行优化，将难以达到预期效果。因此，矿业企业为了更好地解决这一问题，就必须从多个视角入手，将自身内在动力驱动和外在因素结合，如与政府、相关监督机构及其他利益相关者等有机结合起来，形成较为完善的监督系统，从根本上解决矿业企业社会责任问题，提升矿业企业社会责任水平。

7.1　外部环境的优化

7.1.1　改善政治法律环境

从西方企业社会责任运动来看，外部压力尤其是政府与社会的大力推动，是企业能否履行社会责任的重要原因。企业社会责任的水平，受企业自身和社会发展阶段的影响。政府是经济社会中最具威权的组织，通过制定政策、采取各种措施来影响企业的社会战略。政府需要做到的就是完善各项法律法规和体制，推动企业社会责任水平的提高。

1. 建立和完善相关法律体系

建立和完善有关资源补偿和环境保护方面的法律体系，对于矿业企业的资源浪费情况具有有效的遏制作用，同时也有助于保护资源开采区的环境。因此，相关法律法规体系的完善是首要和必要的前提。

在这方面，国内有关矿业企业的资源开采以及环境保护都已出台了相关法律政策，包括《中华人民共和国环境保护法》（1989 年）、《中华人民共和国固体废弃物污染环境防治法》（1995 年）及《中华人民共和国矿产资源法》（1996 年），其中并就这一类问题提出了较为明确的规定和要求，如"谁破坏，谁复垦""谁开发，谁保护""谁污染，谁治理"等。尽管如此，目前尚未有法规政策就资源开采区环境治理与生态恢复的责任主体、监管主体做出明确规定，而相关的责任确定和对于责任的追究尚不明晰，在技术方面也存在着一定的不规范。例如，如何界定生态环境破坏的程度或者进行生态恢复时所采取的技术手段要求相对缺乏规范性。

因此，国内在解决矿业企业社会责任问题时，需要对于当前的情况进行深入了解和掌握后，根据相关矿业企业的社会责任标准，完善《中华人民共和国矿产资源法》和《中华人民共和国环境保护法》等相关法律法规，并进一步规范矿业企业对资源开采与环境保护的有关行为，使其能够形成较为明确的环境保护目标，细化其内容和管理机制，从而实现责任主体、补偿主体的明确，规范矿业企业的环境治理标准和水平。在此基础上，建立起有效的责任追究体制，切实保证矿业企业资源补偿和环境保护的规范性与法制性。

2. 提升企业违法成本

在通过法律法规进行制度上的保障后，需要相关执法部门加强执法管理，对存在违法行为或缺乏社会责任的企业，提升对其处理力度，保证矿业企业社会责任的落实。

在现阶段，强化矿业企业社会责任在实际意义上即要求企业遵守相关法律法规，如《中华人民共和国劳动保护法》、《中华人民共和国环境保护法》及《中华人民共和国生产安全法》等，按照法律法规的要求进行生产经营。在此基础上创造和获取利润，同时为社会做出应有的贡献。政府应以法律的手段使矿业企业深刻认识承担基本社会责任的必要性，定期对矿业企业进行监督检查，查看是否按照《中华人民共和国环境保护法》、《中华人民共和国劳动法》、《中华人民共和国安全生产法》及《中华人民共和国清洁生产促进法》等要求开展生产经营活动，切实保障矿业企业社会责任的法制性和规范性。

3. 出台有效政策，鼓励企业社会责任的响应

除了法律环境的改善，政府行为所带来的政治环境也会给企业社会责任的提高带来很大的影响，尤其是在中国这样的国家，加之矿业企业本质与政府存在极强的政治关联性，政府的强势地位使得企业对于政府的政策和监管行为比较敏感。政府的政策可以分别体现在对环境和资源的保护、对企业雇员的保护、对企业合作伙伴的保护等诸多方面。首先，政府应该采取相关的措施，约束矿业企业破坏环境和浪费资源的行为。例如，以资金扶持和税收减免的政策鼓励企业改革生产工艺，减少破坏环境、浪费资源的行为。只有这样才能真正实现社会福利的最大化，而不是资源的低效使用和环境的透支，也才能真正实现政府正在主导的经济转型升级战略。其次，政府应当设置相关机构和采取措施，监管矿业企业经营行为，保护矿业企业雇员的合法利益，尤其是在当今中国社会保障体系不完善的背景下，企业雇员的保护还存在着很大的问题和缺陷，政府应当将此作为最核心的工作，而不是让劳动市场缺乏严格的保护。再次，政府对市场竞争环境的监管也应该保持高度的压力，还有对企业非法竞争行为的监管机构，以及其他监管机构的工作，都应当成为政府重点关注的对象，提高政府工作效率，保护利益相关者利益。最后，还包括政府部门对企业道德责任的促进。政府每年可以通过企业社会责任评价和评选，以及相应的奖励政策，鼓励企业参与各种慈善事业。

7.1.2　强化利益相关者的监督与推动

相对于政府和社会对于矿业企业社会责任的监督与约束，利益相关者的推动在强化企业的社会责任意识方面也有很大的作用。这些利益相关者在保障自身利益的同时，倒逼企业在追求利润最大化的过程中，将股东利益和利益相关者权益纳入其要考虑的范围内，从一定程度上避免矿业企业由于意识的缺乏而导致责任缺失问题。由此观之，以利益相关者为核心的社会责任机制的建设势在必行，并对解决矿业企业社会责任问题有很大的帮助。

1. 矿业企业员工的社会责任推动

矿业企业员工是企业利益相关者之一，他们在企业不履行社会责任的过程中受到最直接的伤害。因此，矿业企业员工应积极推动矿业企业社会责任意识的形成和加强。首先，员工为了减少自身权益的损害，维护自身合法利益，就需要提高自身素质，加强对《中华人民共和国劳动法》等相关法律的学习，积极维权，

明确劳动者的应有权益，主动了解职业病的情况，能及时发现和报案，在最佳解决时间解决问题，避免损失的发生。此外，矿业企业员工还要积极提高自身技能，多方面提高自身素质，从而使自己拥有更多的选择可能，也可作为在自身权益受损时的谈判筹码。

2. 矿业企业投资者的社会责任监督

"用脚投票"是矿业企业投资者监督矿业企业社会责任的手段之一，即在选择投资对象时，考虑社会责任感这一要素，选择那些具有强烈的社会责任感的企业，对于那些道德标准不达标的公司不予以考虑。在这一方面，发达国家的投资者已做出了表率，如美国的六大基金，它们获得大众青睐的重要原因就是它们有着很强的社会责任感，特别是与核能、制造防务武器或存在犯罪诈骗记录，涉及酒类、价格管制、赌博、烟草等相关的公司，它们都不予考虑投资。这正是中国投资者和股民需要学习的，在选择投资公司的时候，应选择那些具有强烈社会责任感且敢于承担社会责任的企业，拒绝只关注自身利益、不考虑他人和社会利益的企业。

3. 矿业企业债权人的监督与支持

银行作为矿业企业的主要债权人对其社会责任的监督和支持也是至关重要的。具体表现在，通过银行建立的信用体系平台，对矿业企业信用评估，相关优惠政策基于评估结果，更倾向投资于社会责任意识高的矿业企业，而不是缺乏社会责任意识的矿业企业；也可以借鉴国外的先进经验，如德国、日本等发达国家，将银行纳入公司内部治理体系中去，实现信息的对称，协助企业进行有效决策。

国际上一些著名的银行的做法有许多可供参考的地方，这些银行的利润点不仅仅是依托商业行为获取，较高的社会责任意识也是这些银行实现效益最大化的关键所在。例如，西班牙的特里奥多斯银行，它的贷款提供对象只侧重于与社会、文化和环境相关的项目，如在加纳利群岛投资建设大量为残疾人使用的旅行设施、为南非的妇女提供一定的贷款支持以及支持马德里地区太阳能工厂的建设行为。这些都为中国银行的发展提供了宝贵的经验。银行应当充分利用自身优势和职能，对矿业企业社会责任进行必要的监督和支持。

7.1.3 优化要素市场

前面已经讲到中国的要素市场的发展缺陷，所以说，要促进矿业企业社会责任的提高，就需要为企业提供一个良好的要素支撑体系。要做到这一点，必须加大改革力度，在劳动力市场与资本市场等方面进行更深入的改革，以建立竞争性的要素市场作为主要目标，以推动企业社会责任的响应。

首先是加大对劳动力市场的改革。通过劳动力市场的改革，可以有效地缩小收入差距，优化矿业企业雇员的收入结构，保证雇员的经济利益，从长远来看，更是可以促进经济增长的目标，保证所有利益相关者的合法利益。所以说要尽量改革不合理的体制，完善整体的社会保障体系。要做到这一点，第一是进行机制改革，优化各地的人才市场；第二是优化劳动者的就业条件，保证公平就业，如建立一个全方位的服务于劳动者的体系，为不同类型和不同层次的劳动者提供信息和帮助及各种中介服务；第三是帮助低收入阶层的劳动者能够得到保护，在社会福利、薪酬制度等方面约束企业的行为，并建立一套生活困难劳动者的援助制度；第四是建立一个更加全面的针对不同劳动者的职业培训体系，帮助劳动者提高文化素养和工作能力，也为企业提供合格的高素质人才。

其次是积极发展资本市场，完善资本市场结构，提高市场配置资源的效率。资本市场的完善，对上市公司的行为监督和规范有着很重要的意义，企业社会责任也能够获得更大的保障，因为资本市场如果不完善，对企业管理者的行为和企业的社会责任策略的外部监督机制就很难发挥作用，企业的信息也很难透明，造成的后果肯定对企业社会责任不利。目前的中国资本市场已经有了二十多年的发展，已经初步建立起一套完整的运营和监管体系。但无论是金融机构的监管，还是市场交易的监管，都存在着很多的问题。资本市场的建设已经成为当前很紧迫的任务，对企业、机构和其他证券经营者的违法操纵行为进行严厉的打击，保证上市公司信息的公平公正披露，监督上市公司的公平竞争，维护所有利益相关者的利益，这样才能保证企业社会责任的一个正常外部环境。

7.2　公司治理的完善

前面都是从外部的治理环境角度来进行阐述的，事实上真正决定矿业企业社会责任的，还是矿业企业自身的治理机制和管理机制，同时关于矿业企业社会责任影响因素的回归模型也表明公司治理水平与企业社会责任有重要影响。谢文武（2010）指出矿业企业需要有一个好的内部治理机制，从而对公司战略、公司价值观、股权结构、组织结构等进行有效的规划和组织。公司的内部治理机制是公司治理的核心，虽然说其终极目标是通过股东会、董事会对管理层的监管机制，实现公司价值最大化目标，但是仍然可以通过一些制度性建设和组织建设，让企业社会责任得到一定的保障，尽量实现经济绩效与社会绩效的融合。在企业的组织建设中，包括职工代表大会、工会和监事会的组织建设。

7.2.1 代表员工利益的职工代表大会和工会的建设

员工属于矿业企业关键的利益相关者之一，是矿业企业日常运营的主要参与者，为矿业企业的发展做出了很大的贡献，并承担了极大的风险，矿业企业应该考虑到员工的利益。要保障员工的利益，就需要在企业内部有代表这一利益群体的机构，来影响和制约治理目标。所以说，矿业企业内部要发挥职工代表大会以及工会的功能。员工作为与股东关系最接近的利益相关者，对于企业的各项目标的完成都起着关键的作用，但是员工往往也是最弱势的一个群体，如果职工代表大会和工会不能在组织上形成一种影响力量，那么员工的利益就很难得到保障，这也是中国现在一个比较严重的问题，因为很多矿业企业的职工代表大会和工会往往依附于董事会和管理层，员工的利益被忽视。所以说要加大职工代表大会和工会的组织建设，让它们能够真正代表员工，反映员工的声音，从而形成企业内部利益相关者的一股重要的力量，并在一定程度上影响到公司治理，从组织上给予公司管理层一种真实的压力，只有这样才能真正实现员工利益的最大化。

7.2.2 公司股东会的建设与改进

股东会作为公司治理中最重要的一个主题，其建设同样具有重大意义。《中华人民共和国公司法》明确提出有限责任公司的股东会由全体股东组成，其职责包括决定公司的经营方针和投资计划；选举和更换非由职工代表担任的董事、监事，决定有关董事、监事的报酬事项；审议批准董事会的报告；对公司合并、分立、解散、清算或者变更公司形式作出决议；修改公司章程；等等。从这些职能可以看出，股东会是企业的核心权力机构。中国上市公司股东会的其中一个特点是控股股东的掌控能力过强，中小股东的利益可能会被忽视，从而间接影响到其他的利益相关者的利益。所以说，股东会的建设要尽量保障公司的权力过于集中，当然也要充分体现所有股东的利益，对于一些很重要的表决，更是需要有特别决议方法，避免控股股东滥用权力。

当然，股东会的建设不能忽视其与董事会之间的关系，保证其基本的利益不会受到委托–代理问题的影响。公司的组织建设不能忽视股东的利益，按照 Carroll（1979）的观点，经济责任是首要的社会责任。而如今经济不断发展，随之而来的是大公司支配社会经济的时代，公司的主要控制权开始由股东会向董事会转移。虽然权力慢慢向董事会转移，但目前的股东会建设还是有许多措施保障股东的利益。《中华人民共和国公司法》（2004 年版）第一百一十一条规定，股东大会、董事会的决议违反法律、行政法规，侵犯股东合法权益的，股东有权向人民法院提起要求停止该违法行为和侵害行为的诉讼。问题在于这个内容太空泛，董事会的决策有很大的弹性，制约了股东会的监控。还有，《中华人民共和国公司法》（2004 年版）第一百一十八条第三款指出，董事应当对董事会的决议承担责任。董事会的决议违反法律、行政法规或者公司章程，致使公司遭受严重损失的，参与决议的董事对公司负赔偿责任。问题在于，董事会本身是企业的决策机构，这样很容易产生委托–代理问题。

7.2.3　董事会的建设

作为公司治理的主体机构，董事会从法律上应当具备对管理层的任命、进行绩效考核和奖励的权力。虽然说从法律上董事会在外部董事过半和董事会选聘经理的制度与程序经过批准的前提下，可以按照企业战略和自身的选拔体制来选任管理层，但事实上董事的权责并没有完全实现，现代企业制度的最核心部分缺乏一个很清晰的结构，董事会的职责受到很多方面的影响，国有企业更是如此，从而导致企业权责不清。所以说要保障董事会的主要职责，即代表股东选拔任命管理层，制定并审议企业未来的战略。确定董事会能够在股东授权以后，按照法定的规则来实施。当然，为了保证其决策的正确，董事会的建设也需要有一定的约束机制。所以说，需要在董事会中加入一定比例的第三方的独立董事，这样有利于公司经济绩效与社会绩效的综合发展，也能尽量减少高管谋私利或者掠夺中小股东权益的机会。此外，职工董事作为公司治理机制的一种改革，也意味着董事会的经济利益最大化目标并不是唯一的思路，应该是在保障员工利益的基础上来追求利益最大化。《中华人民共和国公司法》（2004 年版）第四十五条第二款提出，两个以上的国有企业或者其他两个以上的国有投资主体投资设立的有限责任公司，其董事会成员中应当有公司职工代表。董事会中的职工代表由公司职工民主选举产生。因此，董事会建设不但要保证其权力的合法性、公正性和均衡性，还要体现多元性和参与性，实现内部利益相关者之间的协调与融合。

7.2.4 监事会的建设

监事会是由股东会选出并对股东会负责，它的主要职责就是监督董事会和管理层的行为。监事会的主要工作体现在几个方面，如监控董事会的决策程序是否合法、监督公司的财务制度能否有效实施、监督董事与管理层的行为是否不违法、监督股东会制定的决议是否能够很好地实施。当然，监事会中也有一定数量的员工参与，这是现代公司制度发展的一个成就，在一定程度上也保护了员工的利益，监事会中的员工监事，其实际起的是一种对所有治理主体的监督作用，防止其他监事和股东过于关注经济利益。员工参与监事会的制度在西欧的一些国家发展比较迅速，如德国和荷兰等国家。中国的职工参与公司监事会的制度在《中华人民共和国公司法》中也有规定。例如，《中华人民共和国公司法》(2004 年版）第五十二条第二款与第一百二十四条第二款规定，监事会由股东代表和适当比例的公司职工代表组成。应该清楚的是，员工参与监事会，监督股东、董事和管理层的价值不大，这些年在欧洲国家的企业里也体现出来了。本书在前面已经分析了公司治理的本质，说明公司治理主体应该以股东为核心，至于员工等监事或董事，实际上起到一种消极的监督作用，想要发挥重要的作用，体现员工群体的整体利益，则基本上很难。对于中国的企业来说，监事会的功能更弱，其职权也仅仅是一种监督。所以说在监事会的建设上，要摒弃西欧一些国家的做法，将重点放在完善监督的体系以及信息的沟通上，至少能保障监事会所获得的信息可以公平公正地被社会公众得知，通过内部与外部的治理环境压力来干预股东代表的股东会和董事会，这样才是监事会建设的最佳途径。试图将监事会建设成为一个真正介入企业社会责任的一个权力机构可能很难达到。

7.2.5 管理层的建设

管理层是公司战略的具体执行机构，从理论上来讲就是董事会的代理者，其拥有的权力和职责都来源于董事会的授权，面对的负责对象就是董事会，而企业社会责任的直接执行者和推动者也是管理层。管理层本身既是公司治理的客体，又是企业社会责任的执行主体，是连接股东和其他利益相关者的主要机构。虽然说管理层只对董事会负责，企业社会责任最终还是由董事会做出，但是作为执行机构，企业社会责任在很大程度上也会受到管理层的执行效率和执行动力的影响。所以说，首要的一个任务是在中国建立一个高度发展的职业经理人市场，职业经理人能够按照董事会的要求，完成其相关的任务安排，同时能够在道德的约束下，坚持应有的职业操守，维护利益相关者的权益，确保企业社会责任的履行不会过于依赖于董事会的单一决策，尤其是在其违背了基本的企业伦理道德的时候。除了好的职业经理人市场，管理层的建设还要关注权利的均衡，保持董事会对管理层的监控流程。

7.3　矿业企业自身社会责任目标模式的选择

当前，矿业企业的社会责任建设和发展进程正处于初步阶段，提升矿业企业社会责任水平不能急于一时，更无法一蹴而就。同时关于矿业企业社会责任影响因素的回归模型也表明，企业规模、闲置资源等企业特征与企业社会责任有重要影响，因而矿业企业应遵循循序渐进的模式，逐步提高自身社会责任意识和水平。事实证明，"先发展后治理"这一模式已经不太适应当前的发展需要，矿业企业如果想要更好地履行社会责任，那么就应该将关注重点首先放在关键利益相关者责任上，使自身行为符合相关法律法规，而不能存在违法行为，应强化自身社会责任意识，从而确保企业员工的生命安全，同时保护环境，确保能源的可持续性，将负外部性影响降至最低。只有这样，矿业企业才能为进一步承担社会责任奠定深厚的基础。

因此，矿业企业在开展社会责任行为时应当综合考虑企业社会责任所面临的背景、当前状况以及面临的问题，因企制宜地采取不同有效的模式，履行企业的社会责任。

7.3.1　关键利益相关者责任优先模式

对于实力不足且正在发展的矿业企业而言，这一模式相对适用。该模式要求，企业在生产经营的过程中，要将社会责任纳入其整体战略目标中。通过设立专门的负责社会责任相关内容的部门或者对现存的部门增加相关职能，以便更好地了解掌握当前矿业企业开展社会责任的情况，从而便于管理。具体到其内容方面，则是将突出关键利益相关者的地位作为其第一要务，重要与一般利益相关者排在其后。

因此，依照此模式，关键利益相关者责任十分重要，矿业企业在履行社会责任时应遵循这一要求，减少生产经营过程中对自然环境的破坏程度，并能够及时有效地恢复其破坏的生态环境，同时遵守相关规定，使污染物排放达到相关标准要求；政府在推动社会稳定发展过程中，企业要以协助的角色，尽到应尽的责任；将国家能源安全问题摆在优先位置，提高资源利用率，加强对资源的节约力度；对员工要负责，保障员工的生命健康权，提升员工的工作空间水平，加强安全防范措施。在对关键利益相关者责任进行优先考虑后，按照计划和步骤，根据矿业企业特性和相对优势，将重要利益相关者和一般利益相关者责任考虑进矿业企业所制定的社会责任相关战略目标或计划措施中去。在该模式下，矿业企业能够将社会责任理念融入企业内部体系中，有助于将该理念更好地运用到生产经营活动中来，并能够在实践中不断得到调整和优化。

7.3.2 利益相关者责任全面推动模式

大型国有矿业企业直接关系到国家主要能源的安全与经济发展的稳定性，同时对于中国整个矿业行业来说，也起到主导作用。利益相关者责任全面推动模式在涉及社会责任相关内容方面涵盖着生产的各个过程，具有整体性和多维度性，是在优先考虑并实现了关键利益相关者的利益诉求后，全面考虑各利益相关者的各类利益需求，使企业的社会责任行为能够实现全面的推动。因此，这一模式对于部分大型国有矿业企业和新产生的矿业企业来说较为适合。而为了使该模式能够有效地开展进行下去，就需要矿业企业为此成立相关的部门机构，专门制订企业实施社会责任的目标计划等，并肩负监督职责。

需要强调的是，无论选择哪种企业社会责任发展模式，矿业企业在履行社会责任时都要从实际出发，不仅要在意识上深入企业内部的方方面面，更要在生产经营活动的这些具体行动上展现出企业所担负的社会责任，不放过每一个生产细节，并为自身的责任行为勇于担当。矿业企业在履行社会责任时，并不是为了获取轰动效益，或者是简简单单地理解为社会公益活动，而是要从关键利益相关者责任开始，对社会责任有着清楚明了的认识，担负起对环境、政府、雇员的责任，更好地履行社会责任。实际上，在生活中，部分矿业企业对于社会责任存在错误的认识或在履行社会责任时偷工减料等，使得企业在履行社会责任时未能达到预期目标。例如，一些矿业企业虽然为当地政府创造了大量税收，大力推动了当地经济的发展，同时这些矿业企业也积极投身于公益事业，但在企业内部缺乏对员工的负责，使得员工健康安全不能得到足够的保障，生产事故频发，污染排放未能达标，甚至对于超标的污染物排放置之不理，对环境造成了严重的破坏，这反而加剧了企业社会责任的负面作用。

第 8 章　结论与展望

8.1　本书的研究结论

古典与新古典经济学对企业本质与属性的解释力日渐式微，为此学术界开始以一个更为广阔的视角对企业的本质与属性进行解释，企业社会责任正是在这一背景下产生的。在国家大力提倡生态文明建设的背景下，矿业高速发展的代价是生态破坏、环境污染及矿难高发等一系列不和谐问题。为此，矿业企业必须在生态文明视角下努力履行好社会责任。

基于此，本书以外部性理论、可持续发展理论、利益相关者理论、资源依赖理论与公司治理理论为基础，运用生态经济学、环境经济学、资源经济学、计量经济学、模糊数学及管理学等学科知识，采用文献综述与实地调查相结合、案例分析法与对比研究相结合、规范分析与实证分析相结合的方法，重点对矿业企业社会责任对象的识别与分类、矿业企业社会责任影响因素、矿业企业社会责任评价体系的构建与实施及矿业企业社会责任履行水平提升等问题进行研究。在具体的研究过程中，得到了如下结论。

（1）矿业企业社会责任本质亦是对利润最大化的修正，即实现自身发展与社会、环境的良性互动，因而其含义与社会责任的含义具有一致性：矿业企业在市场经济环境下，通过自愿或非自愿的经济行为、法律行为、伦理行为和慈善行为履行好“企业公民”的角色，在创造企业自身绩效的同时，注重与利益相关者和谐共处，以实现企业与社会、环境的可持续发展。

然而，矿业企业是以资源占有优势为核心竞争力的企业类型，同时肩负着对中国资源保障的重任，因而其在环境、员工与政府方面的责任需要重点予以突出。为此，本书将利益相关者理论筛选出的社会责任对象，通过资源依赖理论从资源的稀缺性与替代性两个维度建立了矿业企业社会责任对象的分类模型。本书将矿业企业社会责任对象主要可以划分为关键利益相关者、重要利益相关者与一般利益相关者。其中，关键利益相关者包括环境、政府与员工；重要利益相关者包括投资者与债权人；一般利益相关者包括合作伙伴与社区。

（2）矿业企业的社会责任评价体系，是针对矿业企业在社会责任投入方面所建立的一系列指标，用以衡量矿业企业社会责任履行水平，进行量化评估，而非简单地针对矿业企业社会责任报告进行内容分析。通过对每个单项指标的评价，最后综合考量矿业企业的社会责任履行情况，进而形成一种统一的、适用于整个矿业行业的社会责任评价标准。为此，需要遵循行业针对性的原则、代表性与系统性相结合的原则、独立性与完整性相结合的原则以及可比性与可行性兼具的原则等。同时，还应参照国际现行主流应用指标体系及中国政府提出的相关政策及责任指标，重点关注矿业企业在履行社会责任时的具体情况和结果，重视其实际效果。

由于矿业企业社会责任履行状况评价具有涵盖面广、数据杂乱等特点，因此本书通过聚焦法对表征矿业企业社会责任履行状况的相关指标进行了遴选与确认，共筛选出涵盖七个对象的十九个指标；本书采用改进的模糊综合评价法，即通过 ANP 和熵值法相结合分别获取主准则层和分准则层的权重值，而通过模糊 *C*-均值聚类算法获取对应的隶属度矩阵。此外，需要注意的是本书所涉及的评价样本中涵盖了时间维度，即在最后的综合得分运算时还需要确定时间维度的权重，本书采用理想点矩阵的方法来获取时间维度的权重。

（3）矿业企业由于缺乏相应责任意识、对矿业企业社会责任对象优先级特性理解不透彻，加之相关利益主体未采取有效措施进行相应权益维护，矿业企业社会责任履行状况整体上还处于较弱区，即起步阶段。

就各主准则层得分排名而言，重要利益相关者>关键利益相关者>一般利益相关者。这表明矿业企业虽然受制于外部压力，致使其在环境与员工等关键利益相关者方面的表现逐步提升，但矿业企业本质上仍然沿袭着旧有的企业发展模式；同时，关键利益相关者得分相对逐步好转，表明只要有足够的外部压力，同时配合矿业企业的自身能动性，矿业企业社会责任表现是有可能逐步向好的。

同时，本书也揭示了一个较为有趣的现象，即缺乏明确利益主体项的社会责任得分会显著劣于有明确利益主体项的社会责任得分。在关键利益相关者下，环境项的得分均在 5%的显著水平下劣于政府与员工项；同时，在一般利益相关者下，社区项社会责任的恶化程度在多数年份均高于合作伙伴项，在 2013 年甚至通过了1%的显著水平检验。

（4）矿业企业社会责任履行水平与外部制度环境、公司治理结构及公司内部特征有较为显著的关系。运用 2008~2012 年中国上市 A 股矿业企业数据进行了 pooled OLS 与 RE 回归，本书发现在外部制度环境方面，相对自由的经营环境、完善的法律制度和成熟的要素市场对矿业企业社会责任的履行起着正向的促进作用；在公司治理结构方面，矿业企业治理结构对矿业企业社会责任的影响为正，符合冲突解决假说；在公司内部特征方面，企业冗余资源越多、企业规模越大，矿业企业社会责任的履行程度越高，同时，企业资产负债率越高，企业面临更高的还款压力时，矿业企业的社会责任的履行程度越低。

上述实证结果可以为本书就如何提升矿业企业社会责任履行水平提供较为有意义的参考：内部结构与外部因素优化相结合，寻求差异化的战略，对于矿业企业提升其履行社会责任水平而言，是一条切实可行的实践路径。

（5）矿业企业社会责任经济后果存在典型的多维性与动态性。通过引入ADL动态面板模型进行分析，可以发现关键维度社会责任的当期对矿业企业价值的影响为负，滞后期影响为正，二者相互抵消致使净效应不显著；重要维度社会责任的当期与滞后期对矿业企业价值的影响均为正，净效应为4.187 7；一般责任的当期对矿业企业价值的影响为负，滞后期不显著，净效应为-0.448 0。

（6）矿业企业社会责任履行水平的提升需要外部环境的优化、内部治理水平的提升及适宜自身的矿业企业社会责任发展模式。其中，外部环境的优化主要包括建立和完善相关法律体系，加强执法力度增加企业违法成本，出台有效政策，鼓励企业社会责任的响应，强化利益相关者的监督与推动，约束企业社会责任的响应，同时还需要优化要素市场；内部治理水平的提升包括代表员工利益的职工代表大会和工会的建设，公司股东会的建设与改进，董事会、监事会与管理层的建设；适宜自身的矿业企业社会责任发展模式主要是指矿业企业根据自身规模、冗余资源的多寡及自身社会责任履行水平，决定关键利益相关者责任优先模式，还是利益相关者责任全面推动模式。

8.2 本书的研究展望

虽然本书在生态文明视角下对矿业企业社会责任进行了一系列研究，但受制于客观条件、时间限制及自身能力等原因，尚存在如下值得后续研究的内容。

1. 关于利益相关者如何与公司治理进行有效融合

高汉祥（2012）指出虽然企业社会责任与公司治理具有天然的一致性，进而产生了被动回应与主动嵌入两种企业社会责任推进模式。但是房广霞（2009）指出究竟是强调股东治理模式，还是选取利益相关者治理模式在当前并无一致的看法。本书虽然对利益相关者治理模式中较为代表性的多边治理模式进行了批判，但是本书强调将利益相关者作为公司治理的环境变量，仅对现存的委托-代理理论进行了简单修正。

虽然，实证研究的结果表明外部环境（利益相关者压力）及现有治理结构的水平均对矿业企业社会责任有正向的影响，一定程度上表明了本书所做出的关于利益相关者与公司治理关系的探讨具有一定程度上的合理性。但是，究竟利益相关者如何影响公司治理水平，并最终提升矿业企业社会责任水平尚不明确。同时本书较为“极端地”将所有利益相关者作为外部治理环境，并没有对部分利益相关者是否可以成为企业治理的主体进行详细探讨，这成为本书后续研究的一个方向。

2. 一套更可比且贴近矿业企业特性的社会责任评价体系

由于中国环境会计尚处于起步阶段，对于环境信息的披露并没有强制性的披露机制，因而在社会责任评价中，进行环境项下评价指标体系的设计是一项极具挑战性的工作。实证中，相关研究或者放弃环境项下的评价指标，或者在评价指标中仅采用“是否通过 ISO14000 认证”这一指标，从而对矿业企业社会责任评价体系的全面与科学性产生了较大的挑战。

虽然，本书从资源利用效率、环保投入及环境信息披露水平三个方面建立了关于矿业企业社会责任环境责任方面的指标体系，但仍然难以全面体现矿业企业环境责任的履行水平，尤其是考虑到涵盖大样本下的可比性，而这需要本书后续进行更为细致的工作。

3. 矿业企业社会责任影响企业价值的路径验证

鉴于本书的重点在于探讨矿业企业社会责任是否影响企业价值，以及对应的效应大小问题，在寻找矿业企业对企业价值影响路径上，缺少实证证据，更多地侧重于理论的探讨。Wood（2010）指出，当前能够描绘出企业社会责任对企业价值影响的机制并被经验证据证明的理论并不存在，而只有理清了这些机制，才能为企业社会责任的履行提供一个可持续的基础。

相关研究仅仅给出了一个可能的路径，但完整的路径尚未形成。同时，由于各个路径之间可能存在交叉，对相关的经验研究提出了极高的要求。因而，企业社会责任与企业价值关系的研究应该转向探讨可能存在的路径及对应路径的净影响力对比等方面，而这同样适用于矿业企业社会责任研究。

参 考 文 献

白重恩，刘俏，陆洲，等. 2005. 中国上市公司治理结构的实证研究[J]. 经济研究，2（5）：81-91.

白光润. 2003. 论生态文化与生态文明[J]. 人文地理，18（2）：75-78.

边一，王浦. 2014. 我国矿业企业对外投资中的社会责任问题研究[J]. 中国人口・资源与环境，（S1）：435-438.

曹洪彬. 2006. 我国捐赠的公共经济学分析[D]. 厦门大学博士学位论文.

曹希绅，张国华. 2004. 企业社会责任绝不只是道德[J]. 中外管理，（9）：40-41.

曹新. 2002. 论制度文明与生态文明[J]. 社会科学辑刊，（2）：56-60.

常凯. 2003. 经济全球化与劳动者权益保护[J]. 人民论坛，（5）：4-6.

陈宏辉. 2003. 企业的利益相关者理论与实证研究[D]. 浙江大学博士学位论文.

陈宏辉，王鹏飞. 2010. 企业慈善捐赠行为影响因素的实证分析——以广东省民营企业为例[J]. 当代经济管理，32（8）：17-24.

陈晶晶. 2010. 基于财务报告的我国企业社会责任评价模型研究——以我国钢铁行业上市公司为例[D]. 华东师范大学硕士学位论文.

陈俊英. 2009. 基于利益相关论的企业社会责任财务评价研究[D]. 四川农业大学硕士学位论文.

陈其慎，于汶加，张艳飞，等. 2015. 矿业发展周期理论与中国矿业发展趋势[J]. 资源科学，37（5）：891-899.

陈强. 2010. 高级计量经济学及 Stata 应用[M]. 北京：高等教育出版社.

陈昕. 2011. 利益相关者利益要求识别、企业社会责任表现与企业绩效[D]. 华南理工大学博士学位论文.

陈迅，韩亚琴. 2005. 企业社会责任分级模型及其应用[J]. 中国工业经济，（9）：99-105.

陈玉清，马丽丽. 2005. 我国上市公司社会责任会计信息市场反应实证分析[J]. 会计研究，（11）：76-81.

陈志昂，陆伟. 2004. 企业社会责任三角模型[J]. 经济与管理，（11）：60-61.

崔凤，邵丽. 2012. 中国的环境运动：中西比较[J]. 绿叶，（6）：88-93.

崔杰，党耀国，刘思峰. 2008. 基于灰色关联度求解指标权重的改进方法[J]. 中国管理科学，16（5）：141-145.

崔月明. 2010. 利益相关者视角下的企业社会责任研究[D]. 华东师范大学硕士学位论文.

邓美贞，王琬青. 2012. 企业社会责任与财务绩效：以经营效率为中介效果[J]. 朝阳商管评论，11（2）：77-104.

邓奇根，王燕，刘明举，等. 2014. 2001~2013 年全国煤矿事故统计分析及启示[J]. 煤炭技术，（9）：73-75.

丁开杰，刘英，王勇兵. 2006. 生态文明建设：伦理、经济与治理[J]. 马克思主义与现实，(4)：19-27.

杜颖洁，杜兴强. 2014. 女性董事、法律环境与企业社会责任——基于中国资本市场的经验证据[J]. 当代会计评论，7(1)：90-121.

樊纲，王小鲁，朱恒鹏. 2011. 中国市场化指数——各地区市场化相对进程 2011 年报告[M]. 北京：经济科学出版社.

方琳琳. 2009. 企业社会责任与财务可持续增长的相关性分析[D]. 重庆工商大学硕士学位论文.

方世南. 2007. 生态文明与企业的环境责任[J]. 中共云南省委党校学报，(6)：73-76.

房广霞. 2009. 企业社会责任导向的公司治理模式研究[D]. 北京工商大学硕士学位论文.

费方域. 1996. 什么是公司治理?[J]. 上海经济研究，5：36-37.

付书科，杨树旺，唐鹏程，等. 2014. 我国有色金属行业社会责任评价——来自上市企业数据[J]. 宏观经济研究，(4)：18-26.

傅治平. 2008. 生态文明建设导论[M]. 北京：国家行政学院出版社.

高汉祥. 2012. 公司治理与社会责任：被动回应还是主动嵌入[J]. 会计研究，(4)：58-64.

宫改云. 2004. FCM 算法参数研究及其应用[D]. 西安电子科技大学硕士学位论文.

谷树忠，胡咏君，周洪. 2013. 生态文明建设的科学内涵与基本路径[J]. 资源科学，(1)：2-13.

顾湘，徐文学. 2011. 基于利益相关者的社会责任与企业价值相关性研究[J]. 财会通讯，(3)：123-125.

郭亚军，姚远，易平涛. 2007. 一种动态综合评价方法及应用[J]. 系统工程理论与实践，(10)：154-158.

海德格尔 M. 1997. 林中路（修订本）[M]. 孙周兴译. 上海：上海译文出版社.

郝云宏. 2002. 经济人理性行为假定的时空相对性[J]. 经济学家，2(2)：63-69.

郝云宏，唐茂林，王淑贤. 2012. 企业社会责任的制度理性及行为逻辑：合法性视角[J]. 商业经济与管理，1(7)：74-81.

何逢标. 2010. 综合评价方法 Matlab 实现[M]. 北京：中国社会科学出版社.

何贤杰，肖土盛，陈信元. 2012. 企业社会责任信息披露与公司融资约束[J]. 财经研究，8：60-71.

赫尔曼 J，施克曼 M，王新颖. 2002. 转轨国家的政府干预、腐败与政府被控[J]. 经济社会体制比较，5：26-33.

侯青川，靳庆鲁，陈明端. 2015. 经济发展、政府偏袒与公司发展——基于政府代理问题与公司代理问题的分析[J]. 经济研究，(1)：140-152.

黄承梁. 2012. 生态文明视野下的企业绿色发展研究[D]. 山东大学硕士学位论文.

姬振海. 2007. 生态文明论[M]. 北京：人民出版社.

吉海涛. 2010. 利益相关者视角下资源型企业社会责任研究[D]. 辽宁大学博士学位论文.

吉喜. 2001. 可持续发展理论探索：生态承载力理论、方法与应用[M]. 北京：中国环境科学出版社.

纪建悦，吕帅. 2009. 利益相关者满足与企业价值的相关性研究——基于我国酒店餐饮上市公司面板数据的实证分析[J]. 中国工业经济，(2)：151-160.

贾生华，陈宏辉. 2002. 利益相关者的界定方法述评[J]. 外国经济与管理，24(5)：13-18.

贾兴平，刘益. 2014. 外部环境、内部资源与企业社会责任[J]. 南开管理评论，(6)：13-18.

姜付秀，朱冰，王运通. 2014. 国有企业的经理激励契约更不看重绩效吗?[J]. 管理世界，(9)：

143-159.

康纪田. 2013. 矿山企业在社区建设中的社会责任[J]. 经济与管理，(8)：93-97.

康纪田，彭一伶. 2013. 矿山企业承担社会责任是矿业环境保护的新途径[J]. 安全与环境工程，(1)：10-15.

黎文靖. 2012. 所有权类型、政治寻租与公司社会责任报告：一个分析性框架[J]. 会计研究，(1)：81-88.

李斌. 2008. 全国非煤矿山安全生产现场会山西襄汾召开本市四项重点措施贯彻精神力求“两个确保”[J]. 上海安全生产，(10)：7-8.

李红玉. 2007. 中国企业社会责任与企业绩效的关系研究[D]. 辽宁大学硕士学位论文.

李洪彦. 2006. 中国企业社会责任研究[M]. 北京：中国统计出版社.

李立清，陈冬林，李燕凌. 2005. SA8000 引领人本管理时代[J]. 企业改革与管理，(2)：54-55.

李龙熙. 2005. 对可持续发展理论的诠释与解析[J]. 行政与法，(1)：3-7.

李琦. 2011. 企业财务管理目标与社会责任[J]. 经济研究导刊，(15)：95-97.

李姝. 2007. 企业社会责任：中国的实践及启示——基于利益相关者理论视角[J]. 商业经济，(10)：21-23.

李四海，李晓龙，宋献中. 2015. 产权性质、市场竞争与企业社会责任行为——基于政治寻租视角的分析[J]. 中国人口·资源与环境，25(1)：162-169.

李心合. 2001. 面向可持续发展的利益相关者管理[J]. 当代财经，(1)：66-70.

李延喜，陈克兢，姚宏，等. 2012. 基于地区差异视角的外部治理环境与盈余管理关系研究——兼论公司治理的替代保护作用[J]. 南开管理评论，(4)：89-100.

李彦龙. 2011. 关于矿业企业社会责任的若干理论探讨[J]. 中国矿业，20(8)：29-32.

李艳芳. 2003. 美国的公民诉讼制度及其启示——关于建立我国公益诉讼制度的借鉴性思考[J]. 中国人民大学学报，(2)：122-129.

李艳琴. 2011. 紫金矿业的罪与罚[J]. 地球，(3)：41-43.

李昱. 2011. 国有经济功能和国有企业社会责任[J]. 国有经济评论，2：4-12.

李远，张修玉，彭晓春，等. 2014. 生态治国 文明理政——试论新时期生态文明观[J]. 环境保护，15：39-42.

李占祥. 1993. 论企业社会责任[J]. 中国工业经济，2：58-60.

李正. 2006. 企业社会责任与企业价值的相关性研究——来自沪市上市公司的经验证据[J]. 中国工业经济，(2)：77-83.

李仲学，赵怡晴，李翠平，等. 2011. 矿业经济学[M]. 北京：冶金工业出版社.

连玉君，苏治，丁志国. 2008. 现金——现金流敏感性能检验融资约束假说吗?[J]. 统计研究，25(10)：92-99.

廖福霖，苏祖荣，罗栋桑，等. 2012. 生态文明学[M]. 北京：中国林业出版社.

刘爱军. 2005. 生态文明建设对环境法理论变革的影响[J]. 中国人口·资源与环境，15(3)：140-142.

刘伯恩. 2014. 组织合法性视角下矿业企业社会责任驱动机理研究[D]. 中国地质大学(北京)博士学位论文.

刘长翠，孔晓婷. 2006. 社会责任会计信息披露的实证研究——来自沪市 2002 年—2004 年度的经验数据[J]. 会计研究，(10)：36-43.

刘长喜. 2005. 利益相关者、社会契约与企业社会责任——一个新的分析框架及其应用[D]. 复旦大学博士学位论文.

刘国仁. 2001. 当前我国矿业改革与发展的资本市场问题[J]. 中国矿业，10（1）：7-17.

刘惠君，刘云忠，钟平. 2010. 中国地勘资本性投入对矿产资源供求影响分析[J]. 中国国土资源经济，23（5）：17-19.

刘利，干胜道. 2009. 利益相关者理论在我国的研究进展[J]. 重庆工商大学学报，19（3）：86-93.

刘晓玲. 2014. 制度环境对企业战略的影响研究[D]. 华南理工大学硕士学位论文.

龙文滨，宋献中. 2013. 社会责任投入增进价值创造的路径与时点研究——一个理论分析[J]. 会计研究，12：9.

卢代富. 2002. 企业社会责任的经济学与法学分析[M]. 北京：法律出版社.

卢风. 2009. 生态价值观与制度中立——兼论生态文明的制度建设[J]. 上海师范大学学报（哲学社会科学版），38（2）：1-8.

罗承忠. 2007. 模糊集引论[M]. 北京：北京师范大学出版社.

罗志荣. 2004. 对 SA8000 的多重视角[J]. 经济管理文摘，（9）：19-21.

绿色和平. 2013. 噬水之煤——神华鄂尔多斯煤制油项目对环境影响的调查[J]. 绿叶，（8）：88-92.

孟宪平. 2008. 走向生态文明的路径选择[J]. 内蒙古师范大学学报（哲学社会科学版），（3）：50-54.

米林林. 2010. 矿业企业社会责任评价指标体系研究[D]. 中国地质大学（北京）硕士学位论文.

莫光财，钟发滔. 2008. 代际公平视阈下的生态型政府构建[J]. 党政干部学刊，（1）：27-29.

聂飞榕，郭莹莹. 2008. 企业社会责任理论研究综述[J]. 金融经济（理论版），17（8）：116-119.

牛建波，李胜楠. 2007. 控股股东两权偏离、董事会行为与企业价值：基于中国民营上市公司面板数据的比较研究[J]. 南开管理评论，10（2）：31-37.

潘岳. 2006. 社会主义生态文明[J]. 资源与人居环境，（12X）：62-66.

佩珀 D. 2005. 生态社会主义：从深生态学到社会正义[M]. 刘颖译. 济南：山东大学出版社.

平狄克 R，鲁宾费尔德 D. 2000. 微观经济学[M]. 张军译. 北京：中国人民大学出版社.

萨缪尔森 P，诺德豪斯 W. 2005. 经济学（英文版）[M]. 第 16 版. 北京：机械工业出版社.

山立威，甘犁，郑涛. 2008. 公司捐款与经济动机[J]. 经济研究，11：51-60.

沈洪涛，王立彦，万拓. 2011. 社会责任报告及鉴证能否传递有效信号?——基于企业声誉理论的分析[J]. 审计研究，（4）：87-93.

沈元平. 2012. 企业社会责任、顾客认同对顾客公民行为的影响研究[D]. 浙江财经学院硕士学位论文.

沈志渔，刘兴国，周小虎. 2008. 基于社会责任的国有企业改革研究[J]. 中国工业经济，9：141-149.

石军伟，胡立君，付海艳. 2008. 企业社会资本的功效结构：基于中国上市公司的实证研究[J]. 中国工业经济，（2）：87-98.

石山. 1995. 建设生态文明的思考[J]. 生态农业研究，（2）：3-5.

世界银行. 2006. 中国政府治理、投资环境与和谐社会：中国 120 个城市竞争力的提高[M]. 北京：中国财政经济出版社.

斯密 A. 2005. 国富论[M]. 唐日松译. 北京：华夏出版社.

苏潜. 2006. 企业社会责任与矿业企业的可持续发展[J]. 中国矿业，15（5）：12-13.

孙继荣. 2010. ISO26000——社会责任发展的里程碑和新起点[J]. WTO 经济导刊，（10）：60-63.

孙浦阳，韩帅，许启钦. 2013. 产业集聚对劳动生产率的动态影响[J]. 世界经济，（3）：33-53.

孙彦泉. 2000. 生态文明的哲学基础[J]. 齐鲁学刊，（1）：113-118.
唐鹏程，杨树旺. 2015. 利益相关者满足能缓解中小板上市公司融资约束吗?[J]. 中国地质大学学报（社会科学版），15（4）：103-108.
唐跃军，左晶晶，李汇东. 2014. 制度环境变迁对公司慈善行为的影响机制研究[J]. 经济研究，（2）：61-73.
万华林，陈信元. 2010. 治理环境、企业寻租与交易成本[J]. 经济学（季刊），9（2）：554-570.
万建华. 1998. 利益相关者管理[M]. 深圳：海天出版社.
王碧峰. 2006. 企业社会责任问题讨论综述[J]. 经济理论与经济管理，12：72-76.
王锋正，郭晓川. 2007. 资源型产业集群与内蒙古经济发展[J]. 工业技术经济，26（1）：51-53.
王建琼，何静谊. 2009. 公司治理、企业经济绩效与企业社会责任——基于中国制造业上市公司数据的经验研究[J]. 经济经纬，（2）：83-86.
王莲芬. 2001. 网络分析法（ANP）的理论与算法[J]. 系统工程理论与实践，21（3）：44-50.
王浦，周进生. 2012. 低碳经济视角下中国矿业企业的社会责任研究[J]. 中国人口·资源与环境，（S2）：46-49.
王齐，庄志毅. 1989. 论企业的社会责任与企业文化的塑造[J]. 中国工业经济，（1）：38-44.
王倩. 2014. 企业社会责任与企业财务绩效的关系研究——制度环境的调节效应[D]. 浙江大学博士学位论文.
王卫京，李兆雷，胡乃联，等. 2014. 西藏地区矿山企业社会责任评价体系研究[J]. 中国矿业，（10）：71-76.
王永进，盛丹. 2012. 政治关联与企业的契约实施环境[J]. 经济学（季刊），11（4）：1193-1218.
王竹泉，杜媛. 2012. 利益相关者视角的企业形成逻辑与企业边界分析[J]. 中国工业经济，3(1)：19-23.
卫武. 2012. 基于“Meta 分析”视角的企业社会绩效与企业财务绩效之间的关系研究[J]. 管理评论，24（4）：141-149.
温素彬，方苑. 2008. 企业社会责任与财务绩效关系的实证研究——利益相关者视角的面板数据分析[J]. 中国工业经济，（10）：150-160.
吴春明，周进生，蒋闯，等. 2015. 绿色矿山建设视角下矿业企业社会责任分析[J]. 中国国土资源经济，（6）：53-56.
吴荣庆，张燕如. 2007. 论矿业开发的特殊性与矿权交易中可能存在的陷阱[J]. 中国金属通报，31：3-8.
吴文盛. 2011. 中国矿业管制体制研究[M]. 北京：经济科学出版社.
吴晓波. 2004. 被夸大的公司使命[J]. 商界，（6）：27.
习近平. 2012. 紧紧围绕坚持和发展中国特色社会主义学习宣传贯彻党的十八大精神[J]. 求是，（23）：3-8.
习近平. 2013. 关于《中共中央关于全面深化改革若干重大问题的决定》的说明[J]. 新长征，（12）：18-23.
习近平. 2014. 切实把思想统一到党的十八届三中全会精神上来[J]. 求是，（1）：3-6.
肖强，罗公利. 2009. 企业公益捐赠的影响因素研究——以青岛市企业为例[J]. 青岛科技大学学报（社会科学版），25（2）：62-67.
谢光前. 1992. 社会主义生态文明初探[J]. 社会主义研究，（3）：32-35.

谢文武. 2010. 企业社会绩效的治理分析[D]. 浙江大学博士学位论文.
徐崇温. 2009. 评当代西方社会的生态社会主义思潮[J]. 中共天津市委党校学报，11（4）：78-84.
许翠娟. 2007. 基于利益相关者的企业控制权配置研究[D]. 山东大学硕士学位论文.
许婷. 2008. 上市公司慈善捐赠影响因素实证研究——以 2006 年上市公司慈善排行榜为例[J]. 市场周刊，（12）：88-90.
薛晓源，李惠斌. 2007. 生态文明研究前沿报告[M]. 上海：华东师范大学出版社.
阳秋林，代金云. 2012 . "两型社会"下钢铁企业社会责任会计指标评价体系研究[J]. 南华大学学报，12（6）：42-45.
杨桂芳. 2010. 生态文明内涵分析[J]. 生态经济，（12）：185-188.
杨瑞龙，杨其静. 2005. 企业理论：现代观点[M]. 北京：中国人民大学出版社.
杨通进. 2008. 生态公民论纲[J]. 南京林业大学学报（人文社会科学版），（3）：13-19.
杨站君，唐鹏程，杨树旺. 2015. 矿业企业社会责任影响因素研究——来自中国上市公司的样本数据[J]. 中国国土资源经济，（11）：40-43.
易稳. 2010. 中国有色金属工业上市公司企业社会责任评价研究[D]. 中南大学硕士学位论文.
余敬. 2009. 矿产资源可持续力[M]. 武汉：中国地质大学出版社.
袁家方. 1990. 企业社会责任[M]. 北京：海洋出版社.
曾繁仁. 2005. 当代生态文明视野中的生态美学观[J]. 文学评论，（4）：48-55.
翟春霞，王浦，周进生. 2012. 和谐社会下我国矿业企业的社会责任研究[J]. 中国矿业，21（11）：18-22.
张安平，李文. 2010. 跨国石油公司企业社会责任概况及启示[J]. 化工管理，（4）：78-80.
张捷. 1985. 在成熟社会主义条件下培养个人生态文明的途径[J]. 科学社会主义，2：57.
张鹏，王建，孔含笑，等. 2015. 生态文明视野下的矿山企业社会责任探讨[J]. 中国矿业，（S1）：234-236.
张首先. 2010. 生态文明研究——马克思恩格斯生态文明思想的中国化进程[D]. 西南交通大学博士学位论文.
张维迎. 1996. 所有者治理结构及委托—代理关系[J]. 经济研究，9（3）：3-15，53.
张维迎. 2007. 企业社会责任的困惑与悖论[J]. 企业文化，（10）：37-39.
张维迎. 2010. 中国企业十诫[J]. 理财，（11）：35.
张晓岚，李强，吴勋. 2007. 持续经营审计判断的改进：经营效率证据的引入[J]. 会计研究，（1）：66-73.
张兆国，靳小翠，李庚秦. 2013. 低碳经济与制度环境实证研究——来自我国高能耗行业上市公司的经验证据[J]. 中国软科学，（3）：109-119.
赵建梅. 2010. 利益相关者理论与企业社会责任研究一种理论研究路径的分析与评价[J]. 科技进步与对策，27（24）：12-15.
赵洁珏. 2012. 面板数据的灰色聚类方法研究及应用[D]. 南京航空航天大学硕士学位论文.
郑少华. 2002. 生态主义法哲学[M]. 北京：法律出版社.
中国环境报社. 1992. 迈向 21 世纪：联合国环境与发展大会文献汇编[M]. 北京：中国环境科学出版社.
中华人民共和国国家统计局. 2004. 2004 中国统计年鉴[M]. 北京：中国统计出版社.
中华人民共和国国家统计局. 2005. 2005 中国统计年鉴[M]. 北京：中国统计出版社.

中华人民共和国国家统计局. 2006. 2006 中国统计年鉴[M]. 北京：中国统计出版社.
中华人民共和国国家统计局. 2007. 2007 中国统计年鉴[M]. 北京：中国统计出版社.
中华人民共和国国家统计局. 2008. 2008 中国统计年鉴[M]. 北京：中国统计出版社.
中华人民共和国国家统计局. 2009. 2009 中国统计年鉴[M]. 北京：中国统计出版社.
中华人民共和国国家统计局. 2010. 2010 中国统计年鉴[M]. 北京：中国统计出版社.
中华人民共和国国家统计局. 2011. 2011 中国统计年鉴[M]. 北京：中国统计出版社.
中华人民共和国国家统计局. 2012. 2012 中国统计年鉴[M]. 北京：中国统计出版社.
中华人民共和国国家统计局. 2013. 2013 中国统计年鉴[M]. 北京：中国统计出版社.
中华人民共和国国家统计局. 2014. 2014 中国统计年鉴[M]. 北京：中国统计出版社.
中华人民共和国国家统计局. 2015. 2015 中国统计年鉴[M]. 北京：中国统计出版社.
中华人民共和国国家统计局. 2016. 2016 中国统计年鉴[M]. 北京：中国统计出版社.
中华人民共和国国土资源部. 2006-04-14. 2005 年中国国土资源公报[EB/OL]. http://www.mlr.gov.cn/zwgk/tjxx/200710/t20071025_89743.htm.
中华人民共和国国土资源部. 2006-06-26. 2006 年中国国土资源公报[EB/OL]. http://www.mlr.gov.cn/zwgk/tjxx/200710/t20071025_89745.htm.
中华人民共和国国土资源部. 2007-12-15. 2007 年中国国土资源公报[EB/OL]. http://www.mlr.gov.cn/sjpd/gtzygb/201506/t20150629_1356125.htm.
中华人民共和国国土资源部. 2009-04-09. 2008 年中国国土资源公报[EB/OL]. http://www.mlr.gov.cn/sjpd/gtzygb/201506/t20150629_1356126.htm.
中华人民共和国国土资源部. 2010-04-09. 2009 年中国国土资源公报[EB/OL]. http://www.mlr.gov.cn/sjpd/gtzygb/201506/P020150629531451490795.pdf.
中华人民共和国国土资源部. 2011-10-19. 2010 年中国国土资源公报[EB/OL]. http://www.mlr.gov.cn/sjpd/gtzygb/201509/P020150914555826293600.pdf.
中华人民共和国国土资源部. 2012-05-10. 2011 年中国国土资源公报[EB/OL]. http://www.mlr.gov.cn/sjpd/gtzygb/201509/P020150914556340296350.pdf.
中华人民共和国国土资源部. 2013-04-20. 2012 年中国国土资源公报[EB/OL]. http://www.mlr.gov.cn/sjpd/gtzygb/201509/P020150914556348532430.pdf.
中华人民共和国国土资源部. 2014-04-22. 2013 年中国国土资源公报[EB/OL]. http://www.mlr.gov.cn/sjpd/gtzygb/201509/P020150914556352232962.pdf.
中华人民共和国国土资源部. 2015-04-23. 2014 年中国国土资源公报[EB/OL]. http://202.114.207.36/cache/6/03/mlr.gov.cn/d1f93db9d007879a40c9a5ab1a78b749/P020150422317433127066.pdf.
中华人民共和国国土资源部. 2016-04-26. 2015 年中国国土资源公报[EB/OL]. http://202.114.207.36/cache/7/03/mlr.gov.cn/770eb26ec5fc3b2283aa5b63f454d73b/P020160421532279160618.pdf.
钟宏武. 2007. 企业捐赠作用的综合解析[J]. 中国工业经济，(2)：77-85.
周中胜，何德旭，李正. 2012. 制度环境与企业社会责任履行：来自中国上市公司的经验证据[J]. 中国软科学，(10)：59-68.
周祖成. 2005. 企业伦理学[M]. 北京：清华大学出版社.
朱国宏，桂勇. 2005. 新经济社会学导论[M]. 上海：复旦大学出版社.
朱乃平，朱丽，孔玉生，等. 2014. 技术创新投入、社会责任承担对财务绩效的协同影响研究[J]. 会计研究，(2)：57-63.
朱清，王联军. 2016. 矿业企业社会责任与矿业发展方式转型[J]. 矿产保护与利用，(4)：8-12.

朱雅琴，姚海鑫. 2010. 企业社会责任与企业价值关系的实证研究[J]. 财经问题研究，(2)：102-106.

朱迎春. 2010. 我国企业慈善捐赠税收政策激励效应——基于 2007 年度我国 A 股上市公司数据的实证研究[J]. 当代财经，(1)：36-42.

Djibril K. 2012. 环保政策对塞内加尔可持续发展的影响[D]. 厦门大学硕士学位论文.

AccountAbility. 1999. AccountAbility 1000（AA1000）Framework. Standards，Guidelines and Professional Qualification[M]. London：AccountAbility.

AccountAbility. 2008. AA1000 Assurance Standard[M]. London：AccountAbility.

Aguilera R V，Rupp D E，Williams C A，et al. 2007. Putting the S back in corporate social responsibility：a multilevel theory of social change in organizations[J]. Academy of Management Review，32（3）：836-863.

Alexander G J，Buchholz R A. 1978. Corporate social responsibility and stock market performance[J]. Academy of Management Journal，19（16）：1283-1293.

Amato L H，Amato C H. 2007. The effects of firm size and industry on corporate giving[J]. Journal of Business Ethics，72（3）：229-241.

Ansoff I. 1965. Corporate Strategy[M]. New York：McGraw-Hill.

Aoki M. 1984. The Co-operative Game Theory of the Firm[M]. Oxford：Oxford University Press.

Aupperle K E，Carroll A B，Hatfield J D. 1985. An empirical examination of the relationship between corporate social responsibility and profitability[J]. Academy of Management Journal，28（2）：446-463.

Barnea A，Rubin A. 2010. Corporate social responsibility as a conflict between shareholders[J]. Journal of Business Ethics，97（1）：71-86.

Berle A A. 1930. The Equitable Distribution of Ownership[M]. New York：Bureau of Personnel Administration.

Bertrand M，Mullainathan S. 2003. Enjoying the quiet life? Corporate governance and managerial preferences[J]. Journal of Political Economy，111（5）：1043-1075.

Bezdk J C，Hathaway R. 1986. Local convergence of the fuzzy c-means a births[J]. Pattern Recognition，19（6）：25-40.

Blair M M. 1998. For whom should corporations be run：an economic rationale for stakeholder management[J]. Long Range Planning，31（2）：195-200.

Boatsman J R，Gupta S. 1996. Taxes and corporate charity：empirical evidence from microlevel panel data[J]. National Tax Journal，49（2）：193-213.

Bond S R. 2002. Dynamic panel data models：a guide to micro data methods and practice[J]. Portuguese Economic Journal，1（2）：141-162.

Bowen H. 1953. Social Responsibilities of the Businessman[M]. New York：Harper & Row.

Brammer S，Millington A. 2005. Corporate reputation and philanthropy：an empirical analysis[J]. Journal of Business Ethics，61（1）：29-44.

Brammer S，Millington A. 2008. Does it pay to be different? An analysis of the relationship between corporate social and financial performance[J]. Strategic Management Journal，29（29）：1325-1343.

Brown W O，Helland E，Smith J K. 2006. Corporate philanthropic practices[J]. Journal of Corporate Finance，12（5）：855-877.

Brülhart M，Mathys N A. 2008. Sectoral agglomeration economies in a panel of european regions[J]. Regional Science and Urban Economics，38（4）：348-362.

Bun M J，Windmeijer F. 2010. The weak instrument problem of the system GMM estimator in dynamic panel data models[J]. The Econometrics Journal，13（1）：95-126.

Busenitz L W，Lau C. 2001. Growth intentions of entrepreneurs in a transitional economy：The People's

Republic of China[J]. Entrepreneurship：Theory and Practice，26（1）：5-21.

Cai H，Liu Q. 2009. Competition and corporate tax avoidance：evidence from Chinese industrial firms[J]. The Economic Journal，119（537）：764-795.

Calabrese A，Costa R，Menichini T，et al. 2013. Does corporate social responsibility hit the mark? A stakeholder oriented methodology for CSR assessment[J]. Knowledge and Process Management，20（2）：77-89.

Campbell J L. 2007. Why would corporations behave in socially responsible ways? An institutional theory of corporate social responsibility[J]. Academy of Management Review，32（3）：946-967.

Carroll A B. 1979. A three-dimensional conceptual model of corporate performance[J]. Academy of Management Review，4（4）：497-505.

Carroll A B. 1991. The pyramid of corporate social responsibility：toward the moral management of organizational stakeholders[J]. Business Horizons，34（4）：39-48.

Carroll A B. 1999. Corporate social responsibility evolution of a definitional construct[J]. Business & Society，38（3）：268-295.

Carroll A B，Shabana K M. 2010. The business case for corporate social responsibility：a review of concepts，research and practice[J]. International Journal of Management Reviews，12（1）：85-105.

Carroll A B，Buchholtz A. 2014. Business and Society：Ethics，Sustainability，and Stakeholder Management[M]. Boston：Cengage Learning.

Carroll R，Joulfaian D. 2005. Taxes and corporate giving to charity[J]. Public Finance Review，33（3）：300-317.

Charkham J. 1992. Corporate governance：lessons from abroad[J]. European Business Journal，4（2）：8-16.

Chatterjee S，Wernerfelt B. 1991. The link between resources and type of diversification：theory and evidence[J]. Strategic Management Journal，12（1）：33-48.

Chen H，Wang X. 2011. Corporate social responsibility and corporate financial performance in China：an empirical research from Chinese firms[J]. Corporate Governance：The International Journal of Business in Society，11（4）：361-370.

Chen Y. 2013. The influence of corporate governance structure on corporate social responsibility：empirical evidence from China[D]. Master Dissertation，Politecnico di Milano.

Clarkson M B E. 1995. A stakeholder framework for analyzing and evaluating corporate social performance[J]. Academy of Management Review，20（1）：92-117.

Coase R H. 1937. The nature of the firm[J]. Economica，4（16）：386-405.

Costa R，Menichini T. 2013. A multidimensional approach for csr assessment：the importance of the stakeholder perception[J]. Expert Systems with Applications，40（1）：150-161.

Crampton W，Patten D. 2008. Social responsiveness，profitability and catastrophic events：evidence on the corporate philanthropic response to 9/11[J]. Journal of Business Ethics，81（4）：863-873.

Crisóstomo V L，Freire F D S，Vasconcellos F C D. 2011. Corporate social responsibility，firm value and financial performance in Brazil[J]. Social Responsibility Journal，7（2）：295-309.

Dacin M T，Oliver C，Roy J P. 1994. The legitimacy of strategic alliances：an institutional perspective[J]. Strategic Management Journal，28（2）：169-187.

Darnall N，Henriques I，Sadorsky P. 2010. Adopting proactive environmental strategy：the influence of stakeholders and firm size[J]. Journal of Management Studies，47（6）：1072-1094.

Davis G F，Cobb J A. 2010. Resource dependence theory：past and future[J]. Research in the Sociology of Organizations，28（1）：21-42.

Davis K. 1960. Can business afford to ignore social responsibilities?[J]. California Management

Review，2（3）：70-76.

Davis K，Blomstrom R L. 1971. Business，Society，and Environment：Social Power and Social Response[M]. New York：McGraw-Hill.

Davis L E，North D C，Smorodin C. 1971. Institutional Change and American Economic Growth[M]. Cambridge：Cambridge University Press.

Dawkins J，Lewis S. 2003. CSR in stakeholder expectations：and their implication for company strategy[J]. Journal of Business Ethics，44：185-193.

Dodd E M. 1932. For whom are corporate managers trustees?[J]. Harvard Law Review，45（7）：1145-1163.

Donaldson T，Preston L E. 1995. The stakeholder theory of the corporation：concepts，evidence，and implications[J]. Academy of Management Review，20（1）：65-91.

Dunn J C. 1974. Well-separated clusters and optimal fuzzy partitions[J]. Journal of Cybernetics，4（1）：95-104.

Dyer J H，Nobeoka K. 2000. Creating and managing a high-performance knowledge-sharing network：the Toyota case[J]. Strategic Management Journal，21（3）：345-367.

Eells R S F，Walton C C. 1961. Conceptual Foundations of Business：An Outline of Major Ideas Sustaining Business Enterprise in the Western World[M]. Homewood：RD Irwin.

Enderle G. 2004. Global competition and corporate responsibilities of small and medium-sized enterprises[J]. Business Ethics：A European Review，13（1）：50-63.

Fernández-Kranz D，Santaló J. 2010. When necessity becomes a virtue：the effect of product market competition on corporate social responsibility[J]. Journal of Economics & Management Strategy，19（2）：453-487.

Fitzpatrick P，Fonseca A，McAllister M L. 2011. From the whitehorse mining initiative towards sustainable mining：lessons learned[J]. Journal of Cleaner Production，19（4）：376-384.

Flannery M J，Rangan K P. 2006. Partial adjustment toward target capital structures[J]. Journal of Financial Economics，79（3）：469-506.

Frederick W C. 1988. Business and Society：Corporate Strategy，Public Policy，Ethics[M]. New York：McGraw-Hill.

Freeman R E. 1984. Strategic Management：A Stakeholder Perspective[M]. Boston：Pitman.

Freeman R E. 2010. Strategic Management：A Stakeholder Approach[M]. Cambridge：Cambridge University Press.

Friedman M. 2007. The Social Responsibility of Business is to Increase its Profits[M]. Berlin：Springer.

Gao Y，Hafsi T. 2015. Government intervention，peers' giving and corporate philanthropy：evidence from Chinese private SMEs[J]. Journal of Business Ethics，132（2）：433-447.

Garriga E，Mel X，Dom X，et al. 2004. Corporate social responsibility theories：mapping the territory[J]. Journal of Business Ethics，5（3）：51-71.

Göbbels M，Jonker J. 2003. AA1000 and SA8000 compared：a systematic comparison of contemporary accountability standards[J]. Managerial Auditing Journal，18（1）：54-58.

Godfrey P C. 2005. The relationship between corporate philanthropy and shareholder wealth：a risk management perspective[J]. Academy of Management Review，30（4）：777-798.

Godfrey P C，Hatch N W. 2007. Researching corporate social responsibility：an agenda for the 21st century[J]. Journal of Business Ethics，70（1）：87-98.

Godfrey P C，Merrill C B，Hansen J M. 2009. The relationship between corporate social responsibility and shareholder value：an empirical test of the risk management hypothesis[J]. Strategic Management Journal，30（4）：425-445.

Goel A M，Thakor A V. 2008. Overconfidence，CEO selection，and corporate governance[J]. The Journal of Finance，63（6）：2737-2784.

Gompers P A，Ishii J，Metrick A. 2010. Extreme governance：an analysis of dual-class firms in the United States[J]. Review of Financial Studies，23（3）：1051-1088.

Greene W H. 2008. Econometric Analysis[M]. San Diego：Granite Hill Publishers.

Griffin J J，Mahon J F. 1997. The corporate social performance and corporate financial performance debate[J]. Business & Society，36（1）：5-31.

Groves K S，LaRocca M A. 2012. Responsible Leadership Outcomes via Stakeholder CSR Values：Testing a Values-Centered Model of Transformational Leadership[M]. Berlin：Springer.

Hamann R，Kapelus P. 2004. Corporate social responsibility in mining in southern africa：fair accountability or just greenwash?[J]. Development，47（3）：85-92.

Hardin G. 1968. The tragedy of the commons[J]. Science，162（3859）：1243-1248.

Harrison J S，Wicks A C. 2013. Stakeholder theory，value，and firm performance[J]. Business Ethics Quarterly，23（1）：97-124.

Hart O. 1995. Firms，Contracts，and Financial Structure[M]. Oxford：Oxford University Press.

Hill C W L. 1995. National institutional structures，transaction cost economizing and competitive advantage：the case of Japan[J]. Organization Science，6（1）：119-131.

Hillman A J，Withers M C，Collins B J. 2009. Resource dependence theory：a review[J]. Journal of Management，35（6）：405-427.

Initiative G R. 2006. Sustainability Reporting Guidelines[M]. Amsterdam：Global Reporting Initiative.

Inoue Y，Lee S. 2011. Effects of different dimensions of corporate social responsibility on corporate financial performance in tourism-related industries[J]. Tourism Management，32（4）：790-804.

Isa S M. 2012. Corporate social responsibility：what can we learn from the stakeholders?[J]. Procedia-social and Behavioral Sciences，65：327-337.

ISO. 2010. Guidance on Social Responsibility[M]. Geneva：ISO.

Jamali D，Safieddine A M，Rabbath M. 2008. Corporate governance and corporate social responsibility synergies and interrelationships[J]. Corporate Governance：An International Review，16（5）：443-459.

Jawahar I M，McLaughlin G L. 2001. Toward a descriptive stakeholder theory：an organizational life cycle approach[J]. Academy of Management Review，26（3）：397-414.

Jensen M C，Meckling W H. 1976. Theory of the firm：managerial behavior，agency costs，and ownership structure[J]. Journal of Financial Economics，3（4）：78-79，305.

Jones T M. 1995. Instrumental stakeholder theory：a synthesis of ethics and economics[J]. Academy of Management Review，20（2）：404-437.

Kechiche A，Soparnot R. 2012. CSR within SMEs：literature review[J]. International Business Research，5（7）：97-104.

Lawrence P R，Lorsch J W. 1968. Organization and environment：managing differentiation and integration[J]. Administrative Science Quarterly，13（1）：180-186.

Leclair M S，Gordon K. 2000. Corporate support for artistic and cultural activities：what determines the distribution of corporate giving?[J]. Journal of Cultural Economics，24（3）：225-241.

Lee M D P. 2008. A review of the theories of corporate social responsibility：its evolutionary path and the road ahead[J]. International Journal of Management Reviews，10（1）：53-73.

Li Y，Zhang J，Foo C. 2013. Towards a theory of social responsibility reporting：empirical analysis of 613 CSR reports by listed corporations in China[J]. Chinese Management Studies，7（4）：519-534.

Lincoff G. 1981. The Audubon Society Field Guide to North American Mushrooms[M]. New York: Knopf.

Luo X, Bhattacharya C B. 2006. Corporate social responsibility, customer satisfaction, and market value[J]. Journal of Marketing, 70 (4): 1-18.

Malmendier U, Tate G. 2005. CEO overconfidence and corporate investment[J]. The Journal of Finance, 60 (6): 2661-2700.

Margolis J D, Walsh J P. 2003. Misery loves companies: rethinking social initiatives by business[J]. Administrative Science Quarterly, 48 (48): 268-305.

Matten D, Moon J. 2008. "Implicit" and "explicit" CSR: a conceptual framework for a comparative understanding of corporate social responsibility[J]. Academy of Management Review, 33 (2): 404-424.

Mining K P. 2002. Corporate social responsibility and the "community": the case of rio tinto, richards bay minerals and the mbonambi[J]. Journal of Business Ethics, 39 (3): 275-296.

Mitchell R K, Agle B R, Wood D J. 1997. Toward a theory of stakeholder identification and salience: defining the principle of who and what really counts[J]. Academy of Management Review, 22 (4): 853-886.

Mohr L A, Webb D J. 2005. The effects of corporate social responsibility and price on consumer responses[J]. Journal of Consumer Affairs, 39 (1): 121-147.

Muller A, Whiteman G. 2009. Exploring the geography of corporate philanthropic disaster response: a study of fortune global 500 firms[J]. Journal of Business Ethics, 84 (4): 589-603.

Navarro P. 1988. Why do corporations give to charity?[J]. Journal of Business, 61 (1): 65-93.

Ni N, Egri C, Lo C, et al. 2015. Patterns of corporate responsibility practices for high financial performance: evidence from three chinese societies[J]. Journal of Business Ethics, 126 (2): 169-183.

North D C. 1990. Institutions, Institutional Change and Economic Performance[M]. Cambridge: Cambridge University Press.

O'Riordan L, Fairbrass J. 2008. Corporate social responsibility (CSR): models and theories in stakeholder dialogue[J]. Journal of Business Ethics, 83 (4): 745-758.

OECD. 2011. OECD Guidelines for Multinational Enterprises[M]. Paris: OECD.

Orlitzky M, Benjamin J D. 2001. Corporate social performance and firm risk: a meta-analytic review[J]. Business & Society, 40 (4): 369-396.

Peloza J, Shang J. 2011. How can corporate social responsibility activities create value for stakeholders? A systematic review[J]. Journal of the Academy of Marketing Science, 39 (1): 117-135.

Peng M W. 2001. How entrepreneurs create wealth in transition economies[J]. The Academy of Management Executive, 15 (1): 95-108.

Peng M W, Heath P S. 1996. The growth of the firm in planned economies in transition: institutions, organizations, and strategic choice[J]. Academy of Management Review, 21 (2): 492-528.

Peng M W, Pleggenkuhle-Miles E G. 2008. Global strategy[J]. International Journal of Management Reviews, 11 (1): 51-68.

Pharoah A. 2003. Corporate reputation: the boardroom challenge[J]. Corporate Governance: The International Journal of Business in Society, 3 (4): 46-51.

Porter M E. 1985. Competitive Advantage: Creating and Sustaining Superior Performance[M]. New York: Free Press.

Porter M E, Kramer M R. 2007. Strategy and society: the link between competitive advantage and corporate social responsibility[J]. Harvard Business Review, 84 (12): 78-92, 163.

Powell W. 1996. Commentary on the nature of institutional embeddedness[J]. Advances in Strategic Management，13：293-300.

Robbins S P. 1974. Managing Organizational Conflict：A Nontraditional Approach[M]. Upper Saddle River：Prentice-Hall.

Ruspini E H. 1969. A new approach to clustering[J]. Information & Control，15（1）：22-32.

Saaty T L. 2005. Theory and Applications of the Analytic Network Process：Decision Making with Benefits，Opportunities，Costs，and Risks[M]. Pittsburgh：RWS Publications.

Salancik G R，Pfeffer J. 1978. Who gets power and how they hold on to it：a strategic-contingency model of power[J]. Organizational Dynamics，5（3）：3-21.

Scott W R. 1995. Organizations and Institutions[M]. Los Angeles：SAGE.

Shannon C E. 1948. A mathematical theory of communication[J]. The Bell System Technical Journal，27：379-423，623-656.

Sheldon O. 1924. The Philosophy of Management[M]. London：Sir Isaac Pitman & Sons.

Sibao S，Huaer C. 2009. Economic globalization and the construction of China's corporate social responsibility[J]. International Journal of Law and Management，51（3）：134-138.

Silinpaa M，Wheeler D. 1998. The Stakeholder Corporation[M]. Boston：Pitman.

Sonnenfeld J. 1982. Measuring corporate social performance.[J]. Academy of Management，（1）：371-375.

Spicer B H. 1978. Investors，corporate social performance and information disclosure：an empirical study[J]. Accounting Review，53（1）：94-111.

Strahilevitz M. 1999. The effects of product type and donation magnitude on willingness to pay more for a charity-linked brand[J]. Journal of Consumer Psychology，8（3）：215-241.

Strahilevitz M，Myers J G. 1998. Donations to charity as purchase incentives：how well they work may depend on what you are trying to sell[J]. Journal of Consumer Research，24（4）：434-446.

Tan J，Tang Y. 2014. Donate money，but whose? An empirical study of ultimate control rights，agency problems，and corporate philanthropy in China[J]. Journal of Business Ethics，133（4）：593-610.

Tang Z，Tang J. 2012. Stakeholder-firm power difference，stakeholders' CSR orientation，and SMEs' environmental performance in China[J]. Journal of Business Venturing，27（4）：436-455.

Udayasankar K. 2008. Corporate social responsibility and firm size[J]. Journal of Business Ethics，83（2）：167-175.

Useem M. 1988. Market and institutional factors in corporate contributions[J]. California Management Review，30（2）：77-88.

Vance S C. 1975. Are socially responsible corporations good investment risks?[J]. Management Review，68（8）：18-24.

Wang H，Qian C. 2011. Corporate philanthropy and corporate financial performance：the roles of stakeholder response and political access[J]. Academy of Management Journal，54（6）：1159-1181.

Wartick S L，Cochran P L. 1985. The evolution of the corporate social performance model[J]. Academy of Management Review，10（4）：758-769.

White L Jr. 1967. The historical roots of our ecologic crisis[J]. Science，155（3767）：1203-1207.

Williamson O E. 1985. The Economic Institutions of Capitalism[M]. New York：Free Press.

Williamson O E. 1991. Strategizing，economizing，and economic organization[J]. Strategic Management Journal，12（S2）：75-94.

Wokutch R E，McKinney E W. 1991. Behavioral and perceptual measures of corporate social performance[J]. Research in Corporate Social Performance and Policy，12：309-330.

Wood D J. 1991. Corporate social performance revisited[J]. Academy of Management Review，16（4）：691-718.

Wood D J. 2010. Measuring corporate social performance：a review[J]. International Journal of Management Reviews，12（1）：50-84.

Wu C. 2002. The relationship of ethical decision-making to business ethics and performance in Taiwan[J]. Journal of Business Ethics，35（3）：163-176.

Zadeh L A. 1965. Fuzzy sets[J]. Information and Control，8（3）：338-353.

Zhang R，Rezaee Z，Zhu J. 2010. Corporate philanthropic disaster response and ownership type：evidence from Chinese firms' response to the Sichuan Earthquake[J]. Journal of Business Ethics，91（1）：51-63.

Zhao Z，Zhao X，Davidson K，et al. 2012. A corporate social responsibility indicator system for construction enterprises[J]. Journal of Cleaner Production，29：277-289.

附录1　样本企业概况

附表1-1　2008年样本企业概况

股票代码	股票简称	企业全称	注册地
000629	攀钢钢钒	攀枝花新钢钒股份有限公司	四川
000630	铜陵有色	铜陵有色金属集团股份有限公司	安徽
000655	金岭矿业	山东金岭矿业股份有限公司	山东
000709	唐钢股份	唐山钢铁股份有限公司	河北
000758	中色股份	中国有色金属建设股份有限公司	北京
000762	西藏矿业	西藏矿业发展股份有限公司	西藏
000878	云南铜业	云南铜业股份有限公司	云南
000933	神火股份	河南神火煤电股份有限公司	河南
000937	金牛能源	河北金牛能源股份有限公司	河北
000939	凯迪电力	武汉凯迪电力股份有限公司	湖北
000983	西山煤电	山西西山煤电股份有限公司	山西
002128	露天煤业	内蒙古霍林河露天煤业股份有限公司	内蒙古
002155	辰州矿业	湖南辰州矿业股份有限公司	湖南
002237	恒邦股份	山东恒邦冶炼股份有限公司	山东
600005	武钢股份	武汉钢铁股份有限公司	湖北
600028	中国石化	中国石油化工股份有限公司	北京
600111	包钢稀土	内蒙古包钢稀土高科技股份有限公司	内蒙古
600117	西宁特钢	西宁特殊钢股份有限公司	青海
600121	郑州煤电	郑州煤电股份有限公司	河南
600123	兰花科创	山西兰花科技创业股份有限公司	山西
600231	凌钢股份	凌源钢铁股份有限公司	辽宁
600282	南钢股份	南京钢铁股份有限公司	江苏
600331	宏达股份	四川宏达化工股份有限公司	四川
600348	国阳新能	山西国阳新能股份有限公司	山西
600395	盘江股份	贵州盘江精煤股份有限公司	贵州
600397	安源股份	安源实业股份有限公司	江西
600432	吉恩镍业	吉林吉恩镍业股份有限公司	吉林

续表

股票代码	股票简称	企业全称	注册地
600489	中金黄金	中金黄金股份有限公司	天津
600497	驰宏锌锗	云南驰宏锌锗股份有限公司	云南
600508	上海能源	上海大屯能源股份有限公司	上海
600547	山东黄金	山东黄金矿业股份有限公司	山东
600549	厦门钨业	厦门钨业股份有限公司	福建
600569	安阳钢铁	安阳钢铁股份有限公司	河南
600652	爱使股份	上海爱使股份有限公司	上海
600971	恒源煤电	安徽恒源煤电股份有限公司	安徽
601001	大同煤业	大同煤业股份有限公司	山西
601088	中国神华	中国神华能源股份有限公司	北京
601168	西部矿业	西部矿业股份有限公司	青海
601666	平煤股份	平顶山天安煤业股份有限公司	河南
601699	潞安环能	山西潞安环保能源开发股份有限公司	山西
601857	中国石油	中国石油天然气股份有限公司	北京
601898	中煤能源	中国中煤能源股份有限公司	北京
601899	紫金矿业	紫金矿业集团股份有限公司	福建
601918	国投新集	国投新集能源股份有限公司	安徽
601958	金钼股份	金堆城钼业股份有限公司	陕西

附表1-2　2009年样本企业概况

股票代码	股票简称	企业全称	注册地
000629	攀钢钢钒	攀枝花新钢钒股份有限公司	四川
000630	铜陵有色	铜陵有色金属集团股份有限公司	安徽
000655	金岭矿业	山东金岭矿业股份有限公司	山东
000709	唐钢股份	唐山钢铁股份有限公司	河北
000758	中色股份	中国有色金属建设股份有限公司	北京
000762	西藏矿业	西藏矿业发展股份有限公司	西藏
000878	云南铜业	云南铜业股份有限公司	云南
000933	神火股份	河南神火煤电股份有限公司	河南
000937	金牛能源	河北金牛能源股份有限公司	河北
000939	凯迪电力	武汉凯迪电力股份有限公司	湖北
000983	西山煤电	山西西山煤电股份有限公司	山西
002128	露天煤业	内蒙古霍林河露天煤业股份有限公司	内蒙古
002155	辰州矿业	湖南辰州矿业股份有限公司	湖南
002237	恒邦股份	山东恒邦冶炼股份有限公司	山东

续表

股票代码	股票简称	企业全称	注册地
600005	武钢股份	武汉钢铁股份有限公司	湖北
600010	包钢股份	内蒙古包钢钢联股份有限公司	内蒙古
600019	宝钢股份	宝山钢铁股份有限公司	上海
600028	中国石化	中国石油化工股份有限公司	北京
600111	包钢稀土	内蒙古包钢稀土（集团）高科技股份有限公司	内蒙古
600117	西宁特钢	西宁特殊钢股份有限公司	青海
600121	郑州煤电	郑州煤电股份有限公司	河南
600123	兰花科创	山西兰花科技创业股份有限公司	山西
600188	兖州煤业	兖州煤业股份有限公司	山东
600231	凌钢股份	凌源钢铁股份有限公司	辽宁
600282	南钢股份	南京钢铁股份有限公司	江苏
600307	酒钢宏兴	甘肃酒钢集团宏兴钢铁股份有限公司	甘肃
600331	宏达股份	四川宏达化工股份有限公司	四川
600348	国阳新能	山西国阳新能股份有限公司	山西
600395	盘江股份	贵州盘江精煤股份有限公司	贵州
600397	安源股份	安源实业股份有限公司	江西
600432	吉恩镍业	吉林吉恩镍业股份有限公司	吉林
600489	中金黄金	中金黄金股份有限公司	北京
600497	驰宏锌锗	云南驰宏锌锗股份有限公司	云南
600508	上海能源	上海大屯能源股份有限公司	上海
600547	山东黄金	山东黄金矿业股份有限公司	山东
600549	厦门钨业	厦门钨业股份有限公司	福建
600569	安阳钢铁	安阳钢铁股份有限公司	河南
600652	爱使股份	上海爱使股份有限公司	上海
600971	恒源煤电	安徽恒源煤电股份有限公司	安徽
601001	大同煤业	大同煤业股份有限公司	山西
601088	中国神华	中国神华能源股份有限公司	北京
601168	西部矿业	西部矿业股份有限公司	青海
601666	平煤股份	平顶山天安煤业股份有限公司	河南
601699	潞安环能	山西潞安环保能源开发股份有限公司	山西
601857	中国石油	中国石油天然气股份有限公司	北京
601898	中煤能源	中国中煤能源股份有限公司	北京
601899	紫金矿业	紫金矿业集团股份有限公司	福建
601918	国投新集	国投新集能源股份有限公司	安徽
601958	金钼股份	金堆城钼业股份有限公司	陕西

附表1-3　2010年样本企业概况

股票代码	股票简称	企业全称	注册地
000630	铜陵有色	铜陵有色金属集团股份有限公司	安徽
000655	金岭矿业	山东金岭矿业股份有限公司	山东
000709	河北钢铁	河北钢铁股份有限公司	河北
000758	中色股份	中国有色金属建设股份有限公司	北京
000762	西藏矿业	西藏矿业发展股份有限公司	西藏
000780	平庄能源	内蒙古平庄能源股份有限公司	内蒙古
000878	云南铜业	云南铜业股份有限公司	云南
000933	神火股份	河南神火煤电股份有限公司	河南
000937	冀中能源	冀中能源股份有限公司	河北
000939	凯迪电力	武汉凯迪电力股份有限公司	湖北
000983	西山煤电	山西西山煤电股份有限公司	山西
002128	露天煤业	内蒙古霍林河露天煤业股份有限公司	内蒙古
002155	辰州矿业	湖南辰州矿业股份有限公司	湖南
002237	恒邦股份	山东恒邦冶炼股份有限公司	山东
002378	章源钨业	崇义章源钨业股份有限公司	江西
002428	云南锗业	云南临沧鑫圆锗业股份有限公司	云南
002460	赣锋锂业	江西赣锋锂业股份有限公司	江西
600005	武钢股份	武汉钢铁股份有限公司	湖北
600010	包钢股份	内蒙古包钢钢联股份有限公司	内蒙古
600019	宝钢股份	宝山钢铁股份有限公司	上海
600028	中国石化	中国石油化工股份有限公司	北京
600111	包钢稀土	内蒙古包钢稀土（集团）高科技股份有限公司	内蒙古
600117	西宁特钢	西宁特殊钢股份有限公司	青海
600121	郑州煤电	郑州煤电股份有限公司	河南
600123	兰花科创	山西兰花科技创业股份有限公司	山西
600139	西部资源	四川西部资源控股股份有限公司	四川
600157	永泰能源	永泰能源股份有限公司	山东
600188	兖州煤业	兖州煤业股份有限公司	山东
600231	凌钢股份	凌源钢铁股份有限公司	辽宁
600282	南钢股份	南京钢铁股份有限公司	江苏
600307	酒钢宏兴	甘肃酒钢集团宏兴钢铁股份有限公司	甘肃
600331	宏达股份	四川宏达化工股份有限公司	四川
600348	国阳新能	山西国阳新能股份有限公司	山西
600390	金瑞科技	金瑞新材料科技股份有限公司	湖南
600395	盘江股份	贵州盘江精煤股份有限公司	贵州

续表

股票代码	股票简称	企业全称	注册地
600397	安源股份	安源实业股份有限公司	江西
600408	安泰集团	山西安泰集团股份有限公司	山西
600432	吉恩镍业	吉林吉恩镍业股份有限公司	吉林
600489	中金黄金	中金黄金股份有限公司	北京
600497	驰宏锌锗	云南驰宏锌锗股份有限公司	云南
600507	方大特钢	方大特钢科技股份有限公司	江西
600508	上海能源	上海大屯能源股份有限公司	上海
600547	山东黄金	山东黄金矿业股份有限公司	山东
600549	厦门钨业	厦门钨业股份有限公司	福建
600652	爱使股份	上海爱使股份有限公司	上海
600971	恒源煤电	安徽恒源煤电股份有限公司	安徽
601001	大同煤业	大同煤业股份有限公司	山西
601088	中国神华	中国神华能源股份有限公司	北京
601101	昊华能源	北京昊华能源股份有限公司	北京
601168	西部矿业	西部矿业股份有限公司	青海
601666	平煤股份	平顶山天安煤业股份有限公司	河南
601699	潞安环能	山西潞安环保能源开发股份有限公司	山西
601857	中国石油	中国石油天然气股份有限公司	北京
601898	中煤能源	中国中煤能源股份有限公司	北京
601899	紫金矿业	紫金矿业集团股份有限公司	福建
601918	国投新集	国投新集能源股份有限公司	安徽
601958	金钼股份	金堆城钼业股份有限公司	陕西

附表1-4　2011年样本企业概况

股票代码	股票简称	企业全称	注册地
000630	铜陵有色	铜陵有色金属集团股份有限公司	安徽
000655	金岭矿业	山东金岭矿业股份有限公司	山东
000709	河北钢铁	河北钢铁股份有限公司	河北
000758	中色股份	中国有色金属建设股份有限公司	北京
000762	西藏矿业	西藏矿业发展股份有限公司	西藏
000780	平庄能源	内蒙古平庄能源股份有限公司	内蒙古
000878	云南铜业	云南铜业股份有限公司	云南
000933	神火股份	河南神火煤电股份有限公司	河南
000937	冀中能源	冀中能源股份有限公司	河北
000939	凯迪电力	武汉凯迪电力股份有限公司	湖北

续表

股票代码	股票简称	企业全称	注册地
000959	首钢股份	北京首钢股份有限公司	北京
000983	西山煤电	山西西山煤电股份有限公司	山西
002128	露天煤业	内蒙古霍林河露天煤业股份有限公司	内蒙古
002155	辰州矿业	湖南辰州矿业股份有限公司	湖南
002237	恒邦股份	山东恒邦冶炼股份有限公司	山东
002378	章源钨业	崇义章源钨业股份有限公司	江西
002428	云南锗业	云南临沧鑫圆锗业股份有限公司	云南
002460	赣锋锂业	江西赣锋锂业股份有限公司	江西
600005	武钢股份	武汉钢铁股份有限公司	湖北
600010	包钢股份	内蒙古包钢钢联股份有限公司	内蒙古
600019	宝钢股份	宝山钢铁股份有限公司	上海
600022	济南钢铁	济南钢铁股份有限公司	山东
600028	中国石化	中国石油化工股份有限公司	北京
600111	包钢稀土	内蒙古包钢稀土（集团）高科技股份有限公司	内蒙古
600117	西宁特钢	西宁特殊钢股份有限公司	青海
600121	郑州煤电	郑州煤电股份有限公司	河南
600123	兰花科创	山西兰花科技创业股份有限公司	山西
600139	西部资源	四川西部资源控股股份有限公司	四川
600157	永泰能源	永泰能源股份有限公司	山西
600188	兖州煤业	兖州煤业股份有限公司	山东
600231	凌钢股份	凌源钢铁股份有限公司	辽宁
600259	广晟有色	广晟有色金属股份有限公司	海南
600282	南钢股份	南京钢铁股份有限公司	江苏
600307	酒钢宏兴	甘肃酒钢集团宏兴钢铁股份有限公司	甘肃
600311	荣华实业	甘肃荣华实业（集团）股份有限公司	甘肃
600331	宏达股份	四川宏达化工股份有限公司	四川
600348	阳泉煤业	阳泉煤业（集团）股份有限公司	山西
600390	金瑞科技	金瑞新材料科技股份有限公司	湖南
600395	盘江股份	贵州盘江精煤股份有限公司	贵州
600397	安源股份	安源实业股份有限公司	江西
600408	安泰集团	山西安泰集团股份有限公司	山西
600432	吉恩镍业	吉林吉恩镍业股份有限公司	吉林
600489	中金黄金	中金黄金股份有限公司	北京
600497	驰宏锌锗	云南驰宏锌锗股份有限公司	云南
600507	方大特钢	方大特钢科技股份有限公司	江西

续表

股票代码	股票简称	企业全称	注册地
600508	上海能源	上海大屯能源股份有限公司	上海
600547	山东黄金	山东黄金矿业股份有限公司	山东
600549	厦门钨业	厦门钨业股份有限公司	福建
600595	中孚实业	河南中孚实业股份有限公司	河南
600652	爱使股份	上海爱使股份有限公司	上海
600971	恒源煤电	安徽恒源煤电股份有限公司	安徽
601001	大同煤业	大同煤业股份有限公司	山西
601088	中国神华	中国神华能源股份有限公司	北京
601101	昊华能源	北京昊华能源股份有限公司	北京
601168	西部矿业	西部矿业股份有限公司	青海
601666	平煤股份	平顶山天安煤业股份有限公司	河南
601699	潞安环能	山西潞安环保能源开发股份有限公司	山西
601857	中国石油	中国石油天然气股份有限公司	北京
601898	中煤能源	中国中煤能源股份有限公司	北京
601899	紫金矿业	紫金矿业集团股份有限公司	福建
601918	国投新集	国投新集能源股份有限公司	安徽
601958	金钼股份	金堆城钼业股份有限公司	陕西

附表1-5　2012年样本企业概况

股票代码	股票简称	企业全称	注册地
000629	攀钢钒钛	攀钢集团钢铁钒钛股份有限公司	四川
000630	铜陵有色	铜陵有色金属集团股份有限公司	安徽
000655	金岭矿业	山东金岭矿业股份有限公司	山东
000709	河北钢铁	河北钢铁股份有限公司	河北
000758	中色股份	中国有色金属建设股份有限公司	北京
000762	西藏矿业	西藏矿业发展股份有限公司	西藏
000780	平庄能源	内蒙古平庄能源股份有限公司	内蒙古
000825	太钢不锈	山西太钢不锈钢股份有限公司	山西
000878	云南铜业	云南铜业股份有限公司	云南
000932	华菱钢铁	湖南华菱钢铁股份有限公司	湖南
000933	神火股份	河南神火煤电股份有限公司	河南
000937	冀中能源	冀中能源股份有限公司	河北
000939	凯迪电力	武汉凯迪电力股份有限公司	湖北
000959	首钢股份	北京首钢股份有限公司	北京
000983	西山煤电	山西西山煤电股份有限公司	山西

续表

股票代码	股票简称	企业全称	注册地
002075	沙钢股份	江苏沙钢股份有限公司	江苏
002128	露天煤业	内蒙古霍林河露天煤业股份有限公司	内蒙古
002155	辰州矿业	湖南辰州矿业股份有限公司	湖南
002237	恒邦股份	山东恒邦冶炼股份有限公司	山东
002378	章源钨业	崇义章源钨业股份有限公司	江西
002428	云南锗业	云南临沧鑫圆锗业股份有限公司	云南
002460	赣锋锂业	江西赣锋锂业股份有限公司	江西
600005	武钢股份	武汉钢铁股份有限公司	湖北
600010	包钢股份	内蒙古包钢钢联股份有限公司	内蒙古
600019	宝钢股份	宝山钢铁股份有限公司	上海
600022	山东钢铁	山东钢铁股份有限公司	山东
600028	中国石化	中国石油化工股份有限公司	北京
600111	包钢稀土	内蒙古包钢稀土（集团）高科技股份有限公司	内蒙古
600117	西宁特钢	西宁特殊钢股份有限公司	青海
600121	郑州煤电	郑州煤电股份有限公司	河南
600123	兰花科创	山西兰花科技创业股份有限公司	山西
600139	西部资源	四川西部资源控股股份有限公司	四川
600157	永泰能源	永泰能源股份有限公司	山西
600188	兖州煤业	兖州煤业股份有限公司	山东
600193	创兴资源	上海创兴置业股份有限公司	上海
600219	南山铝业	山东南山铝业股份有限公司	山东
600231	凌钢股份	凌源钢铁股份有限公司	辽宁
600259	广晟有色	广晟有色金属股份有限公司	海南
600282	南钢股份	南京钢铁股份有限公司	江苏
600307	酒钢宏兴	甘肃酒钢集团宏兴钢铁股份有限公司	甘肃
600311	荣华实业	甘肃荣华实业（集团）股份有限公司	甘肃
600331	宏达股份	四川宏达化工股份有限公司	四川
600348	阳泉煤业	阳泉煤业（集团）股份有限公司	山西
600395	盘江股份	贵州盘江精煤股份有限公司	贵州
600397	安源煤业	安源煤业集团股份有限公司	江西
600403	大有能源	河南大有能源股份有限公司	河南
600408	安泰集团	山西安泰集团股份有限公司	山西
600432	吉恩镍业	吉林吉恩镍业股份有限公司	吉林
600489	中金黄金	中金黄金股份有限公司	北京
600497	驰宏锌锗	云南驰宏锌锗股份有限公司	云南

续表

股票代码	股票简称	企业全称	注册地
600507	方大特钢	方大特钢科技股份有限公司	江西
600508	上海能源	上海大屯能源股份有限公司	上海
600531	豫光金铅	河南豫光金铅股份有限公司	河南
600547	山东黄金	山东黄金矿业股份有限公司	山东
600549	厦门钨业	厦门钨业股份有限公司	福建
600569	安阳钢铁	安阳钢铁股份有限公司	河南
600595	中孚实业	河南中孚实业股份有限公司	河南
600652	爱使股份	上海爱使股份有限公司	上海
600971	恒源煤电	安徽恒源煤电股份有限公司	安徽
601001	大同煤业	大同煤业股份有限公司	山西
601088	中国神华	中国神华能源股份有限公司	北京
601101	昊华能源	北京昊华能源股份有限公司	北京
601168	西部矿业	西部矿业股份有限公司	青海
601666	平煤股份	平顶山天安煤业股份有限公司	河南
601699	潞安环能	山西潞安环保能源开发股份有限公司	山西
601857	中国石油	中国石油天然气股份有限公司	北京
601898	中煤能源	中国中煤能源股份有限公司	北京
601899	紫金矿业	紫金矿业集团股份有限公司	福建
601918	国投新集	国投新集能源股份有限公司	安徽
601958	金钼股份	金堆城钼业股份有限公司	陕西
603399	新华龙	锦州新华龙钼业股份有限公司	辽宁

附表1-6　2013年样本企业概况

股票代码	股票简称	企业全称	注册地
000629	攀钢钒钛	攀钢集团钒钛资源股份有限公司	四川
000630	铜陵有色	铜陵有色金属集团股份有限公司	安徽
000655	金岭矿业	山东金岭矿业股份有限公司	山东
000709	河北钢铁	河北钢铁股份有限公司	河北
000758	中色股份	中国有色金属建设股份有限公司	北京
000762	西藏矿业	西藏矿业发展股份有限公司	西藏
000780	平庄能源	内蒙古平庄能源股份有限公司	内蒙古
000825	太钢不锈	山西太钢不锈钢股份有限公司	山西
000878	云南铜业	云南铜业股份有限公司	云南
000932	华菱钢铁	湖南华菱钢铁股份有限公司	湖南
000933	神火股份	河南神火煤电股份有限公司	河南

续表

股票代码	股票简称	企业全称	注册地
000937	冀中能源	冀中能源股份有限公司	河北
000939	凯迪电力	武汉凯迪电力股份有限公司	湖北
000959	首钢股份	北京首钢股份有限公司	北京
000983	西山煤电	山西西山煤电股份有限公司	山西
002075	沙钢股份	江苏沙钢股份有限公司	江苏
002128	露天煤业	内蒙古霍林河露天煤业股份有限公司	内蒙古
002155	辰州矿业	湖南辰州矿业股份有限公司	湖南
002237	恒邦股份	山东恒邦冶炼股份有限公司	山东
002378	章源钨业	崇义章源钨业股份有限公司	江西
002428	云南锗业	云南临沧鑫圆锗业股份有限公司	云南
002460	赣锋锂业	江西赣锋锂业股份有限公司	江西
600005	武钢股份	武汉钢铁股份有限公司	湖北
600010	包钢股份	内蒙古包钢钢联股份有限公司	内蒙古
600019	宝钢股份	宝山钢铁股份有限公司	上海
600022	山东钢铁	山东钢铁股份有限公司	山东
600028	中国石化	中国石油化工股份有限公司	北京
600111	包钢稀土	内蒙古包钢稀土（集团）高科技股份有限公司	内蒙古
600117	西宁特钢	西宁特殊钢股份有限公司	青海
600121	郑州煤电	郑州煤电股份有限公司	河南
600123	兰花科创	山西兰花科技创业股份有限公司	山西
600139	西部资源	四川西部资源控股股份有限公司	四川
600157	永泰能源	永泰能源股份有限公司	山西
600188	兖州煤业	兖州煤业股份有限公司	山东
600193	创兴资源	上海创兴置业股份有限公司	上海
600219	南山铝业	山东南山铝业股份有限公司	山东
600231	凌钢股份	凌源钢铁股份有限公司	辽宁
600259	广晟有色	广晟有色金属股份有限公司	海南
600282	南钢股份	南京钢铁股份有限公司	江苏
600307	酒钢宏兴	甘肃酒钢集团宏兴钢铁股份有限公司	甘肃
600311	荣华实业	甘肃荣华实业（集团）股份有限公司	甘肃
600331	宏达股份	四川宏达化工股份有限公司	四川
600348	阳泉煤业	阳泉煤业（集团）股份有限公司	山西
600395	盘江股份	贵州盘江精煤股份有限公司	贵州
600397	安源煤业	安源煤业集团股份有限公司	江西
600403	大有能源	河南大有能源股份有限公司	河南

续表

股票代码	股票简称	企业全称	注册地
600408	安泰集团	山西安泰集团股份有限公司	山西
600432	吉恩镍业	吉林吉恩镍业股份有限公司	吉林
600489	中金黄金	中金黄金股份有限公司	北京
600497	驰宏锌锗	云南驰宏锌锗股份有限公司	云南
600507	方大特钢	方大特钢科技股份有限公司	江西
600508	上海能源	上海大屯能源股份有限公司	上海
600531	豫光金铅	河南豫光金铅股份有限公司	河南
600547	山东黄金	山东黄金矿业股份有限公司	山东
600549	厦门钨业	厦门钨业股份有限公司	福建
600569	安阳钢铁	安阳钢铁股份有限公司	河南
600595	中孚实业	河南中孚实业股份有限公司	河南
600652	爱使股份	上海爱使股份有限公司	上海
600971	恒源煤电	安徽恒源煤电股份有限公司	安徽
601001	大同煤业	大同煤业股份有限公司	山西
601088	中国神华	中国神华能源股份有限公司	北京
601101	昊华能源	北京昊华能源股份有限公司	北京
601168	西部矿业	西部矿业股份有限公司	青海
601666	平煤股份	平顶山天安煤业股份有限公司	河南
601699	潞安环能	山西潞安环保能源开发股份有限公司	山西
601857	中国石油	中国石油天然气股份有限公司	北京
601898	中煤能源	中国中煤能源股份有限公司	北京
601899	紫金矿业	紫金矿业集团股份有限公司	福建
601918	国投新集	国投新集能源股份有限公司	安徽
601958	金钼股份	金堆城钼业股份有限公司	陕西
603399	新华龙	锦州新华龙钼业股份有限公司	辽宁

附录 2　主准则层权重专家打分问卷

尊敬的各位专家：

感谢您百忙之中参与我们的问卷，此调查问卷以生态文明视角下矿业企业社会责任履行为调查目标，对其多种影响因素使用 ANP 进行分析，以确定各影响因素的相对权重。

打分表共计四份，第一份是主准则层相对于目标层权重，后三份是主准则层内部权重。

附表2-1　Saaty的1~9标度法

重要性标度	定义	说明
9	极端重要	对某准则，一元素比另一元素极端重要
7	强烈重要	对某准则，一元素比另一元素强烈重要
5	明显重要	对某准则，一元素比另一元素明显重要
3	稍微重要	对某准则，一元素比另一元素稍微重要
1	同等重要	两元素对某准则同样重要
8、6、4、2	中间值	表示相邻两标度之间折中时的标度
倒数：若指标 i 对 j 的标度为 a_{ij}，则 j 对 i 的标度为 $1/a_{ij}$		

附表2-2　以目标层为主准则的打分

利益相关者维度	关键利益相关者	重要利益相关者	一般利益相关者
关键利益相关者	1		
重要利益相关者	—	1	
一般利益相关者	—	—	1

附表2-3　以关键利益相关者为次准则的打分

利益相关者维度	重要利益相关者	一般利益相关者
重要利益相关者	1	
一般利益相关者	—	1

附表2-4　以重要相关者为次准则的打分

利益相关者维度	关键利益相关者	一般利益相关者
关键利益相关者	1	
一般利益相关者	—	1

附表2-5　以一般相关者为次准则的打分

利益相关者维度	关键利益相关者	重要利益相关者
关键利益相关者	1	
重要利益相关者	—	1